鼠疫斗士
——伍连德自述（上）

伍连德（Wu Lien-Teh）◎著
程光胜 马学博◎译 王丽凤◎校

PLAGUE FIGHTER:
THE AUTOBIOGRAPHY OF A MODERN
CHINESE PHYSICIAN

20世纪中国科学口述史

湖南教育出版社

《20世纪中国科学口述史》丛书编委会

主　编：樊洪业
副主编：王扬宗　黄楚芳
编　委（按音序）：
　　　樊洪业　黄楚芳　李小娜　王扬宗　熊卫民
　　　杨　舰　杨虚杰　张大庆　张　藜

作者谨以本书纪念并呈献给：

施肇基（Saoke Alfred Sze）阁下
原中国驻英国公使（伦敦）及中国驻美国大使（华盛顿哥伦比亚特区）

暨

威廉·内皮尔·肖爵士（Sir William Napier Shaw）
文学硕士、理科博士、英国皇家学会会员
原剑桥大学依曼纽学院高级导师和伦敦国家气象局局长

　　作者1956年最后一次访问剑桥时留影，时年77岁，身着医学博士服。
　　原书在扉页作者署名之下所列荣衔有：文学硕士，医学博士（英国剑桥大学），公共卫生学硕士（美国约翰·霍普金斯大学），医科进士（北京），理科博士（上海圣约翰大学），法学博士（香港大学），医学博士（东京帝国大学），中央学会发起人，苏联微生物学会外籍会员，中华民国历届总统特聘侍医，等等。

本书英文版封面

主编的话

以挖掘和抢救史料为急务

自文艺复兴以来,西方经过宗教改革、世界地理大发现、科学革命和产业革命,建立了资本主义主导的全球市场和近代文明。在此过程中,科学技术为社会发展提供了最强大的动力,其影响至20世纪最为显著。

在从传统社会向近代社会的转型中,国人知识结构的质变,第一代科学家群体的登台,与世界接轨的科学体制的建立,现代科学技术学科体系的形成与发展,乃至以"两弹一星"为标志的一系列重大科技成就的取得,都发生在20世纪。自1895年严复喊出"西学格致救亡",至1995年中共中央、国务院确定"科教兴国"的国策,百年中国,这"科学"是与"国运"紧密关联着的。百年中国的科学,也就有太多太多的行进轨迹需要梳理,有太多太多的经验教训需要总结。

关于20世纪中国历史的研究,可能是格于专业背景方面的条件,治通史的学者较少关注科学事业的发展,专习20世纪科学史者起步较晚,尚未形成气候。无论精治通史的大家学者,或是研习专史的散兵游勇,都共同面临着一个难题——史料的缺乏。

史料,是治史的基础。根据20世纪中国科学史研究的特点,搜求新史料的工作主要涉及文字记载、亲历记忆、图像资料和实物遗存这四个方面。

20世纪对于我们,望其首已遥不可及,抚其尾则相去未远。亲身经历过这个世纪科学事业发展且做出过重要贡献的科学家和领导干部,大都已是高龄。以80岁左右的老人为例,他们在少年时代亲历抗日战争,大学毕业于共和国诞生之初,而国家科学事业发展的黄金十年时期(1956—1966)则正是他们施展才华、奉献青春、燃烧激情的岁月。这些留存在记忆中的历史,对报刊、档案等文字记载类史料而言,不仅可以大大填补其缺失,增加其佐证,纠正其讹误,而且还可以展示为当年文字所不能记述或难以记述的时代忌讳、人际关系和个人的心路历程。科学研究过程中的失败挫折和灵感顿悟,学术交流中的辩争和启迪,社会环境中非科学因素的激励和干扰等等,许多为论文报告所难以言道者,当事人的记忆却有助于我们还原历史的全景。

湖南教育出版社欲以承担挖掘和抢救亲历记忆类史料为己任,于2006年启动了《20世纪中国科学口述史》丛书的工作计划,在学界前辈和同道的支持下,成立了丛书编委会,于科学史界和科学记者群中招兵买马,认真探索采访整理工作规范和成书体例。通过多方精诚合作,在近两年中已出版图书20种,得到了学术界和读者的认可。

近年兴起的口述史(Oral History)热潮,强调采访者的责任,强调采访者与受访者之间的互动,强调留下"有声音的历史"。不过,口述史内容的"核心"是"被提取和保存的记忆"(唐纳德·里奇《大家来做口述历史》)。把记忆于头脑中的信息提取出来，方法上有口述与笔述之差别，但就获取的内容而言，并无实质性的差别。因此，本丛书当前在积极组织从事口述史采访队伍的同时，也积极动员资深科学家撰写回忆文本，作为"笔述系列"纳入本丛书中来。

科学，作为一种社会事业，除科学研究之外，还包括科学教育、科学组织、科学管理、科学出版、科学普及等各个领域，与此相关的人物和专题皆可列入选题。

本丛书根据迄今践行的实际情况，在大致统一编辑规范的基础上，将书稿划分为5种体例：

1. 口述自传——以第一人称主述，由访问者协助整理。
2. 人物访谈录——以问答对话方式成文。
3. 自述——由亲历者笔述成文。
4. 专题访谈录——以重大事件、成果、学科、机构等为主题，做群体访谈。
5. 旧籍整理——选择符合本丛书宗旨的国内外已有文本重新编译出版。

形式服务于内容，还可视实际需要而增加其他体例。

受访者与访问整理者，同为口述史成品的作者。忆述内容应以亲历者的科学生涯和有关活动为主线展开，强调以人带史，以事系史，忆述那些自己亲历亲闻的重要人物、机构和事件，努力挖掘科学事业发展历程中的鲜活细节。

书中开辟"背景资料"栏，列入相关文献，尤其注重未经披露的史料，同时还要求受访者提供有历史价值的图片。这些既是为了有助于读者更好地理解忆述正文的内容，也是为了使全书尽可能地发挥"富集"史料的作用。

有必要指出，每个人都会受到学识、修养、经验、环境的局限，尤其是人生老来在记忆力方面的变化，这些会影响到对史实忆述的客观性，但不能因此而否定口述史的重要价值。书籍、报刊、档案、日记、信函、照片，任何一类史料都有它们各自的局限性。参与口述史工作的受访者和访问者，即便是能百分之百做到"实事求是"，也不能保证因此而成就一部完整的信史。按名家唐德刚先生在《文学与口述历史》一文中的说法，口述史"并不是一个人讲一个人记的历史，而是口述史料"。史学研究自有其学术规范，不仅要用各种史料相互参证，而且面对每种史料都要经历一个"去粗取精，去伪存真"的过程。本丛书捧给大家看的，都是可供研究20世纪中国科学史的史料，囿限于斯，珍贵亦于斯。

受访者口述中出现的历史争议，如果不能在访谈过程中得以澄清或解决，可由访问者视需要而酌情加以必要的注释和说明。若对某些重要史实有不同的说法，则尽可能存异，不强求统一，并可酌情做必要的说明或考证。因此，读者不必视为定论，可以质疑、辨伪和提出新的史料证据。

本丛书将认真遵循求真原则和史学规范，以挖掘和抢救史料为急务，搜求各种亲历回忆类史料，推动20世纪中国科学史的研究！

欢迎各界朋友供稿或提供组稿线索，诚望识者的批评指教。谨以此序告白于20世纪中国科学史的研究者和爱好者。

樊洪业

2011年元月于中关村

何丙郁序
伍玉玲序
译者前言
原序

第1章 黑死病
第2章 万国鼠疫研究会议
第3章 肺鼠疫研究基础
第4章 三次肺鼠疫流行的比较
第5章 童年和学生时代
第6章 剑桥和圣玛丽医院岁月
第7章 欧陆初识
第8章 初返马来亚
第9章 北上纪略
第10章 京华岁月
第11章 革命及其后果

第12章　在动乱时局中推动医学发展

第13章　东三省防疫事务总处

第14章　海港检疫管理处

第15章　防治霍乱与其他卫生运动

第16章　在中国建立医院

第17章　毒品问题

第18章　传教士在中国的活动

第19章　出席国际会议

第20章　对若干国家的印象

第21章　中西医的对立

第22章　马来亚和马来亚人民

第23章　家庭生活

第24章　知足常乐——长寿之道

附录

伍连德年表

人名索引

上册目录

何丙郁序   001

伍玉玲序   006

译者前言   008

原序   014

第1章 **黑死病**   002

 急赴疫区   002

 实地调查   008

 防疫计划的形成   015

 梅聂之死与简易口罩的推广   023

 推行防疫措施   029

 火葬的决策   034

 荡平疫氛   038

 典型病例详述   042

第2章 **万国鼠疫研究会议**   050

 会议之缘起与筹备   050

 总督锡良和钦差施肇基   053

  会议开幕 060
  报告和研讨 066
  访问大连、旅顺 079
  返回沈阳继续研讨 081
  访问哈尔滨 084
  尾声 087

第3章 肺鼠疫研究基础 098
  朝廷觐见与新的任命 098
  中俄联合考察 103
  病理学和病理组织学 111
  一般性评述 115
  尸体剖检的分类 117
  蒙古旱獭：一种天然鼠疫的历史调查 120
  吸入实验 122
  外寄生物 123
  结论与著述 124

第4章 三次肺鼠疫流行的比较 132
  1910—1911年在东三省的第一次暴发 132
  1917—1918年在山西的暴发 133
  1920—1921年在东三省的第二次暴发 139

第5章 童年和学生时代 168
  槟榔屿 168
  家世 172

童年	180
启蒙	188
荣获英女皇奖学金	194
远赴英伦	197

第6章 剑桥和圣玛丽医院岁月　202
剑桥印象	202
清苦的第一学年	208
顺利的大学二年级	221
通过医学士考试	229
实习医师	233
利物浦热带病研究所	245

第7章 欧陆初识　250
德国哈勒大学卫生学研究所	250
巴斯德研究所	260
结业归来	267

第8章 初返马来亚　276
订婚省亲	276
吉隆坡医学研究所	279
雪兰莪文学社与剪辫子辩论	283
在槟城开业成家	290
"禁止鸦片协会"的会长和主治医师	295
遭诬陷与新选择	302
医案特例四则	310

第 9 章　北上纪略　　　　　　　　　　　　316
  香港两日　　　　　　　　　　　　　　　316
  在上海见到了狗与华人"不得入园"的告示　318
  在天津遭遇政治迷局　　　　　　　　　　326
  北京拜门　　　　　　　　　　　　　　　331
  学堂"帮办"与官场"历练"　　　　　　340
  临危受命　　　　　　　　　　　　　　　345

何丙郁序

王丽凤女士邀请我替伍连德博士 Plague Fighter: the Autobiography of a Modern Chinese Physician 的中文版《鼠疫斗士——伍连德自述》(以下简称《自述》)作序。回想60多年前我在大学生时代,伍连德博士就曾鼓励我多多写作,假如我没有受到他的影响,大概不会有这篇拙作向读者们献丑了。

伍玉玲博士在《伍连德博士——鼠疫斗士》纪念画册(Memories of the Plague Fighter Dr. Wu Lien-Teh)一书的序文中,已经提及我是在1941年由伍博士的胞弟伍德安先生介绍而认识他。我进大学前,曾在一所英文中学做临时教员。伍博士的两位公子——长生和长员先后在我所教的班念书。他的长女玉玲、次女玉珍也先后和我一起考进同一所大学,当时他的三千金玉珠还年幼。伍博士是我申请升学的推荐人。当我汇报已被录取并获得奖学金时,他主动对我说,假如我有需要,他乐意给我经济上的支援。虽然我没有在这方面向他求助,但我心里是充满感激的。我到他的诊所看病时,他不收诊金和医药费,并多次留我在他家和家人一起进晚餐。如此一来,我对伍博士后期的情况多少有些认识。有些是亲眼目睹的,有些是从他的儿女

何丙郁(Ho Peng-Yoke),澳籍华人,英国剑桥李约瑟研究所荣休所长,台湾中研院院士、澳大利亚人文科学院院士、国际欧亚科学院院士,中国科学院自然科学史研究所、北京科技大学和西北大学名誉教授。

处听来的。那么王女士给我的这份差事，看来是义不容辞了。

可是，由我来写序谈何容易。《自述》的内容这么丰富，后来又有作者爱女玉玲的一部《伍连德博士——鼠疫斗士》纪念画册和亚洲新闻台的大型专题纪录片《伍连德博士传》，海峡两岸和东南亚地区也有不少文章谈及伍博士在医学上对社会的贡献。我无意重复已经载述的事情浪费纸张，也觉得来自伍博士家里的情报应该让他的家里人做主。我就考虑是否可以讲一些我亲身经历的事情。例如伍博士曾于1947至1948学年度在临行将转型为大学的新加坡莱佛士学院（Raffles College）讲演，《自述》中述及的前厦门大学校长，德高望重、80高龄的林文庆医师也前往捧场。伍博士的故妻黄淑琼是林文庆夫人的妹妹，而伍、林两位都是获取英女皇奖学金而赴英国留学的当代著名人物。伍博士介绍我与林医师认识，足见伍博士提拔后进的良苦用心。这件小事与伍博士的伟大作为相比实在微不足道，因此我决定从我本人的科技史专业立场，提供一些比较新鲜的话题以向王女士交差。

人所共知，伍博士的专业与科技史无关。虽然他和王吉民合写的《中国医史》是一部经典巨著，可是我从来没有听人说过伍博士是一名医学史专家。这是可以理解的。伍博士是中国医学史研究的开创者，首先把中国医学的历史作为学术研究的对象，其贡献不能和医学史的钻研者相提并论。在我主管英国剑桥李约瑟研究所的时期，曾遇到对伍博士在医学上的贡献发生兴趣的一些研究人员，他们在国际学术刊物上发表过论文。无论如何，伍博士和王吉民合写的《中国医史》是最早一部世界性的中国医学史，体现了作者们对中国医学史的兴趣。

伍博士更不是一个中国科学史专家，但是很少人知道他曾做过一件对中国科技史的研究有很大贡献的事。也许连他本人在世时也没有料到这件事的后果。我应该是比任何人更清楚这件事，让我从头说起。

1953年我开始协助剑桥大学的李约瑟博士编写他的一套原名《中国科学技术史》兼有中译名《中国的科学与文明》（*Science and Civilisation in China*）的中国科技史系列著述。李约瑟是20世纪享誉国际的中国科学史权威人物。我曾经向伍博士提过我随李约瑟从事这项工作，岂料这引起了他对中国科学史和李约瑟的关注。伍博士很怀念他的母校剑桥大学，虽然他跟李约瑟尚未谋面，但他们两人曾师从同一老师攻读生物化学。这位老师是1929年诺贝尔奖得主霍普金斯爵士（Sir Frederick Gowland Hopkins，1861—1947），以研究维生素而举世闻名。虽然他们两人彼此相隔二三十年，李约瑟可以算是伍博士的同门师弟。伍博士在他的晚年几乎每年都访问剑桥，尤其是他的公子长生在剑桥念法科的时期。大约在1957年前往剑桥的后期，他访问过李约瑟，谈及他的自传和探询李约瑟的工作情况。这次的访问对李约瑟后来的工作发展有莫大的作用，这是一件从来很少人注意的事情。

原来李约瑟尽量使用属于他在剑桥大学职位的特殊权力，做超出自己生物化学单位范畴的研究，并且除讲课外，不承担生物化学单位的一切其他任务。但他所属的单位不允许使用本身的资源以资助任何与生物化学无关的研究项目，也不会为任何人向大学争取经费以资助与生物化学无关的研究项目。伍博士会见他的时候，李约瑟已经无法从中国大陆和台湾方面获得资助以续聘他的助手王铃了。为鼓励他的师弟对中国科学史的研究，伍博士回家后就亲自向新加坡有"树胶大王"美誉的李光前博士和号称"虎标万金油王"的胡文虎求助。长生后来告诉我说他陪同父亲往见后者，仅替李约瑟募得一百大元。1960

年 1 月伍博士不幸与世长辞。同年，我接到李约瑟来信说他收到由伍博士向李光前博士申请的一大笔资助。钱的数目是 10 000 英镑，当时足够在剑桥购买一座条件较好的房屋。这一大笔钱不仅对李约瑟的研究工作有很大的帮助，而且启发了他向海外华人筹款的设想，于是成立了由巴素（Victor Purcell）博士主持的一个"（《中国科学技术史》）项目之友（Friends of the Project）"小组。巴素从前在香港任华民政务官，熟识香港华人情况。可是不久他就病逝，这个小组的活动也停顿了。1968 年剑桥成立了一个东亚科学史信托会（East Asia History of Science Trust）。1980 年代这个信托会开始向外筹款，以建立李约瑟研究所和资助该研究所的日常开支和学术研究活动。主要筹款对象是海外华人，而新加坡就成为这个研究所的重要资助来源。新加坡援助李约瑟研究所的人士全都和李光前博士有密切关系。我怀疑，当年若非伍博士往见李光前博士，剑桥今天是否会有一个现在享誉国际科学史界的李约瑟研究所呢？

李约瑟研究所也为伍博士后人所关注。1996 年 7 月 29 日，国立新加坡大学举行伍玉玲博士《伍连德博士——鼠疫斗士》纪念画册的出版仪式。作者托我替她转送三册她的著作给剑桥，分送伊曼纽尔学院（Emmanuel College）、剑桥大学和李约瑟研究所的三个图书馆。2000 年 5 月 23 日，伍长生陪同他的两位姐姐——玉玲和玉珍莅临李约瑟研究所，看到昔日伍博士赠与李约瑟的几部书，深为感动。我难得有了机会邀请这几位稀客到剑桥大学俱乐部的河景餐厅共进午餐，平时以他们的热情都不会让我有机会做东的。

我有一件想知道但无法证实的关于我个人的事情。当年我在新加坡大学服务的时期，李光前博士任大学校监。他对我特别友善，多次约我在他的华侨银行共进午餐，也关注我在大学的任务。后来无论我在新加坡以外任何地方任职,他和他创立的李氏基金会对我都是有求必应。李博士对我的关怀不可能是因为我是他一个姨甥女的博士论文导师,更不可能是因为我先后是他的千金的大学同学和同事,大概是他对我的中国科学史研究大感兴趣。可是我从来没有跟他提及我和李约瑟的事情。我猜想伍博士往见他的时候早已把我的事情告诉他了。无论如何,聊表感谢之余,2003 年我曾在伦敦和纽约两地同时出版了一部收入剑桥李约瑟研究所系列丛书的《中国数学上的占术》(*Chinese Mathematical Astrology*)作为对这两位已故前辈的纪念,并将他们对我的情谊铭记于此。

伍连德博士《自述》的英文原版面世刚好超越半个世纪了。如今以中译本作再版,俾便更广大的读者们更易于认识伍博士这位伟大的近代中国医学先驱者的生平事迹。我谨引用古人的一句话"时哉!时哉!"来向读者推荐这部新书。

2010 年 10 月 26 日

伍玉玲序

1995年我依据先父的自传，以他遗留下的300多张珍贵的历史照片编写了《伍连德博士——鼠疫斗士》纪念画册，让各界人士了解先父的生平事迹，也通过照片洞悉当时的情况。

事隔15年，我非常欣喜地接到中国科学院自然科学史研究所要求翻译和出版先父自传的中文版的来函。希望中文版在中国出版后，让人们对先父为之献身的祖国医疗防疫事业有更深一层的理解。

Plague Fighter：*the Autobiography of a Modern Chinese Physician* 一书的中文版《鼠疫斗士——伍连德自述》（以下简称《自述》）面世之际，不禁回想起先父曾在1958年1月写信给在上海的王吉民教授，表达他希望回国访问之意，得到了积极的回应。同年2月又致函在北京的林宗扬教授，告知他自传的英文版将于春天出版，并已通知剑桥出版商将该书分别寄赠周恩来总理、中华人民共和国卫生部、中华医学会、林宗扬和王吉民教授。他的自传在出版50年后能以中文全译本奉献给国内读者，可堪告慰先父于九泉。

从1950年开始，先父用了7年工夫撰写自己一生经历的传记。1910年末东北暴发鼠疫，他采取一系列防疫措施，及时控制了鼠疫，拯救了千万人的生命，也避免了一场世界性的灾难。

伍玉玲（1926—　），新加坡籍华人，教育家。伍连德之长女。

传记内容不但记载了他传奇的一生，也融入了他的情感和精神。先父毕生著作等身，这部英文回忆录是先父的遗作，也是他极重视的作品。英文版《自述》长达660页，翻译工作可谓工程浩大。我谨代表家人向程光胜教授、马学博先生和王丽凤女士道谢，感激他们的耐心与执著，使先父的《自述》能以不同版本面世，让更多人能够阅读。同时，我也要感谢马伯英教授、张圣芬女士、黄贤强教授以及陈剑虹先生在翻译过程中所提供的协助，让中文版更顺利地完成。

我还要向韩启德副委员长致谢，感谢他一直以来对有关纪念先父活动的支持。

我也衷心地感谢剑桥李约瑟研究所荣休所长何丙郁教授为此中文版欣然挥毫，道出先父生前鲜为人知的轶事。

最后，我真诚地感谢所有关注先父一生事迹并不断弘扬他为国家为事业奋斗的崇高精神的人们，赞佩他们所表现的不懈努力和深厚热忱。

2010 年 12 月 15 日

译者前言

整整 100 年前,清代最末一年,在东三省的奉天(今沈阳),曾经举行过一次称为"万国鼠疫研究会"的国际医学学术会议。包括中国在内的 11 个国家 33 位医师和学者,就鼠疫的方方面面展开了相当深入的研讨,会期前后共 26 天,耗资高达十万两库平银。这是有史以来第一次在中国领土上召开,并由中国科学家主持的国际学术会议。它由清政府批准召开,外务部右丞施肇基坐镇,东三省总督锡良尽地主之谊,而会议的主持人,就是本书的作者伍连德博士。

这次对中国来说"破天荒"的会议,缘于当年在中国北方荡平的一场严重的瘟疫——肺鼠疫。这场瘟疫既与千百万生命的安危攸关,又影响到中国的国家主权,因而得到了当时中央政府的高度重视。经历了许多动人心魄的日日夜夜之后,在不到半年的时间里,终于使这场致 6 万余人死亡的灾难得以平息。这是人类与疾病斗争的历史上惊天动地的一幕,其总导演,正是伍连德。他临危受命,以高度的爱国热忱和审慎的科学态度,采取了一系列现代医学和防疫手段,凭借超人的智慧与耐性,有效地化解了许多因为民众的愚昧落后和官场腐败造成的阻力,成功地组织了一场有万千民众参与的防疫战斗。他亲自在疫区做了首例尸体解剖,推广简便廉价的"伍氏口罩",第一次实施大规模火葬,组织和培养了大批防疫人员,也借此为中国奠定了现代防疫事业的基础。百年前那场瘟疫与偕其而至的国际会议，让伍连德成为当时的世界性新闻人物，后来被国际联盟卫生组织授予"鼠疫专家"称号，1935年成为诺贝尔医学与生理学奖的第一位中国候选人。

然而，长时间以来，伍连德的名字，已几乎被国人遗忘。"文革"过后，在"尊重知识、尊重人才"的倡导之下，受医学史研究和国际学术交流的推动，特别是本世纪初经历过"非典"后，这位"鼠疫斗士"才逐渐被人们重新"发现"。今天，我们在"百度"网站上搜索"伍连德"三字，瞬间即出现10万多篇相关网页！本书的问世，无疑将为广大读者提供有益的参考。

伍连德，字星联，祖籍中国广东新宁（今台山），1879年3月10日出生于英属海峡殖民地槟榔屿。17岁获得女王奖学金赴剑桥大学学习。在做研究期间相继在英国圣玛丽医院、英国利物浦热带病学院、德国哈勒大学卫生学院、法国巴斯德研究所研究学习，曾师从诺贝尔生理学和医学奖获得者梅奇尼可夫和霍普金斯。他负笈欧洲7年，成为第一位获得剑桥大学医学博士学位的华人。1903年返回槟榔屿行医并积极参与当地禁止鸦片等革新活动，与林文庆（林可胜之父）、宋旺相一起被称为"海峡华人三杰"。1907年伍连德归国服务，出任天津陆军医学堂副校长职。平息1911年鼠疫后，他成为东三省防疫事务总处的总医官，利用其声望积极促成并参与了北京协和医学院及协和医院的创建，继而创办了北京中央医院（今北京大学人民医院），创办了哈尔滨医学专门学校（今哈尔滨医科大学前身），又先后兴办检疫院所、医院、研究所、医学校20余处。1930年在他的积极倡导下，中国政府从列强手中收回了海关检疫主权并由其出任国家海港检疫管理总处首任处长。他是中华医学会主要创建者之一，《中华医学杂志》第一任主编。1937年日寇全面侵华，伍连德返回槟榔屿开诊所，于1960年1月21日去世。

伍氏晚年接受好友、著名科学史家李约瑟的建议，花费了数年时间用英文撰写了自传 Plague Fighter：the Autobiography of a Modern Chinese Physician，1959年由剑桥大学出版社出版。书中翔实地叙述了他的人生经历。作为受传统中华美德熏陶的第二代华侨，他依靠天资和勤奋获得到英国求学的机会。学成回国服务30年中逐步成长为一位杰出的医学家，为国家和科学事业作出了不可磨灭的贡献。该书在回顾和总结自己近80年的人生历程的同时，以一位海外华人的视角，描绘了19世纪末至20世纪中叶世界、南洋和中国的方方面面社会生活各层面。有历史的概述，学术研究的心得，为人处世的思考，又穿插着世界各地的风土人情和名人逸闻等等，令不同背景的读者都会有身临其境之感，字里行间既透着一位爱国科学家的赤诚，也不乏宝贵的历史资料。例如作者明确述及孙中山肝癌的病因是中华枝睾吸虫（Clonorchis sinensis）的寄生，据笔者广泛查阅各种文献，即属前所未闻者。

吾生也晚，识见也狭，在微生物学界服务半个世纪，于1980年代始渐知伍氏其人其事。好在笔者对学科历史之兴趣未曾稍减，因感佩其为人与功绩，即悉心搜寻有关资料。除在京城着力求索外，还曾南至广州之中山图书馆，东抵上海徐家汇的藏书楼和南京的中国第二历史档案馆，北及冰城之伍氏纪念馆。本世纪初，我在陈垣著作目录中发现老先生年轻时撰有《奉天万国鼠疫研究会始末》一书，苦苦寻求数年，终于在中国社科院历史所老先生之长孙陈智超先生处亲睹那本早已泛黄的古籍。在拜托国内外朋友广为查询当年会议的英文报告未果之时，这本著作成为我了解当年国际鼠疫会议的重要信息来源。

在此期间，又承预防医科院高守一院士惠借伍玉玲教授编著之《伍连德博士——鼠疫斗士》纪念画册，对伍博士的印象则愈益深刻。2003年，"非典"肆虐，作为科学普及工作者，深感公众防疫知识的贫乏，正遇《中国教育报》记者索稿，便撰写了一篇长文，介绍了伍连德当年在东北防疫，并发了些感慨和建议。

此后，有逃过"非典"之劫的礼露女士来访，她说是伍博士的防疫理念挽救了她的生命，希望我详细介绍伍连德。从此，在她的奔走努力下，一批"发现伍连德"的志愿者集结起来，形成了一个"伍迷"网。他们南飞新加坡拜访伍博士的女儿，北上哈尔滨追寻伍博士当年的足迹，在京城中打响了"保卫伍连德故居"之战，随后有《国士无双伍连德》一书问世。2007年，现任新加坡新传媒集团马来语及淡米尔语电视频道董事经理的王丽凤女士被礼露领来寒舍，见面礼便是我梦寐多时的近700页伍连德自传英文复印件。丽凤告知拍摄《伍连德博士传》电视纪录片的计划，要求协助；1年后，纪录片在北京播出。3年多来，我们在伍连德精神的感召下友谊日深。

2010年暑期之前，王丽凤女士衔伍玉玲教授之命发来电邮，要求我和哈尔滨医科大学的马学博先生承担翻译伍氏自传的任务，并希望能在万国鼠疫研究会议召开百周年之际与广大读者见面。冥冥之中，好像有某种力量在吸引着我，不顾老迈之躯，决心领受这光荣而艰巨的任务。王丽凤女士深得伍玉玲教授信任与倚重，熟知当地风土人情和伍博士生平。有她为后盾，又有伍连德研究专家马学博先生欣然同意合作，我的信心就更强了。译文在我们3人间传阅修订不下10次，务求不辱使命。半年多来，3人通过电邮电话讨论不断。除常规的繁重译校流程之外，学博先生排除了很多东北地理历史查索之疑难，丽凤女士解决了不少南洋人名地名和习惯用语的翻译问题，此皆我力所不能逮者也。

全书译文约 50 万字，分上下两册出版。征得出版社同意后，我们决定在 2011 年 3 月底之前先出版上册，书名定为《鼠疫斗士——伍连德自述》（以下简称《自述》）。

原书有 24 章，每章篇幅很长，为便于读者浏览，我们根据具体内容，将每章分为若干节，拟设了各节标题。原书列于书后附录的《会议出席者名单》改附于上册第 2 章后。

原书是伍氏写给英文读者阅读的，译本是译给中文读者阅读的，行文上有中西之差异，地域上有马来与中国大陆之隔，而清末民初是因中西碰撞、新旧更替的社会文化急剧变迁而导致中文词汇日新月异的时期，于今又有百年之流变，因此，译者在用词方面不得不顾及方方面面，不能简单地套用现有通行译法。比如，对于 Queen's Scholarship，我和学博先生依大陆现有通行译法，一致认为应译为"女王奖学金"，而丽凤女士校稿时坚持改为"英女皇奖学金"，经过多次的"拉锯战"，最终是我们遵从了她的"固执"，因为这毕竟是伍博士写的书，要说南洋华人的"话"。

此外，中国大员锡良在"万国鼠疫研究会"上宣读的《摄政王谕》和开幕词、闭幕词等原本应是中文。伍氏原著引用的是由该会议编辑委员会（多为外国人）编辑、1912 年在马尼拉出版的英文《万国鼠疫研究会报告》（*Report of The International Plague Conference*）。为尽可能如实还原历史，译者未据英文翻译，直接采用了陈垣撰《奉天万国鼠疫研究会始末》（1911 年光华医社发行）一书中据当时报刊所辑录的中文发言记录稿。

该《自述》前面数章采用了第三人称，这也许是作者为了能够更加客观地叙述鼠疫防治和研究，而后面的篇章则完全按常例使用第一人称，这是需要特别加以说明的。

《自述》由作者暮年身居海外完成，限于各方面的条件，前尘往事八十载，古今中外数千年，忆述与评论或有不确之处在所难免，译校者有选择地做了一些必要的简单注释。凡属译者的说明、质疑和更正文字，或列于脚注，或在正文中置于方括号（[ ]）内，以与作者的原有注释相区别。

书中涉及大量人名、地名，译稿中一般遵循现有通用规则。中国旧地名均注明现名，个别未查出英文拼写之汉语地名者，用音译并标注原文。人名中，凡在中国近代史文献中有通用汉名者，采用其汉名。中国人或华人姓名之英文拼写难以准确还原为汉语者，采用音译并附原文，如 Tsang Woo-Huan，表示为：臧伍璜（Tsang Woo-Huan 音译）。本书下册书后将附有全书人名索引。

译校者接受伍玉玲女士的建议，在汉译本中增加了数十幅插图，这些插图除个别特别注明者外，大部分由伍玉玲女士提供，少数取自伍连德的论文。鼠疫研究会到会者合影取自陈智超先生珍藏的原版照片，使附图更为清晰。

译校者水平有限，欢迎广大读者批评指正。

程光胜

2011 年 1 月 21 日（伍博士忌日）

于北京回龙观四为斋

原　序

　　这部回忆录与通常的传记颇不相同，在前4章中呈现给读者的是对满洲鼠疫情况的记述，正是通过那个事件，作者的名字首次引起全世界的关注。主要因为该事件，作者得以在中国这样一个保守的古老国家中长年累月地开展防疫、卫生、医学和社会福利工作，并参与其他社会活动，而所遇到的困难比预料更少。

　　应该指出，本自传涉及相当广泛的领域，居留在许多国家的有关人士，曾与作者有所交往或曾与闻其工作。因此本书不仅述及东西方诸国，特别是英国、美国、中国、日本、印度、巴基斯坦和马来亚等地的科学和医学工作者，还包含政治、教育、宗教和社会生活等方面的内容。

　　书中提及之诸多男女人士可能已经辞世，但是，作者将铭记不忘过去70年中，自己事业初创和取得成功过程中，提供过直接或间接帮助的人们。

　　从大清王朝末期、民国初创直到国民党政权的崩溃，作者将他最美好的岁月奉献给了旧中国，许多人对此依然记忆犹新，希望强盛的新中国人民政府领导这个伟大国家日益繁荣昌盛，中国在长达四五千年的历史中，曾经历过无数兴衰，方在这个不断动荡的世界中争得今天的地位。

　　本书之写作历时7年有余，作者得到了中国、英国和美国朋友，特别是槟城同乡和尊贵的朋友林宗衔先生的大力支持和鼓励，谨向他们表达衷心的感谢。

作者也向皇家学会会员、剑桥冈维尔－凯斯学院（Gonville and Caius College）导师、现代中国－西方科学思想研究的领导者李约瑟博士深表谢意，感谢他提出建议并与作者共同审阅了自传全部清样。

编制索引需要知悉中国过去和现代的应用汉语，作者忠实的朋友、现今居住在新加坡的陈维龙先生提供了帮助，作者对他谨表谢意。

伍连德
马来亚怡保波士打路 12 号，1958 年

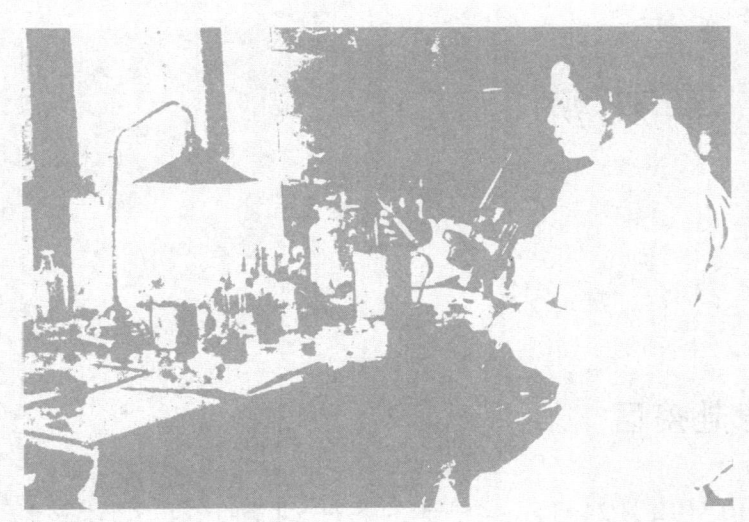

　　来访者进入小城，即可感受居民中惶恐不安、大祸临头的气氛。到处都有人交头接耳议论。人们谈论着高烧、咳血和突然的死亡，谈论着路旁和旷野被人遗弃的尸体，还有不请自来的穿着制服的白人在那里调查这些死者的病因。

20 世纪中国科学口述史
The Oral History of Science in 20th Century China Series

第 1 章 黑死病

急赴疫区

1910年12月24日，一个严寒的下午，北满哈尔滨火车总站上，到达一位年轻的中国医师。他的身高只有5英尺5英寸［1英尺等于12英寸，1英寸等于2.54厘米］，就是从中国南方人的标准来看，也不算高大。随他而来的是他的助手，一位瘦削的广东人。医师右手提着一架英国造的贝克（Beck）牌袖珍型显微镜以及从事细菌学工作所必需的物品；他的助手则提着一个藤箱，里面装满了各种染色剂、载玻片、盖玻片、盛着酒精的小瓶子、试管、白金接种环、针头、解剖钳、剪子等为开展实验室检查工作所必需的工具。另一个较小的藤篮里装有三打盛有琼脂培养基的试管，这些试管都用棉花塞住管口，直立在篮子里。这些培养基为常见细菌，特别是黑死病细菌生长所必不可少的。

这位医师就是伍连德，他的助手是林家瑞。此前，这位医师已在天津

1910年的哈尔滨火车站

的陆军军医学堂任帮办3年,而他的助手是从该校40多位高年级学生中挑选出来的。在接到外务部(当年外交部的称谓)的命令后两天,他们于12月21日离开北京,经3日方抵达。他们第一天在长城东端的山海关过夜,接着在东三省或称满洲的首府奉天投宿第二夜。"满洲"之名,比东三省更为外国人熟知。

  海关监督,即由俄国人控制的铁路附属地内中国的最高行政长官,派遣了一位下属来接待这两位来客。忙乱与兴奋之余,这位官员尽其所能照看他们车中的行李,除了两个箱子,还有应对此处寒冬必不可少的两条厚厚的被褥。车站里的搬运夫都是俄国人,他们身着厚重的羊皮外套和棉裤,足蹬坚硬笔挺长及膝盖的毡靴。要搬运这四件沉重的行李,需要两个人抬。尽管这些行李异常沉重,但对这些高大健硕的搬运夫来说却轻而易举。他们用简单的铁钩子熟练地将行李挂到系于双肩的皮带上即可搬运。室外的空气极其寒冷,寒暑表显示为零下25到35摄氏度,然而干燥,清新。该车站有两个候车厅,一个供头等和二等车厢乘客候车,另一个供三等车厢乘客候车。从户外进入候车室,就像从冰窖进入了火炉,俄国人认为,要想保持室内温暖,就应采用8英尺高的大火炉,里面还要塞满10

到15块长达1俄尺［阿尔申俄尺，约等于0.71米］或2英尺的大木桦。

车站正门外停着一辆由两匹蒙古小马拉着的俄式敞篷四轮马车，车轮是硬胶皮的，它正在等候这一行来客。他们乘车经过一座跨越铁道的高桥，来到市镇里叫做埠头的商业区。早已为这两位来客预订了房间的旅馆，紧挨着铁道，店主是一位俄籍犹太妇女。她的店伙计是一位来自山东的身材高大的男子，忙里忙外，在旅馆里无所不干。伺候客人洗过热水澡后，便享以美味的俄式晚餐，餐桌上有罗宋汤（卷心菜、胡萝卜加上西红柿和肥牛肉块一齐烹煮，并用数量随意的酸牛奶调味）、俄式牛肉条（腰条肉、新鲜奶油及洋葱煎制）、大块的俄式面包"列巴"和新鲜奶油。用过难忘的晚餐，躺在厚实松软的床垫上，在暖融融的房间里，伍博士和他的助手很快便进入梦乡。待到他们一觉醒来，已经是第二天清晨8点多钟。

在当地，不管俄国人还是中国人，都不在12月25日庆祝圣诞节。因为俄国人依然只认从老式的儒略历，它比世界公用的格里历要晚整整13天；而中国人当然只恪守孔夫子的历法［指中国的农历］，只有等到1月31日，他们才去庆祝新年。于是这两位来访者只得去用简单的早点。除了黑面包，就是俄式咖啡（随意用新鲜热牛奶稀释的味道醇厚的咖啡精）。走出旅馆，他们在街上看不到有任何为烘托节日喜庆气氛而装饰的房舍，商店全都照常开门营业。只见大小玻璃窗上，都被厚厚的一层冰覆盖。他们扬手招来一辆马车，乘车来到了道台衙门。这座中国海关监督的办公院落，也在哈尔滨的埠头，距来客住处不过半英里［1英里约等于1.609千米］之遥。马车进入东辕门，西边则是单向出口。入门后是一个大四合院，里面有马夫正在训练十几匹矮种马。就像绝大多数中国官衙建筑一样，平面设计千篇一律：正面大门面朝正南，有门吏看守；各种办事机构以及官吏属员们的生活用房分列两旁；一道正门通向处理政事或是接待显

哈尔滨的吉林铁路交涉局

要客人的正堂，后院则是官员及其家属的私宅。

来访者于9点整到达门房，出示了他们的名片。外务部早有电报送达道台，通知他伍博士即将到达。尽管道台已有准备，但是他不会在9点就开始办公，来客只得又等了半个钟头，道台大人才在花厅接见他们。道台姓于［名驷兴］，身材细高，身高5英尺8英寸。他是江苏人，说的官话带有上海口音。他只读过中文经典，因擅长此道，科举考试中得举人。他既不懂英语，也不懂俄语，因此他发现自己很难适应这个新环境，也无法从容地与俄国人交涉。俄国人掌握了这里所有权力，控制着具有战略意义的东清铁路北段和它在军事、政治和经济诸多方面的利益。日本人同样垂涎富饶的满洲，他们在1904—1905年的日俄战争中打败俄国人以后，攫取了该铁路从大连到长春的南段，距离北边的哈尔滨150英里。

日俄两国之间，为了争夺更多的权益和控制这个辽阔而刚刚向世界开放的地区，彼此明争暗斗接连不断。对中国人来说，满洲叫做东三省，包括奉天、吉林和黑龙江。我们只要想到满洲的面积是德国、法国和瑞士三国面积的总和，而且占据着世界上有名的大河——黑龙江的南半部，包括该河的最大支流松花江，就不难理解为什么这两国会在这里恶斗不止。而且，满洲盛产小麦、大豆和高粱，矿产有煤炭、铁矿和黄金，储量巨大。和平与稳定的政策就能使这些财富得到开发，不但有益于本地区，而且可以惠及全世界，然而这一潜力巨大的地区却被它的合法主人清朝权贵可悲地弃之不顾。从1644年以后，满洲人推翻了明王朝，在中国建立了清朝，满足于吸食中华帝国的民脂民膏。足足有3个世纪，他们享受着古代中国统治者的奢靡生活，饱食终日，不思进取，让他们的龙兴之地豺狼当道，暗无天日，变成了掠夺成性的日、俄两个国家争夺蹂躏的对象。

尽管于道台对当代行政管理以及地方情势仅有一点粗浅了解，但由于在京的当权官僚大力推荐，还是被委派了3个官职，执掌中华帝国极其重要的一隅。这3个官职是：

1. 吉林省辖境内全部滨江地区的行政长官。

2. 海关监督，负责关务及本地与外国海关税务司密切合作。海关税务司由一位外国人担任。当时是一位友好而且博学的英国人海因斯·沃森（Haines Watson）。

3. 北京外务部直接领导下的地区外事机构长官。

因为伍博士是外务部直接任命的，他与道台大人的关系应该是密切的，扑灭瘟疫的工作也应该配合默契。但是道台提供的有关这方面的信息模糊不清，少得可怜，因而使人颇为失望。就他所知，在傅家甸报告了某些神秘而致命的病例，症状是高烧、咳嗽、咳血，然后死亡，几天之内皮

1910 年的傅家甸

肤变成紫色。傅家甸是哈尔滨附近一个有 24 000 居民的小城，人口密集，地势低洼，完全在中国当局的管辖范围之内。

在北满的边境市镇满洲里毗邻的俄国境内农民之中，显然早有孤立的病例发生。患者多为捕捉一种大型蒙古旱獭的猎户。这种啮齿动物的厚密毛皮是种畅销品，经过适当染色即可仿制成西方女士穿着的黑貂皮。许多猎户是来自山东省的移民，他们身强力壮，吃苦耐劳，不怕北满冬天的严寒，能在辽阔的大草原上逗留数日。他们仅以冰冻的熟肉包子维持生活，需要时加热后伴以酽茶即能果腹。因为当地气候极为干旱，茶水盛于金属容器中随身携带。猎人们出征猎获到 20 多条毛皮，即可满载而归，回到满洲里。他们投宿在拥挤不堪的地窨子小客栈里，尽快将这些生毛皮出售给定期前来收货的商贩。如果瘟疫暴发，特别是以肺部感染的形式出现，不难想象，在湿热的室内空气中，感染极易迅速传播给小客栈里所有的人。

当 9 月间报告最早的咳嗽与咳血的少数病例开始增加时，满洲里的居民十分恐慌，争相购买火车票，沿着俄国人经营的单线东清铁路逃回东部或南部。哈尔滨和满洲里相距 530 英里，途经高山平原，病倒的和发烧的病人在沿途车站就近下了火车，于是鼠疫便在未被感染的人中传播。1910 年 11 月的第 1 周哈尔滨最初报道病例时，鼠疫已经至少猖獗了 6 周，疫情趋缓，却依旧在发展。在傅家甸，有一条由俄国城区穿过铁路干线直通到此的大路。不少中国劳工出现高烧、咳血，于是他们被转移到镇中心一座宽大的两层楼房里，过去这个楼房是个公共浴室。两位西医——姚医师（姚乾初）和孙医师（孙保路），他们是天津北洋医学堂毕业生，受东三省总督锡良派遣，由奉天来此专司防疫工作。他们除了将病人送进鼠疫病院，还负责报销丧葬费用。但防疫机构却仍未按部就班地有效运转。每日报告的病例和死亡的数字在缓慢但持续地上升，从11月1日的2个病例增加到12月中旬的8至10个。一直找不到令人满意的治疗方法，尽管有些游方郎中或中医声称能够治疗，却没有真正的鼠疫病例能够幸免于死。

于道台提议，伍博士应首先进行以下各项工作：

1. 正式拜访俄国铁路当局的最高长官霍尔瓦特（Horwat）将军以及当地外国领事。

2. 巡视中国辖区以及其诸多医院。会见傅家甸的地方长官和当地警官以便获得更多信息。

3. 访问俄国医院，看望那里的俄国同事。

4. 向道台本人和北京中央政府提供建议。

他将要承担的任务是为防疫活动尽量提供充足的经费，以促使严重的传染病尽快结束，显然，道台是一位乐观自信的人。

实地调查

伍博士仔细考虑了总体形势后，决定先召集全城的中国同事。他和他的助手登上了一辆由山东大汉驾驭的俄式四轮马车。这位车夫身披羊皮长大衣，头戴旱獭皮帽子，活像他的俄罗斯同行。他们的马车跨过了铁道干线，又驶过长达数百码［1码约等于0.914米］的几百节车厢，这些车厢满载着一袋又一袋刚从附近农村征购来的大豆。此地确实是世界上最重要的谷物集散中心之一，也许要比美国或加拿大那些大粮仓更加广阔，更为生机勃勃。美洲的粮仓只产小麦，而满洲出产的大豆则营养更丰富而且子粒更为饱满。成千上万麻袋粮食堆放在空地上，有的用帆布盖上，有的则没有盖。这是因为在这个季节有冰雪，却绝不下雨。这里既有砖石砌成的永久性货栈，也有临时的木板棚。显然都盛满着大地的馈赠：毛皮、肉类、谷物、木材，还有大豆，等着运往南边的长春、奉天，以及日本人控制下的大连港，或是沿着俄国人的铁道向东运往他们的海参崴港。劳工都是俄国人或是中国北方人。管理者主要是俄国人，另外还有铁路当局主办的俄中商业学校的年轻中国毕业生参与其中。

四轮马车从这个广达数千英亩［1英亩约等于4 047平方米］的繁忙货场转向傅家甸的主要街道。一路上，两边是数以百计的不甚雅观的木头房屋，屋顶盖着白铁皮或木板。然而，这些简陋的店铺里，中俄两国的商品琳琅满目，供当地居民所需。在哈尔滨城里的俄国城区，有不少美轮美奂的办公楼和极为气派的砖砌大楼。与之相比，傅家甸看起来实在寒碜，犹如贫民窟。但是必须记住，俄国城区是从1900年义和团事件之后才开始起步的，仅仅是获取了大笔赔款的俄国在这片地界上一个额外的产物。当时在傅家甸甚至连卵石路也没有，都是土路。冬天冰冻5英尺，可通载重大车；而在阴雨连绵的夏天，路面泥泞，行人无法举步。幸好土路两边，有宽至2英尺的木板人行道分布在道路两侧。在它下面，则是下水道。

来访者进入小城，即可感受居民中惶恐不安、大祸临头的气氛。到处都有人交头接耳议论。人们谈论着高烧、咳血和突然的死亡，谈论着路旁和旷野被人遗弃的尸体，还有不请自来的穿着制服的白人在那里调查这些死者的病因。马车最后停在一幢大平房前，房顶上竖着一块长方形的白色标牌，写着两个黑色大字："商会"。下车后，姚医师（姚乾初）和孙医师（孙保璐）正在门口迎候。姚医师是年长其3岁的伍博士的广东同乡，不过他来自新会农村而非新宁；孙医师则更年轻，来自福建省会福州。他们两位毕业于天津的北洋医学堂。该学堂由伦敦传道会的马根济医师（Dr. J. Kenneth Mackenzie）创建，因为他治愈了声名显赫的总督李鸿章的爱女，李就把医学堂作为谢礼送给了他，只是后来它被法国政府推荐的一群法国医师所控制。不过整个医学堂仍由位于天津的直隶省政府支持，从杭州、广州、福州和天津等地招收学生，使用英语讲授四年医学课程。姚医师蓄着浓浓的胡须，这在他那个年龄段的中国人中很是少见，但是他为人友好，颇善言辞。孙医师是他的助手，白皙无须，身材颇高，他说的官话有着浓重的福州口音。主客谈话掺杂着中文和英文，专业术语都特意使用英语。

据姚医师说，毫无疑问，流行的是发生在肺部的瘟疫，从上个月起就开始在当地居民中传播。开始每天发现一两个病例，然后病例缓慢增加，偶尔间歇。但是到了当天，即12月25日，却报告了10人死亡。也许还更多，因为这个小小的机构，当时只有2位医师、5位由这2位医师临时培训的看护，无力逐一检查每个病例，于是只有请未经医学训练的警察来帮忙。一旦有人家来报告，他们就将病人迁移到鼠疫病房。这个病房其实就是临时征用的公共浴室，并未采取任何隔离措施。在大街上，不时可见死尸。显然这是在夜间丢弃的，为的是免于让警察来家里调查和对房舍强行消毒。凡是在大街上收集的尸体，都用未经刨光的薄木板钉成的廉价棺材装殓，运到公共墓地埋葬。政府承担棺材、运费和丧葬开销。要是一个家庭成员死去，允许家属独自安排死者的葬礼。所有的医务人员，包括医师、助手，还有杂役、消毒工和掘墓人都要求戴口罩：它或是用现成的线织布片包以黑纱布制成，刚好遮住口鼻；或是用一块外科手术用纱

傅家甸出现第一个鼠疫病例的住宅

布衬上棉花盖住脸的下部。但是，通常戴防护罩的方法都不对，没有遮住呼吸道入口，而只是挂在颈上，因而这些戴口罩的人依旧完全暴露在感染之中。

又询问了一些事情后，伍博士请姚医师带他去见掌管傅家甸所有民政事务的地方官章大人［滨江厅分防同知章绍洙］。衙门就在附近，这群医务人员步行即可到达。但是为了体面，他们还是坐着敞篷四轮马车前往，并递上名片。客人被领进一间昏暗、杂乱的接待室里，立马显露出中国的古老落后：墙壁已多年没有粉刷过，结满了蜘蛛网；椅子虽然时髦并配上了咔叽布彩色椅垫，但显然无人经常打扫灰尘。章大人终于出场了，他身穿一件肮脏肥大的长衫，给人一种效率不高或不足为信的印象。即使一些简单问题，他也回答得吞吞吐吐，模棱两可。他显然是吸鸦片的，如被检举，立刻就会罢官。事实上，在他派人去请在几步路外的警务长以后不到几分钟，他就开始显得局促不安。而这位穿着制服的警务长倒是给医师们提供了不少有关瘟疫流行的信息。章大人和警务长都一再声称，为了扑灭

1911年哈尔滨鼠疫流行时的第一时疫病院

瘟疫，他们该做的全都做了，如果医师们还有什么建议，他们也愿意考虑。伍博士向他们说明了他前来调查的使命，特别恳请警务长能带他去找个合适的病人，以便仔细检查一番。然后这一行医生怀着十分沮丧的心情告辞了。

显然，他们从这些民政官员那里得不到什么帮助，因为这些人对于瘟疫的危险，不是一无所知，就是知之甚少。而他们的无知将会带来严重的麻烦，导致这种传染病进一步向南部蔓延。

叙述到此，应提及那位林姓学生，他虽然还没有毕业，却是个很称职的同伴。因为他能用中文随时记下谈话要点，特别是许多人物、地方的名称。每当遇到技术事务要向不懂英文的官员解释时，他做得比他的上司还要好，因为他的这个上司是位华侨，运用汉语不大熟练。而且，伍博士已经获准使用政府专线，用英文发电报或是报告给他的直接上司施肇基阁下（他在外务部位居右丞高位）。有时候有紧急电报或报告要发给行省官员，也必须翻译成中文。此时，由伍博士用英文起草电报稿，然后由林家瑞立刻准确地译成通顺的中文，并即时发出。在每个衙门里确实都有许多办事员和秘书，但是因为他们不懂英文而于事甚少助益，更遑论让一个外行来迅速而准确地处理医学报告了。

施大人（Alfred Sze，这个名字为世界所熟知）出生于江苏省一个官宦世家。他先是学习本国语，不久后又掌握了英语，进入美国康奈尔大学并获得硕士学位。回国以后，他参加了1905年以大学士端方和戴鸿慈为首的帝国使团前往欧美考察宪政改革。考察团一行途经槟榔屿时，施大人第一次与伍博士相见。因为他才华出众，很快就开始在外务部任参赞。1907年，他被擢升为哈尔滨道台和设在哈尔滨的吉林铁路交涉局总办。事实上他是1910年到任的于道台的前任。假如他仍然在哈尔滨任道台，伍博士的事情就将

伍连德的助手林家瑞
（1889—1967）

会好办多了，而与当地官场的关系也将更为融洽。然而，从另一方面说，那样或许又不会得到北京方面如此强有力的支持。而这种支持，在处置紧急事务的关头非同小可。施大人身为外务部右丞，他得到满人上司外务部尚书、大学士那桐的有力支持，这使伍博士在遥远的哈尔滨得以顺利工作。

正是施大人首先举荐伍博士前来调查瘟疫，然后又让他担任扑灭覆盖满洲到山东广大地域鼠疫的庞大的防疫组织的首领。因为施大人具有周游世界的丰富经历，到过世界许多地方，熟悉先进国家的现代化制度，这使他得以预见可能的外交后果：如果中国未能使用科学方法及时将猖獗一时的鼠疫扑灭，虎视眈眈的日、俄两个邻国就会对中国施加政治压力。主要因为这个原因，他说服大学士那桐认识其严重性，促使他物色合适人选前往那不安宁的地方。伍博士被认为是最佳人选，这不仅因为他在英国剑桥大学获得了医学博士学位，他还在英国、德国和法国从事过细菌学研究。除了英语，他还能讲德语和法语。虽然在京城的清朝权贵和当权的上层官

外务部右丞相施肇基
（1877—1958）

僚因循守旧，对西方国家在科学和医学方面的长足进步一无所知，但是他们无法忘记不久前（1900年）不幸的义和团暴动招致的灾难性后果，大清帝国颜面尽失。施大人的鼎力推荐有了结果，他奉命向天津发电报，召当时正在天津陆军军医学堂任帮办的伍博士赴京晋见。后来听说，有人举荐过另一位医师谢天宝博士，他曾在美国丹佛受教育，时为清政府海军部医官。但是他不愿远离北京，放弃了报效祖国的大好机会。伍博士和他的助手做好了必要的准备，并预订了旅途中投宿处，在接受命令48小时内，便各带一位随从，沿着3条铁路，即中国的京奉铁路、日辖南满铁路、俄辖东清铁路，前往北方目的地。

在代表外务部的施大人和负责瘟疫调查的医官伍博士之间已经当面商定，做到相互自由交换报告，必要时可用英语，以便及时沟通，避免不必要的延误。不难看出，从一开始北京高层对这位几乎没有经验、英语比母语更流利的人已经有所迁就。正是由于事先的妥协，伍博士才得以更清晰地表达他的观点，解释他的行动，并解决执行公务过程中遇到的困难。

12月27日早晨，得到了一次解剖尸体的机会。有电话通知当局，在傅家甸一位嫁给中国人的日本女客栈主人，出现咳嗽、咳血等症状后，当夜死去。伍博士和他的助手携带内置急诊必需器械和仪器的出诊箱，立刻驱车前往小城贫民区的一幢小房子。只见一具身着廉价棉质和服的女尸躺在污秽的榻榻米上，木地板高出地面足有两英尺。室内阴暗，不甚清洁，但尚有清水以供勉强完成尸体解剖。切除胸软骨部分后，将粗大的注射器的针头插进了右心房，吸出足够的血液，放在两个琼脂试管里培养细菌，并用显微镜载玻片涂片观察。然后又切开肺脏和脾脏的表面，伸进白金接种环，挑取这些器官里的物质进行必要的培养和涂片观察。将感染的肺、脾和肝各取出 2 英寸 × 2 英寸大小的组织块放进盛有 10％ 福尔马林液体的瓶子里。因为需要保密，每道操作都尽快做完。脏器复位以后，缝合了皮肤，将其穿戴整齐，并用政府提供的棺材装殓，以待安葬。

正是在如此不寻常而又不可思议的条件下，在傅家甸，也许是整个满洲，第一例肺鼠疫患者尸体解剖就这样完成了。众人十分高兴地回到驻地，由于还没有安置合适的实验室，他们只得在暂时从商会借来的一间房子里工作。用吕氏染色剂简单染色后，用高倍显微镜观察。所有取自血液、心、肺、肝和脾的标本里都呈现成群的鼠疫杆菌（*Bacillus pestis*），它们呈现特有的两头着色的卵圆形。在琼脂试管里的细菌培养后，进一步证实了是鼠疫。将这些培养物放在室温下 3 天后，出现了状如针头的半透明菌落。挑取其中一个菌落涂片观察，再度显示了鼠疫杆菌的特征。从心脏、血液和脾脏取出的培养物十分纯净，表明未受其他杂菌污染，但是肺培养物显示轻度污染。对这一发现，他们立刻向当地官府和朝廷通报了。道台大人、章大人和警务长，虽然都是外行，但都被请来在显微镜下观看，试图令其信服神秘死亡的真实原因。当然，欲使缺少近代医学和科学基础知识的他们相信这些，并非易事。

防疫计划的形成

当务之急，显系制定相应政策并依此组建适当的防疫组织。鉴于当地条件普遍落后，该组织应该尽可能简单，但是其工作效率须足以应对猖獗的疫情，直至将它全部扑灭。为此，伍博士给他在北京的上司发电报，概括地提出以下建议：

1. 傅家甸存在肺鼠疫流行，已经被临床和细菌学检验充分证实。

2. 该传染病几乎完全由人到人传播。目前老鼠感染的问题可以排除，因此当前扑灭瘟疫的所有努力应集中在流动人群和居民中。

3. 西伯利亚边境满洲里和哈尔滨之间的铁路交通必须严格管制，并邀请俄国当局与中国政府在实施有关措施中进行合作。

4. 开放的道路和冰冻的河流也助长了鼠疫的传播，因此必须派人沿途巡视与检查。

5. 傅家甸当地官员应提供更多房舍，供急性患者用做医院。建立隔离营，收容成千的接触者，包括曾经暴露在感染之中的鼠疫患者家庭成员。鼓励当地警务系统更充分地合作。

6. 为应对需求的增长，须从南方招募更多的医师和助手。

7. 当地道台应为防疫活动提供足够的经费。

8. （华北）京奉铁路沿线的卫生状况必须密切关注，一旦有鼠疫病例出现，必须采取严格的防疫措施，包括建立鼠疫医院和隔离营。

9. 寻求与日本南满铁路当局合作。

姚医师和孙医师在该镇北部租得一座骡马大车店用做消毒站。他们在那里贮备了大量的硫黄、数百瓶石碳酸。这些药品购自遍布南北满的日本药房，这些药房向当地居民提供价廉的日常化工用品、玻璃器皿、药棉和各类专卖药品。像旧式学堂的许多毕业生一样，姚医师和他的助手在对付室内感染，例如麻疹和猩红热时，更看重消毒剂的效果。比如将硫黄放在罐子里燃烧，产生的烟雾可以杀灭空气中飘浮的病菌；将苯酚配成 1:40 的稀释溶液，装在简便的日本制喷雾器中喷洒后，使不通风的房间充满了被称为石碳酸的令人爽快的气味。然而病房里不经常打扫的地板上，尘土里积聚着不少病菌,医务人员却很少理会。这些卫生消毒措施尽管在扑灭传染病时不甚有效,但是对于失去一个或更多亲人的家庭来说,却有心理上的安抚作用。这种安抚作用甚至在先进的欧美国家都得到认可,所以不难理解,疾病流行时,缺少教育的亚洲人民为何对此十分信赖,尽管这种信赖并无多少依据。

第一个消毒所(左);伍博士的第一个实验室(右):1911年1月,作者正在他的第一个鼠疫实验室工作。该实验室只是一间泥草房,双层玻璃窗,以一个烧木块的大火炉取暖。没有恒温箱,鼠疫菌培养物在室温下生长。没有自来水,但是有电灯为显微镜提供照明。

伍博士满意的是这个消毒站的一间房子。它位于院门旁边,被用做实验室。在这间房子里,安放好了他的显微镜、载玻片、染色剂和培养物等。伍博士不曾料想,这里已经有一个年轻的日本医师捷足先登了。他略通中国话,自称受南满铁路派遣前来调查鼠疫,如果需要,愿助一臂之力。但是他终日坚守岗位,下班回家才离开。他只要求捉老鼠给他,并按照教科书所述进行检查。伍博士向他解释道,当前纯系人与人之间的传染,家鼠并不介入,不起作用。但是徒费口舌,不易令其信服。两周以后,发生了北洋医学堂首席教授梅聂(Gérald Mesny)在哈尔滨因鼠疫而死亡的轰动事件。那位日本人便不知去向了。

当伍博士料定有关这次瘟疫的某些重要情况已经上达北京高层时，便在12月31日前去正式拜会俄国铁路管理局总办霍尔瓦特将军。他的漂亮办公室设在哈尔滨新城的一幢高大石结构的三层楼房里。伍博士身穿天蓝色的大礼服，笔直坚挺的硬领，紧腿裤塞在长筒皮靴中，这种装束当时在俄国官员中很流行。霍尔瓦特将军身高达6英尺2英寸，身居高位，却谦恭有礼，抖动着的灰白色胡须上方，双目慈祥而睿智。其时年当在50以上，俨然一派直率的军人气质。伴随在其身边的，是位面部无须，温文儒雅的中国人。他的身材与伍博士相仿，名叫朱玉清。朱先生是将军的翻译，时年约35，苏州人，精通俄语、汉语、英语和法语。在座的还有出生于波兰的雅显斯基（Iasienski）博士，时为铁路医务处主管，精通俄语和法语，偶尔也说英语；冈察洛夫（Kokcharoff）先生，哈尔滨俄国防疫局局长，非医学出身；铁路医院的高级医官博古奇（Boguchi）医师。伍博士在此后执行公务时，与他们时有往还。

交谈主要用英语和俄语，朱先生口译。略事寒暄以后，伍博士说明了北京外务部赋予的使命：首先调查疫情，然后提出控制和扑灭日渐猖獗的瘟疫的措施。当谈及他在傅家甸所完成的第一例尸体解剖，并从细菌学上证实为肺鼠疫时，这些俄国人表现得很有兴趣。雅显斯基博士则要求观看标本和培养物。

这些俄国人中主要是霍尔瓦特将军发言，他强调了事情的紧迫性，并表示十分高兴看到中国城中来了像伍博士这样训练有素的专家。但是他忧虑的是，为抗击如此严重的疫情，需要更多中国医师和甚为庞大的卫生防疫队伍。将军说，为应对紧急情况，要准备设立更多的医院和隔离营，要督促中国的负责官员认识采用现代防治方法的重要性。但当提及拟向铁路当局商借一些货车车厢，以收容数百个曾经与家庭内鼠疫患者密切接触而需隔离的人员，并希望能有所遮蔽时，将军却犹豫不决。不过他答应将征询于职员，允诺在他的权限之内将给予实质性帮助，并保证尽其所能。将军主动提供了铁路区域内中俄居民中出现的鼠疫病例信息，并声明如疫情进一步恶化，将一定采取严格措施。他还表示欢迎伍博士访问俄国医院，雅显斯基和博古奇亦无不赞成。然后伍博士便告辞。

当天下午（公历新年前夕），伍博士逐一对俄国、日本、英国、美国和法国领事进行了礼节性拜访，但只在一处受到礼遇，承诺协助和合作。日本和俄国的总领事对此显然过分政治化了，声称需对中国的防疫团队加以了解。英国领事斯莱（H. E. Sly）先生，中等身材，圆润光洁的面庞，乌黑的眼睛，蓄有当时在演员中流行的分头。尽管伍博士是英国女王陛下的臣民（他出生在海峡殖民地①的槟榔屿），并以不俗的资质担负重大使命，领事大人却毫不理睬，既不友好，又不信任。他绝不通融，目空一切，对中国官吏办事的能力极尽嘲讽之能事。法国副领事本是当地一个商人，担任的只是一个荣誉虚衔。令副领事感兴趣的，仅仅是伍博士告知他曾在著名科学家埃米尔·鲁（Emile Roux）和伊利亚·梅奇尼科夫（Elie Metchnikoff）领导的巴黎巴斯德研究所做过研究生。

唯一对他友好的是领事顾临（Roger S. Greene）先生②，一位哈佛毕业生，在哈尔滨管理美国侨民事务已有两年。他又高又瘦，前额突出，两

---

① 海峡殖民地（Straits Settlements），是英国在 1826—1946 年间对位于马来半岛的三个重要港口和马来群岛各殖民地的管理建制。最初由新加坡、槟城和马六甲（麻六甲）三个英属港口组成。——译者注

② 顾临（Roger Sherman Greene，1881—1947），美国人，1909 年 3 月任哈尔滨领事。辛亥革命时任驻汉口总领事。1925—1927 年间任中华教育文化基金董事会美籍董事。1928—1938 年任中华医学基金会驻华代表和协和医学院代理校长。——译者注

眼深陷，上唇蓄短髭，待人彬彬有礼，有教养且富同情心。他说深知中国面临的危险和困难，但若采取恰当的组织并有决心，则没有理由怀疑中方能够成功。这对于面临力难胜任之重任，肩负极大责任的伍博士来说，不啻是友善的鼓励和祝愿。伍博士对此深表谢意，还特别感谢他邀请博士方便时再次来访。不久顾临领事擢升为驻汉口总领事，亲眼目睹了1911年底辛亥革命的爆发。后来，他辞去了美国外交官职务，因为洛克菲勒基金会任命他为中华医学基金会驻华代表，监督北京协和医学院及其医院的建设直到1920年。

鼠疫导致中国城区和铁路沿线死亡的人数不断增加的报告，令身负重责的医师们越来越担忧，于是伍博士前去拜访哈夫金博士（Dr. P. Haffkine）负责的俄国传染病医院。这位年轻的医师毕业于基辅大学，时年28岁。他是犹太人，洁白无须，健谈。他的叔叔哈夫金医师是位著名的人物，曾在印度，特别是孟买研究过腺鼠疫，首次研制出如今普遍使用的哈夫金疫苗（这种疫苗是灭活的鼠疫杆菌，保存在稀释石碳酸溶液里）。哈夫金医师身穿医院的白色工作服，头戴雪白的棉布帽，但是不像中国医师在自己医院里那样戴着防护口罩。伍博士先换上了同样的白色工作服和帽子，然后随着哈夫金医师进入传染病房。

这确实令人尴尬！伍博士是在视察前按需要戴上口罩（这样会被视为胆怯或者缺乏医生的职业勇气），抑或听天由命随着漫不经心的哈夫金医师走进病房呢？然而此时已不容犹豫，收容鼠疫患者的病房已大门洞开。伍博士数了里面的病人，共8人，每人占有一张单独的铁床。8个病人中，6个中国人，2个俄国人。所有的病历上都记有高烧和心动过速。所有的病人都显得病情严重，有的在轻咳，有的明显呼吸困难，痉挛，咳出粉红色的血痰。哈夫金医师检查了两个病人的胸部和背部，他低着头，却没有面对着病人的呼吸。轮到伍博士检查时,他伸直手臂尽量抻长双耳听诊器的管路,只从背部听诊肺部,并扬起头以避开病人。在病房里的10分钟,让他紧张万分。感谢上苍,严峻考验终告结束,这些人终于离开了空气污浊的房间,开始呼吸室外的新鲜空气。和蔼的哈夫金医师对客人的不安报之以微笑,并说他和他的同事对他叔父的疫苗之神奇功效极有信心,无须其他保护措施。但是这种信心很快就被证明显然是空中楼阁,他的医院里就有太多的同事死于鼠疫,10天后法国医师梅聂前来病房作类似访问而酿成的惨剧即是证据。在本章的后半部分,对此事还有更详尽的叙述。

尽管铁路区域人口比傅家甸更多(100 000∶24 000),但并不特别拥挤,而且绝大多数俄国人是政府雇员,居住得相当舒适。搭乘单线铁路(东清铁路)列车到来的感染者,绝大多数立刻进入哈尔滨的中国城,而少数在俄国城区过夜的,通常也都住在中国境内的小客栈里。在那里,若干人躺在同一条炕上,这种炕是矩形的砖砌结构,其宽度占据整个房间,从室外添加木块烧火取暖。那里没有单独的床铺,坐卧、梳洗和用餐都在炕上。不难理解,他们共用一个大炕,在肺鼠疫流行的时候,从染病的肺里直接咳出带有危险细菌的飞沫是主要的传播方式。不言而喻,一个病人可能传染与他同一个炕上的其他人。换言之,环境越是拥挤,感染的危险就越大,特别是寒冬腊月,门窗紧闭,室内空气湿热而且不流通。上述情形可以说从西北部的满洲里到北京,南至山东,无不如此。所以,在1910年到1911年的那个冬天,只要鼠疫病人与朋友或亲属逗留或住宿在一起,就会有被感染的病例。传染的严重程度取决于原发的病人数量和他们家庭的规模。

俄国人在对抗鼠疫方面有不少优势,比如他们有高大的建筑、开阔的木材货场、榨油作坊等，还有许多平时用来储藏大豆和面粉的空荡的仓库，以及敞篷或封闭的货运列车车厢。他们也拥有设备精良、技术力量雄厚的医院。相对而言，这些优势中国当局实际上一点也没有。在拥挤而低洼的傅家甸，唯有肮脏的小客栈、备有大车停放场所的大车店、学校、几座兵营和两个戏园。这些有限的资源，后来都被征用作为防疫局的下属机构、消毒站和临时隔离营。直到铁路局终于答应出借120个货车车厢，用于隔离大量接触者（包括鼠疫病例家属，以及曾与病人同住或共餐的人），中国医务人员的处境方稍有缓解。随后，官员们和公众的态度又令他们举步维艰。前者似乎对事态的严重性熟视无睹，后者则处之泰然或听天由命。这种东方人的典型特点，令那些前来尽力帮助他们的人感到沮丧。这就需要有振聋发聩的悲剧事件来使他们猛醒。正当此时，发生了梅聂医师的意外身亡。

货车车厢隔离所

黑死病（现已查明，此次它的造访与欧洲中世纪的那次非常相似，当时欧洲共有数百万人丧生）持续地向北京进逼。加之每天从满洲来的日趋严重的疫情报告令京城更加惶恐不安。列强驻京外交使团，他们既是多个国家组成的团体，又各为自己的国家争利，此时便开始向由守旧王爷和无能的亲贵子弟控制的满清王朝中央政府施压。迫于压力，北京政府向各级医院和医疗机构紧急告谕，征调医师和训练有素的护理人员作为志愿者，前去哈尔滨协助伍博士扑灭危险的传染病。社会响应十分踊跃，纷纷许诺鼎力相助，其中包括天津的陆军军医学堂（伍博士以往3年曾任该校帮办）、天津的北洋医学堂和由传教士创建于1906年的北京协和医学堂。还有许多来自济南府、芝罘［今属烟台市］、保定府、吉林、长春、奉天府、阿什河［今属阿城县］以及其他许多城镇的传教士医师，皆志愿前往。

梅聂之死与简易口罩的推广

首先到达哈尔滨的是法国医师梅聂。他以前是一位军医，时任北洋医学堂的首席教授。两年前（1908年），他曾在天津附近的煤矿城市唐山参与腺鼠疫流行的防治。在前往哈尔滨途经奉天时，梅聂医师谒见了东三省总督锡良，要求总督大人任命他统管防疫事务，取代中国医师伍博士。但是总督拒绝了他的要求，建议他先去考察情况，然后再提出自己的建议。也许他在学堂身居教授领导之高位，对"土著"中国人一贯颐指气使，又凭借当年他带领一队中国学生和助手在唐山防治腺鼠疫的短暂经历，自视甚高。总之，他在1月2日到达哈尔滨，下榻于火车总站对面的格兰德旅馆（Grand Hotel）时，心中颇为不悦。

伍博士对法国教授的心情一无所知，他作为同事，前往旅馆探望。伍博士发现他独处房中，心事重重。过去他们同住天津，只是一般的同行，如今身处严重疫区之中心，理应开诚布公交换意见，亲密合作，应战共同的敌人。伍博士向他介绍了自己的经验以及到哈尔滨以来先后采取的措施，并且指出，因为这次暴发的是单纯的肺鼠疫，他们主要应该集中精力严格隔离鼠疫患者，将他们与不咳嗽的疑似者分开，制订适当限制接触者的规划；医务人员除按细菌学的常规操作外，应戴上由软棉和纱布制成的口罩，给人群接种哈夫金疫苗并注射耶尔森血清。但是梅聂医师对来客的议论不感兴趣，宁愿凭借当年他在唐山取得的经验。在唐山，老鼠确实对疫情的蔓延流行起了主要作用，如同在印度、越南和香港一样。他说他本人的意见比一个新手所言更可靠，并决心让中国政府接受他更成熟的意见。梅聂医师当时已43岁，而伍博士年方30。

伍博士坐在带垫子的大扶手椅上，试图用微笑化解分歧。这位法国人却激动起来，在燥热的房间里不停踱步。他突然不再隐忍：面对伍博士怒扬双臂，双眼圆瞪地吼道，"你，你这个中国佬，胆敢嘲笑我，顶撞你的前辈？"尽管见解相左，但这场出人意料的动怒和对一位医界同仁的粗暴无礼，岂非令人匪夷所思？为了不使局面僵化，于是伍博士说道："对不起，梅聂医师，我这本意友好的谈话，不料竟引起如此不愉快。我别无选择，只得向北京的施大人禀报。"伍博士离开房间，下了楼，步行回到相距不过数码的住所——大都会旅馆（Metropole）。在安静的房间里，他起草了一份电报，述说了事件的全部经过，并提出了辞呈，因为无法与如此固执己见的人共事。过了一天，又过了一夜。争执发生38小时后，伍博士收到来自北京的官方电报，宣布撤销对梅聂医师的派出指令，并责成伍博士无须介意此次不愉快，继续勉力工作。官方对伍博士的支持再次得到了证实，他加倍努力设法控制鼠疫。传染病医院此时已经人满为患。患者死亡数字扶摇直上，甚至有一次在24小时内报告了50位病人死亡。但是，在更多的医师和护理人员践诺到来以前，无法期待形势能显著好转。

出乎意料的是，法国医师梅聂感染上了瘟疫，并已送到哈尔滨新城俄国鼠疫医院的消息不胫而走。询问医院当局得知，1月5日梅聂医师接到撤销他的工作任命的电报后，他立刻去鼠疫医院拜访哈夫金医师，要求检查几位病人。就像伍博士来访时一样，梅聂在进入传染病房之前，穿上了白工作服，戴上了白帽子和一双橡皮手套，但是没有戴口罩。在病房里，他和哈夫金医师一样，接连检查了4个病人，面对病人前胸和后背叩诊与听诊。进一步问诊后，梅聂医师便离开医院回到了旅馆。以后几天中，他显然走访过几位欧洲朋友和熟人，并前往几家著名大商场购物。1月8日，即访问医院后3天，梅聂医师开始感觉不适，轻微寒战、剧烈头痛和发烧，整夜坐立不安。第二天清晨，出现咳嗽并伴有痰液。哈夫金医师接到他的电话，立刻怀疑是肺鼠疫。他马上命令将病人送进俄国医院的观察室，发现其高烧达101华氏度（38.3摄氏度），脉搏加快，咳嗽越来越频繁，并伴随着带粉红色血丝的痰液。细菌学检查明白无误地检出了鼠疫杆菌。在随后的24小时内，连续两次注射剂量分别为230毫升和180毫升的抗鼠疫血清，但收效不大。不断涌出的痰中出现更多的血块，用简单的美蓝染色后，在显微镜下可见血中出现大量细胞两端着色的杆菌。病人迅速衰竭，体温升至103华氏度（39.4摄氏度），脉搏每分钟140次，呼吸每分钟40次。接着病人面部呈现典型的紫色，不久意识丧失，于1月11日，正好是他访问该医院6天后死亡。

梅聂医师令人震惊的死讯产生了广泛的反响。首先是俄国防疫局的卫生队封闭了大旅社的整个3层楼房，从梅聂医师的卧室里搬出了病人的衣物和文件并将其焚毁，他可能用过的所有房间均用硫黄和石碳酸消毒，并在48小时内禁止任何人进入。与此同时，在哈尔滨的总领事和各国领事将这个不幸的消息用电报通报本国政府，而当地俄文和中文报纸详细地（并非完全准确）报道了这位著名病人的患病始末。恐慌遍及各处，也许这是两个月以来，各界公众终于第一次认识到，在他们中肆虐的恐怖瘟疫究竟有多么凶恶。他们终于省悟到，连位居天津北洋医学堂资深教授的医学界头面人物亦难逃鼠疫之魔掌，其他人当更无安全可言了。他们终于明白，如要确保自身无恙，阖家平安，便应该听从那些负责防疫者的警告。正是这些惶恐公众态度的转变，使工作进展不小，并为其后抗击鼠疫的成功作出了贡献。梅聂去世的直接后果之一是造成某些行动难以开展。伍博士领导的中国医务人员，以及许多新近来自南方的助手，均被逐出离格兰德旅馆一个街区的大都会旅馆。旅店管理者决心不再允许任何"遭瘟的"（在俄国人中，任何与平抑鼠疫有关的医务人士都被冠以这个尊号）入住。换言之，"遭瘟的"现在成了不可接触者，要敬而远之！另一方面，法国医师逝世产生的结果，是在俄国传染病院的管理和组织中出现了某些值得肯定的改变。其中之一是戴棉纱口罩这个简单易行的措施得到落实。在医院职员中，特别是哈夫金医师及其助手，可以看到他们整日戴着这种棉口罩。既然该种传染病已被确诊为鼠疫肺炎，而且会直接通过病人咳嗽喷出的飞沫传染给飞沫可及处之健康接触者，对于任何与这种病人为邻的明智的人，显然戴上口罩保护自己，实属必要的预防措施。否则每吐出的一口痰中大量存在的病菌，将被带进健康人的咽喉，并由此进入与其相邻的肺部。

也许慌乱之中，居民们反应过度了，在大街上几乎人人都戴上了这样或那样的口罩,虽然不是所有人戴口罩的方法都正确。有的人把口罩松弛地挂于耳上;有的人套于颈上,犹如护身符,而正应刻意保护的鼻孔和口腔却依旧暴露在外。尽管如此,中国防疫组织推荐的简单的纱布口罩很快便推广开来。许多志愿者在家中赶制出数千个。

推荐使用的口罩,用成卷的 3 英尺外科手术用的、宽度适中的洁白纱布制作。两边各剪两刀,分成各长 1 英尺的 3 条缚带,保留中间部分不再剪切,折叠面积为 6 英寸×4 英寸大小,裹住消毒药棉。戴用时,上边的两条分别绕过耳朵上面,系于脑后;中间的两条分别绕过耳朵下面,系于脑后;最下面的两条向上绕,系于头顶。(后来的口罩的形式只有两对缚带,都是系于脑后,)这种简易口罩是软的,可以调整,戴在脸上,与面部和脖子紧贴。在病房值班时,戴上 1 个小时甚至更长时间,也没有不适的感觉。

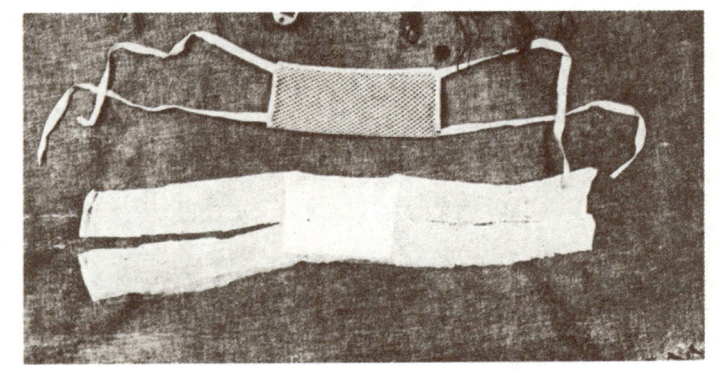

伍连德设计的口罩(那剑波提供)

同时,防疫机构向各级医务人员下达了指示,说明用口罩防护纯系防止病菌进入呼吸道的物理学效应,因而不要在口罩上使用任何灭菌剂。但是有些过分热心的职员,为了更加安全,又在棉花上洒了几滴来苏尔,甚至是未经稀释的石碳酸,致使嘴角和鼻尖被烧灼。在 1910 年至 1911 年疫情猖獗时,防护口罩被证明最有用,不仅被用于急性鼠疫病院,还被用于隔离营和停在铁道上的观察车上。当时每天都有数百名疑似者和接触者接受检查，他们有的已被感染并咳出带菌的痰沫。这些检查者中有一位或许没有口罩防护，或是没有规范使用，这就导致了年轻的医师杰克逊（Jackson A.），即沈阳的苏格兰长老会传道团的司督阁（Dugald Christie）医师的助手于1911年1月受到感染而丧生。防疫组织完善之后，便准备了数千个标准的口罩，从总医官到夜间执勤的士兵随时取用。一个无法避免的后果是导致有关商品，比如药棉、手术纱布、石碳酸、生硫黄、玻璃器皿和其他医院必需品价格上涨。于是药品经销者，其中绝大多数是日本人，趁机大发横财。

至此，应该述及盼望已久的，已经到达并且数量达到足以应对疫情的增援医生及其助手了，只是到这个时候，防疫工作才真正开展起来。

现按其到达次序简要介绍如下：

1910年

12月24日，伍博士及其助手林家瑞医师。

1911年

元月2日，梅聂医师，于元月11日病故。

元月4日，梁医师、雷医师和司徒医师，他们原是梅聂医师的下属。后者去世后，均由伍博士领导。

元月6日，北京协和医学院的吉陞（Gibb）医师和方医师及其率领的陆军军医学堂10位高年级学生。

元月18日，北京协和医学院的格雷厄姆·阿斯普兰（Graham Aspland）医师和斯滕豪斯（Stenhouse）医师及其率领的3名学生。

元月26日，来自不同单位共计14位医师组成的分队。

元月28日，侯医师及随同而来的陆军军医学堂的10位高年级学生。

推行防疫措施

在伍博士的领导下,举行了一系列的会议,会议作出了如下决定:

1. 将傅家甸分成4区。每一区由一位高级医官负责,带领足够的助手对区内房屋逐一进行检查;将发现的所有鼠疫患者送到新的鼠疫医院,将其家属及其他接触者置于隔离营或送往借自俄国铁路局的车厢内加以隔离;施行房舍消毒;每日向主管医官呈交疫情报告。

2. 为保证更好地控制疫情,尽量将例行检查和疫情呈报工作交由受过系统训练的医务人员来完成,以取代未经专业训练的警察。被替换的警务人员则返回原岗位。

3. 从长春调来1 160名中国步兵,以加强有关规则的严格执行,特别注意人群的流动。(这些士兵到达后,驻扎在俄国人开办的一个大面粉磨坊里。他们分成小组日夜驻守在适当地点,监视陌生人由外部进入和惊慌失措的病人及接触者出走南方。此步兵团队的指挥官定期参加医务会议,并归总医官调遣。)

4. 征召600名警察成立一支警务分队,接受防疫工作的训练,并按照医官的命令驻守各地。(这一团队的工作后来证明在处理民事方面极为有效。)

可供使用的建筑物,例如关闭的学校、撤空的客栈和大车店等,一律租用,并尽可能改造为4个部分:办公区、消毒站、医务人员宿舍和接触者的隔离营。其中的第四区由孙医师负责,在下面将作简要描述。办公区和消毒站都位于原来的男童小学校里,北边的正房是高级医官的办公室,朝南有一排面向外部的玻璃窗,并辟有隔离窗口,用于接受信件和信使送来的报告等。这些信件和报告须先浸泡在杀菌溶液里，晾干后再由侍役送达医官。紧邻办公室是起居休息室，内设茶点供下班休息者享用。南边一排厢房用做消毒室。下班后，所有的医务人员和学生从后门进入消毒室，须经1∶40的石碳酸水溶液喷洒衣服，然后进入更衣室，脱下工作服、帽子、口罩和手套，同时也脱掉长筒靴和外衣。进入另一个房间时，脱去内衣，在裸体状态进入浴室，用柔性抗菌剂擦拭和漱口清喉。为强化热水澡的作用，最好加入来苏尔或石碳酸；全身浸泡在清水中，擦干后再穿好衣服。所有受污染的衣服浸入1∶3 000的升汞溶液里或者用福尔马林烟熏。包括卫生警察、担架员和运尸车夫等低级员工，也都作类似处置。

各分区的居民都要求在右臂佩戴政府分发的臂章，分为白、红、黄、蓝4色，代表4个分区。佩戴某色臂章者，可在它所代表的分区内自由行动，如进入另一分区，须经特别许可。同样的规则适用于城外军事封锁线，未经防疫局特许不得进出城区。因为有近1 200名士兵在城外，600名警察在城内日夜执勤，逃避监管几乎是不可能的。每个分区设1名首席医官、2名助理医官、4名医学堂学生、58名卫生杂役（包括消毒员、逐屋搜索队、担架搬运工、联络员、马车夫和掘墓人）和26名警察。每个分区配备有12辆大车和16副担架用来运送患者和尸体。如此复杂的人力安排要求上级领导严格监督。疏漏之处在所难免，例如过分注重医务人员的个人消毒，后来证明造成了人浮于事。但是在危机开始时的关键时刻它是有作用的。因为当时人人紧张，需要格外注意并激励众人恪尽职守。总的说来，严格刻板的规矩虽然复杂但运行良好，开始实行的第一个月内，鼠疫死者总人数已达3 413，最严峻的一天死亡183人，恰好30天后，即1911年3月1日，下降为0。此确为科学组织之胜利也！

俄国当局热忱合作，可由铁路局建立的防疫局医务总监博古奇医师递

员工消毒室

交的报告中证明。该医师的报告中记载的第一个鼠疫病例于 10 月 12 日在边境城市满洲里登记。疫情沿着铁路线逐步传播开来,哈尔滨的第一个病例出现在 10 月 27 日,于是决定采取以下措施:

1. 建立鼠疫患者营房和隔离观察室。
2. 为加强卫生管理,将城区分成 8 个区。
3. 从俄国征召并任命足够数量的医务官员。
4. 提供足够数量的车辆以保城镇清洁。
5. 任命卫生官员,开设讲座,并散发用俄文和中文书写的普及读物。

著名的 D. 扎博洛特内教授(Prof. D. Zabolotny)从圣彼得堡(现称列宁格勒)到达后,又增加了一些措施:

1. 针对居民的健康状况,加强对公共卫生的关注。
2. 建立地区鼠疫防控中心以便及早发现和隔离鼠疫病人。

3. 改善最贫穷阶层的居住条件。

4. 为务工者和失业者设立居留地和食棚。

5. 建立哨卡，检查所有进入城区者。

6. 对房舍和衣物仔细消毒。

在这场防控鼠疫的战役中，梅聂医师的过早逝世帮助了伍博士及其医务团队。此后，地方官员开始与他们密切合作，特别是于道台将他宽敞的道台衙门众多院落中的一座慷慨让出，用做高级医师的住所。极有权势的吉林巡抚陈昭常（伍博士的广东同乡）带领一大队随员，包括即将就任的新道台黄宝森（Huang Paoshun 音译，北洋医学堂的毕业生）、医务局主任钟穆生医师和秘书长廖仲恺（辛亥革命后他出任广东省省长）都来哈尔滨视察。在会见时，巡抚大人说这些医师不远千里冒着极大的生命危险，从南方前来扑灭肆虐地方的瘟疫，他命令所有属下官吏和地方乡绅务须按医务人员的指示行事。巡抚还说，倘若诸君齐心合力，共同对敌，秩序和安乐将很快恢复。最后，巡抚大人表示深信两个月内，新年将临，苦难亦将结束。难以置信，他的预言真的实现了。

伴随着焦虑，在举步维艰和持续期待中，整整1个月过去了。医师们和员工们依旧难见丝毫好转的迹象。每日鼠疫死亡率继续上升，从40人增加到60人。然后维持稳定一两天，积聚的凶焰又突然暴发，瞬即超越百人大关，迅速上升达到1天死亡183人。负责医官在4个分区依旧定期巡视原有的鼠疫医院和新建的秩序较好的医院。最先建成的医院原为浴室，内部条件当然远非理想，其中收治了1 000多个病人，尸体在数小时至数日内移出。这个有名的鼠疫医院用厚木板建造得极为坚固，是傅家甸最引人瞩目的建筑，在完成了它的使命之后，被付之一炬。

较新的医院原为带有开阔大院落的大型客栈，备有木制的单人床，条件尚可，但此间病人死亡率并未降低，同样是百分之百。有报告称，甚至在其中的陪护人员亦大部分被感染，尽管已告诫他们注意卫生防护。后来得知，这些陪护者经常夜间潜入病房盗窃垂死患者的衣服和钱财，很可能未戴口罩。俄国铁路局慷慨借出的120节货车车厢，一字排列在空旷的地面，它们离中国城区仅1英里之遥。每节车厢均安装有燃烧木材的巨大的铸铁火炉供暖，用于收容大量接触者。起初接触者人数不过百，但不久即超过了1 000。早晚有人给他们测量脉搏和体温，只要发现发热，立即在车厢中隔离。而确诊染病者，病情便会迅速恶化并发展成咳嗽和咳血。在细菌学检验确定为患鼠疫者后，即被转送至鼠疫医院。入院后可能一两天内即死亡。

哈尔滨防疫处

在此恐怖之地，令人沮丧和压抑的时刻，出现了一件令人庆幸的事情。这就是两位让人尊敬的医务助手竟对如此可怕的瘟疫具有超凡的免疫力。他们是顾喜诰和贾凤石，年龄分别为43岁和28岁。在傅家甸瘟疫流行之前，顾喜诰原是一位民间草药医生。当浴室被征用后，他自愿来此做坐堂医师。他仅有的配药助手贾凤石，也参与照料病人。这两位勇敢的人，在傅家甸这个鼠疫传染严重的医院里自始至终坚守了3个月。他们从一开始就不戴防护口罩，参加防疫组织后，曾命令他们和其他专业医务人员一样采取保护措施。当上级医官在场时，他们也不厌其烦照章佩戴口罩，但在履行职责时，却只将口罩挂在颈上，并未遮住呼吸道的入口。似乎有神灵保佑他们，同处一个医院的同事们相继染病死去，顾、贾两人却安然无恙，毫无顾忌地继续他们危险的工作。1911年4月召开的万国鼠疫研究会上，他们两位被当做天然免疫的例证。在这次鼠疫的大流行中，另一个唯一的例证是一位家住开原的刘姓女士，她的情况将在下文详述。

火葬的决策

与当前抗击鼠疫战役的进展紧密相关的一个重要因素是果断处理尸体。当局已准备妥善埋葬全部死者。大街上收集的尸体均用棺木装殓，用马车运往城北公共墓地安葬。后来因为死亡率激增，决定不用棺木而直接掩埋。但在6周以上的时间内，事实上无论棺材或无棺尸体均未埋葬。然而，对专门承担此项工作的人员，却无可厚非。因为满洲的隆冬，即12月到来年3月，冻土通常深达5至7英尺，挖掘墓穴极为困难。于是粗陋的棺材和裸露的尸体绵延至少长达1英里，暴露在白雪覆盖的地面上，任凭风雪吹打。少数棺木钉固，但多数棺盖虚掩，甚至敞开。棺内恐怖的内容暴露无遗，有人的胳膊或腿以骇人的姿势伸出来，令人毛骨悚然。有些裸尸实际呈坐姿，此乃冬季极度严寒气候下，一两小时内即被冻僵之故。倘若某濒死病人被强行赶出客栈或收容所，则其将本能地蜷缩成团，竭力维持些微体温，终将冻僵成死前姿态。

1月间，伍博士前往巡视墓地，目睹成排的棺木和死尸，凄惨景象令其震惊不已。这种状况构成了对公共卫生的严重威胁，必须立即采取断然行动加以解决。唯一可行的解决办法是集中火化。然而，某些几乎无法克服的困难却横亘在他面前。集中火化在当地未有先例。尤其是中国人对祖先的崇拜近乎宗教信仰，守护先人陵墓是孝道的标志之一。如此集中火化，会被看做对人性的亵渎。为了避免公众的抗拒，似乎非得到一道上谕别无他途。作为第一步，须争取当地官吏和头面人物的许可。为此，伍博士邀请那些敢于直面如此惨象的官员，与他们一同驱车身临其境共睹成堆的棺材和死尸。

堆积于墓地的棺材

果然不虚此行。地方所有的领导者，一致同意支持博士奏请朝廷允许火化这些鼠疫死者尸体。在上奏的电报里，伍博士列举了种种状况，诸如多达 2 000 具鼠疫尸体未被埋葬而暴露旷野，事实上不可能招募到足够的劳工挖掘必需的墓穴，没有人愿意在冻土上从事如此艰难的劳作；野鼠噬咬被感染的尸体并随之携带鼠疫的危险；未掩埋尸体之惨状令医务人员感到沮丧，从而失去信心等等。以上述现状为依据，奏文陈述了其所有有关方面，包括当差官员和普通民众濒临的与日俱增的危险。在他的陈情电文最后，伍博士作出保证，如蒙恩准火化，2 000 具尸体 3 天内即可处理完毕。地方官员、士绅领袖与商会亦以类似的请愿书上呈吉林巡抚。众人十分焦急地等候朝廷许可，因为这不仅在中国，也许在世界历史上，都是破天荒之举。首日与次日音信杳然，直至第三日午后，方得外务部电报，通知伍博士奏请已获恩准，可依计行事。

伍连德前往火化场途中留影（左）；焚烧堆积棺材的现场（右）

1 月 30 日，伍博士派医务同仁全绍清①医师雇用了 200 名工人，于次日清晨开始前往收集棺木和尸体，并将其按 100 具为一堆叠放，共计 22 堆。与此同时，在现场安置了多套灭火用机械水泵和消防水管。1 月 31 日下午 2 时，一些高级医官和少数特邀的地方官员与军官，在现场观看这有史以来首次集中火化被感染的尸体。开始是将煤油泼在尸堆上，当发觉此法颇为缓慢时，某些胆大的工人即自告奋勇要求登上堆顶将成桶的煤油向下浇洒，当即得到首肯。在泼煤油结束前 1 小时，每一堆上都分别放置了

---

① 全绍清（1884—1951）字希伯，河北宛平人。毕业于天津医学堂，后留学美国。历任驻藏大臣衙门医官、北洋医学堂教员、陆军军医官、陆军军医学校校长、中央防疫处处长等。——译者注

石蜡。一声令下，由近及远，火被点燃。须臾间，棺材着火，劈啪作响，烈焰腾空，黑烟滚滚。照片记录下了这一历史场景。不久高耸的火堆逐渐坍塌，落在被高温融化变得松软的地面。在场诸君无不兴奋异常，值此付出的努力进入高潮之际，聊感慰藉。众人深感在艰苦战斗中，此刻以伟大的历史性创举成就了功劳卓著的一天。

观摩人群于黄昏时分离去，22个火堆依然燃烧着。火葬劳工接获命令，务须于次日清晨返回现场，用坚硬的扫帚将火堆处的余烬清扫干净。若干小堆或需再度进行较小规模的焚化。第二次焚化用了木柴和几桶原油，几小时内即告结束。骨灰被集中投入几个新挖的大坑掩埋。如同施了魔法，排成长达1英里的令人恐怖的尸体在一两天内即行消失。此时又在这松软的土地上，另外挖了几个20英尺见方，深10英尺的大坑，以备容纳此后的棺木和尸体。从此以后，鼠疫死者即可直接在坑中火化。

俄国防疫局的成员也前来观摩这次由中国医务人员推动的历史性进步，此后他们自己也用同样的办法处理死者。博古奇医师后来报告说，他们"决定开始将他们管辖地区所有鼠疫死者，包括不久前死去的和已经掩埋的一律火化。2月份即火化了1 416具尸体，包括1 002具从墓中掘出的。火化场则是利用了砖窑或专门在冻土地上爆破的洞穴"。于是其他地区立即纷纷仿效，并且一致声称此举因能令生者受到实惠而极易推行。将尸体在露天焚尸场上简便地焚化后，即无须担心即将到来的春天，因噬咬受感染尸体而带菌的老鼠引起新的危机。长春（位于由北部哈尔滨至南部奉天铁路的中间）防疫局的负责人黄医师报告说，在他的辖区内，共计火化4 643具、埋葬1 175具鼠疫死者尸体。

荡平疫氛

抗击鼠疫的战斗此时发生了明显的好转。开始火化鼠疫死者尸体的1月31日，正值中国农历新年之初。小城24 000居民，几乎死去四分之一。为振奋生者，防疫局散发传单，号召民众新年祈福之际，在室内，而非室外燃放鞭炮。按照中国的古老风俗，燃放鞭炮有两种效果：其一是持续的声响引来好运；其二是驱除暗藏于阴暗角落的鬼魅。瘟神为祸已逾3月之久，招致许多家庭受灾，物质财富受损的程度，无法估量，因而希望众人在家中燃放鞭炮，让那些带来灾难的幽灵随烟而逝。然而，从科学的立场视之，此乃公众之科学实验，燃放鞭炮无异于一次广泛的硫黄消毒，对于令人闻之胆寒的傅家甸，那些空气中充满病菌的"闹鬼"住宅，至少起到了有益的作用。

不可思议的是，千百次祈祷终获灵验。在一个十分凑巧的日子——1月31日，死亡数字开始下降，并在整个2月间持续减少，并无反复。死亡数字逐日减少的佳讯，给众人带来新的希望，因而在欢庆新年时，出于自我安慰而兴高采烈，能够像往常一样，尽情享受这一年中唯一的假日。新年照例持续了15天，无论手艺人或劳工，以及他们的家人，都可以饱餐与痛饮。似乎应验了西方谚语（至少含义相似）所说的那样："为了明天，且让我们饱餐与尽情欢乐吧，我们还要活下去！"

3月1日，记录了最后一个鼠疫病例，不过其他地方的疫情或多或少还延续了月余。我们无须事无巨细地将1910—1911年冬天满洲这场当代黑死病的情形全部列出，以免令读者感到过于烦琐了。在此仅需提及两本

著作,特别有兴趣的读者将从中获悉全部详情:

1. 1912 年马尼拉印刷局出版的《奉天国际鼠疫会议报告》。

2. 1926 年国联在日内瓦出版的由伍连德撰写的《肺鼠疫论述》(*A Treatise on Pneumonic Plague*)。

为使读者对此次疫情有更清楚的了解,自当述及该次瘟疫流行全貌中的某些特点。尤其在 1910 年之前的 3 年,对于蒙古旱獭毛皮的商业需求出现增长与此之关联。满洲两个边境市镇,即与蒙古邻接的海拉尔和与西伯利亚邻接的满洲里曾经是繁荣的贸易中心。1910 年深秋,当鼠疫病例首先出现时,最初的患者即是从事该种皮毛交易的猎人和商人。有理由相信,早在 9 月初,已有报告称出现咳血的患者,只是官方没有深究。至 10 月中旬,肺鼠疫肯定已经侵入满洲里。实际上,俄国当局已在 10 月 12 日登记了第一个病例,并经随后的细菌学检查加以证实。至 11 月 12 日,已经发现 158 例患者和 72 具尸体。在满洲里,首次采用铁路上的列车车厢隔离接触者,被隔离者多达 3 000 人。此法效果极佳,鼠疫在当地的流行于 11 月 28 日即告终止,自开始至终结仅流行一个半月。满洲里提供的官方数据如下:

中国病人 284,死亡 284。

俄国病人 10,死亡 9。存活者为 3 岁幼童,其双亲死亡。

当时满洲里共有居民 9 000 人,其中 294 人被确诊为病人,收集到 342 具尸体。因此,鼠疫病例可能高达 636 例,病死者占当地人口的 7%。

疫情从满洲里向西回流至西伯利亚,该处最早的病例在夏末出现,再向东沿着铁路传播到满洲其他地方。齐齐哈尔(黑龙江省的省会)在 12 月 4 日遭袭,由此处往北传向处于齐齐哈尔和大黑河(瑷珲)铁路线中间的墨尔根［今嫩江县］。哈尔滨是交通枢纽，迅即成为疫区中心。由此沿铁道再往东，鼠疫传到横道河子，但不曾到达绥芬河，亦未进入俄国海军大港海参崴。又向南携带着死亡的播撒者，袭击美丽的小镇双城堡（距哈尔滨南面30英里）、吉林市（吉林省的省会）、奉天城（满洲的首府）和山海关（长城的东端）、大连（日本人占领的海港）、天津（直隶省的出海口）、北京（清政府的都城），直至济南（山东省的省会）。以西伯利亚边境的满洲里作为起点，直至南部之济南，南北绵延长达1 700英里的诸多地方，构成了由铁路、旱路和海路连接的疫区。由9月到次年4月前后历时7个月。以下是死亡人数的记录（单位：人）：

黑龙江省	15 295
吉林省（包括哈尔滨）	27 476
奉天省（首府为奉天城）	5 259
旅顺和大连	76
从奉天到天津、北京沿途	1 693
从北京到汉口沿途	173
从北京经过直隶，山东到长江边上的浦口沿途	928
山东省	1 562
总　　计	52 462

如果计入漏报的死者，1910—1911年黑死病死亡总人数至少达60 000人。俄国当局报告其病死者为476人。

以下记录的日期颇耐人寻味，写明了某日某地成为疫区：

城市名称	感染日期	附 注
满洲里	1910年10月12日	邻接西伯利亚的边境城市
齐齐哈尔	1910年12月4日	黑龙江省省会
吉林市	1911年1月16日	沿铁路线距长春80英里
哈尔滨	1910年10月27日	疫区的感染中心
双城堡	1911年1月5日	几乎全部是满人的居民区
宽城子	1910年12月14日	俄踞东清铁路南端
长春	1911年1月2日	日踞南满铁路北端
奉天（盛京）	1911年1月2日	满洲首府
新民府	1911年1月14日	南满产粮中心
永平府	1911年1月15日	在直隶省
锦州府	1911年1月14日	在奉天省
天津	1911年1月15日	在直隶省
北京	1911年1月12日	帝国首都，四条交通干线交会处
济南府	1911年2月1日	山东省省会
芝罘	1911年1月21日	山东省的海港

以下拟略述数宗涉及以上数据的有关事宜：

1. 鼠疫倾向于沿最快的旅行路线蔓延。

2. 疫情传播路线精确地与新年期间农民从北方返回南方家中的路线一致。农历新年正值公历1月30日。

3. 小镇双城堡沿铁路距哈尔滨南仅30英里。该地报告第1例鼠疫患者为1月5日，为哈尔滨出现第1病例7周后。一旦在该地出现，其毒力超凡，短短2月内，致使人口不足6万的小镇有1 500人（包括500名妇女）丧生。

4. 瘟疫显然放过了在它途中经过的某些市镇，比如牛庄［今营口］、秦皇岛，这是华北的两个主要不冻港。

5. 北京和天津只记录到数个病例，然而鼠疫的入侵引起了极大的恐慌。

哈尔滨的疫情势焰日渐消退后，包括医生和新闻记者在内的访问者前来亲自查看。其中有颇有名气的伦敦《泰晤士报》驻京记者乔治·莫里循博士（Dr. George E. Morrison）和美联社代表弗勒利克（G. Froelick）。他们的报道发表在英美报纸上，为使公众了解疫情以及自开始到最终消灭的过程中中国医生的艰苦努力，这些报道贡献良多。

典型病例详述

以下是数则典型病例详述

1. 许世铭医师，男性，26 岁。自始至终由学者悉心研究的第一批病例之一。1911 年 1 月和 2 月，他在傅家甸负责新装备的鼠疫病房。在医院值班时，他认真使用棉纱口罩，接诊病人时亦极小心谨慎。2 月 3 日，他和其他同事及 3 名随从一起在首席医官的办公室里，仆役递给他一杯茶，就像招待其他客人一样。因为茶水颇凉，他责备了仆役。这位脸部正呈现潮红的染病者，转过身来回应说，新鲜热水尚未烧好。或许正是在此瞬间，仆役口中喷出了带菌飞沫。后来检查这位仆役的脉搏每分钟高达 120 次，呼吸每分钟 24 次，体温 102 华氏度，咳嗽带有淡红色的痰。他于当晚死于鼠疫，并经细菌学检查证实。

许医师照常工作到 2 月 6 日，伍博士被请到他的卧室来探视。当时他的脉搏为每分钟116次，呼吸每分钟24次，体温101华氏度；既不咳嗽也无痰，但头疼、胸闷。显然感染了鼠疫。伍博士将病人迁入自己那紧邻实验室的起居室，以便随时照料。近晚时病人体温升至102.5华氏度，脉搏每分钟124次，呼吸每分钟24次，于是为其注射了100毫升抗鼠疫血清。病人小便浑浊，但未检出白蛋白，至此时仍无确切的肺部症状。此时出现咳嗽并伴有不带血的痰液，但痰中未检出鼠疫杆菌。2月7日，病人病情加剧，一夜不眠，周身疼痛，并出现血痰，显微镜下可见痰中有许多鼠疫杆菌；在其左肩胛骨角处可听到水泡音和啰音。同时，病人表现出明显的呼吸急促，脉搏每分钟140次，呼吸每分钟44次，体温103华氏度。注射200毫升巴斯德抗鼠疫血清后，病人整夜未眠，有时神志不清。2月8日晨病人意识丧失，8时死亡。尽管注射了300毫升血清，从症状出现到病人死亡不过两天。

许医师的病程从一开始，便由伍博士亲自作了详细的记录。许医师本是一位小心谨慎、敬业的医师。他之所以被感染，极可能是他偶然暴露在患病的仆役面前，当时正处于传染期的仆役恰好面向着他。其时共坐同一办公室里的其他人却得以幸免。许医师的尸体在一个单独的坑中火化，他的骨灰被运往其故乡福州。

2. 梅聂医师，具有历史意义的病例在前面的叙述中已经述及。他和许医师都接种了得自巴黎巴斯德研究所的哈夫金疫苗，但和其他若干病例一样，并未生效。

3. 杰克逊医生（据他的上司、苏格兰长老会传教团的司督阁医师留下的笔记），两月前刚从苏格兰来到奉天的教会医院。早在1月间，他即负责京奉铁路北段奉天和山海关之间的防疫工作。他的责任就是监管数百名乘坐拥挤的三等车厢旅行的劳工和农民，然后在车站附近的小客栈中安置其住宿，并派人看守以防他们逃跑。这些小客栈是安置他们的最佳选择，但低矮、黑暗且肮脏，并不适合这些人居住。日复一日，每天有若干被管制者死亡。这些小客栈由于缺乏合适的隔离设施，绝大多数人均被感染。1月23日夜间，即这批人回到奉天城的第8天，100多名受监管者冲出营地逃逸。他们逃后无法追踪，但这种逃亡显然扩散了感染。一个星期以后，奉天城报告的死亡人数突然剧增。

同一天，有报告称杰克逊医师感染了肺鼠疫，出现了发烧、咳出含有鼠疫杆菌的血痰、脉搏加速、呼吸困难、神志不清等典型症状，最后死亡。杰克逊医师曾经注射过两年前由开滦矿务局的安德鲁医师制备的预防疫苗。他于1月25日在众人哀悼中死去。

4. 奉天省开原县的刘女士，27岁。由司督阁医师报道的这个病例特别令人感兴趣。因为她显然是一位健康的接触者，竟在15日内（从1月30日至2月14日）感染12人且全部死亡，她自己却安然无恙。现将此特别病例简述如下：

1月30日，与其同处一宅的夫兄刘某染病，由刘女士看护。2月3日刘某死亡。

2月5日，刘女士之丈夫及其三哥在装殓尸骨时均染病，其丈夫鼻孔出血，由刘女士护理并于2月6日送入鼠疫医院。两位染病者于2月8日死亡。

2月9日，刘女士在丈夫死去后与关女士同住一屋。关染病后由刘护理，死去。同日刘女士前往孙先生家中，该处还有一位来客傅先生居住。两人同时得病，傅先生回家后感染了家中的3个成员。此5人全部死于鼠疫。傅所在村庄此前未被感染。

2月10日，刘女士惊恐万状，从城墙下的水沟中逃往城外。2月12

日,她被邀请住在潘先生家里。

2月14日,潘先生和他家中另一成员出现相同的高烧症状,随后均死亡。为逃避当局的强行隔离,她再度逃走,一连数天躲藏在附近马厩的稻草堆里。

2月15日,刘女士被人找到,被带往医院并检查了她的痰液。在严密监护中度过1周,其从未出现任何病症,最后让她出院。

显然,刘女士是一个罕见的肺鼠疫带菌者,传染了十多人,而她自己却未染病。

5. 有关傅家甸的中医顾医师和他的助手贾凤石的故事,前文已经叙及。此2人被雇用在鼠疫医院工作的两个多月内,至少亲手护理过1 500名病人。整个工作期间,他们居住在医院主楼后一间小屋里,并无任何特别防护。他们昼夜连续暴露在鼠疫病菌之中,忠于职守,从未离开。直到疫情消失,鼠疫医院奉命付之一炬时才离去。他们的经历确实是天然免疫的罕见实例。当年4月在奉天城召开的国际会议上,他们受到各类专家的极大关注。他们的血清经过反复测试,但未见异常。1912年,东三省防疫事务总处成立,顾、贾二人受到褒奖,成为研究者的人体

中医顾喜诰(中)和贾凤石(左)与防疫人员合影

实验志愿者。

6. 傅家甸的学校、旅店、戏园、妓院和其他公共场所受到了严格的卫生督查。在地处该镇偏僻角落的一座罗马天主教堂中，发现有个不大的院落中住着男女老少300多人的群体。虽然该处负责人，一位法国神父曾经得到指令，要他将疑似病人上报防疫局，但他从未执行。遇有病死者，就在夜间将尸体秘密运出掩埋。外国神父声称享有治外法权，拒不服从命令，结果两周以来，估计有100人死亡。到月底，这300人中竟有243人死于鼠疫。此时为挽救幸存者，势必强行干预，于是将他们安置到另一院落并予以特别照顾。在教堂的院子里，防疫医师发现了多达27具棺木。显然由于患病者太多，秘密埋葬已不可能，致使未掩埋的棺木越聚越多。在此期间，法国神父和本地神父依然定期举行礼拜仪式，并毫不介意地与咳嗽者或濒临死亡的病人坐在一起。这两位神父终于因相同的感染而死亡。他们的尸体和那27具被藏匿的棺木一并运往墓地，由一位英国传教士医师司祭，在一个专门挖掘的坑中火化。这一事件表明，与鼠疫抗争的医务人员，不但要与由于无知与未受教育而形成的宿命论斗争，还要和宗教盲从较量。

7. 一些据称是穆斯林的尸体和其他病死者一起被火化了。在鼠疫大流行期间，由于北京朝廷已经批准，这些卫生防疫措施未受到公开反对。

8. 在哈尔滨，由于学校首先被关闭，学童被送回各自家中，所以全城并无很多年轻人被感染。此时发现有些病人前往拥挤的娱乐场所以求舒解病痛，因而封闭了戏园。在诸如戏园等娱乐场所究竟有多少人被感染，难予查清。在妓院里，当时有600名妓女，只发现2例被感染者，并被移送医院。至于嫖客，实际上发现了10例死于此间或彼间房屋中，此类人宁可死在妓院中，而不愿在客栈中被人丢弃出来。

9. 至于参与防疫的医师、卫生助手和其他与此次抗疫斗争有联系者中的死亡人数,下列表格是颇耐人寻味的:

工作人员类别	从业人数/人	死于鼠疫的人数/人	百分比/%
有从业资格的医师	20	1	5.0
医学堂学生	29	1	3.5
中医	9	4	44.4
警官	31	2	6.5
警察	688	30	4.4
卫生警察	206	11	5.3
骑警	80	5	6.2
消防队员	20	5	25.0
辅助劳工	550	102	18.5
厨师	60	4	6.7
救护车司机	150	69	45.0
士兵	1 100	63	5.7
总计	2 943	297	平均10.0

上表很能说明一些问题:死亡人数最多的从业者是当地中医、急救车司机和辅助工人(包括医院杂役、在居民区逐屋检查的巡视员和掩埋尸体的劳工)。这些人经常与患者和病死者密切接触又不曾接受过有效的专门训练。中医对肺鼠疫的病因普遍认识不正确,诊察时,通常面对着不断咳嗽的病人。尽管接连不断的感染实例已经让他们见识了疫情的可怕,需要采取极为谨慎的预防措施,但他们还是不戴任何防护口罩。在长春有一个10万人的地区,西医很少。在鼠疫大流行中,中医的生意特别兴隆。其

后果是登记在案的 31 位执业中医中，17 人死于鼠疫（约占 54%）。

受过近代训练的医务人员在这场鼠疫大流行中取得了令人满意的业绩，而朝廷对他们的关怀大大促进了全中国科学化的医学实践。从此，无论地方官员或是士绅无不与他们同心同德，精诚合作——至少在建立现代化医院和防治鼠疫的各种机构时是这样的。直接的结果，便是 1911 年 4 月 3 日到 28 日在奉天城举行了万国鼠疫研究会议。随后，第二年又成立了东三省防疫事务总处以及其他医疗和研究机构，在下章中将加以叙述。

会期日近，众人愈益紧张兴奋。充分的证据表明，众人尽力要使会议成功。那座无人使用的大宅院，内部分成几个院落并有游廊连通，如今被粉刷一新，更新了家具，变成了一座现代化宾馆。

第2章 万国鼠疫研究会议

会议之缘起与筹备

查阅过中国历史典籍之后,1911年4月在奉天城举行的鼠疫会议,应认为是这个古老帝国以人类卫生为主题召开的第一次国际科学会议。古代中国确曾召开过一次国际会议,尽管会议目的迥然不同。那是割据在今日中原一带各个封建诸侯国经过一系列小规模战争后,于公元前546年(即公元前551年孔子诞生后5年),由秦、楚、齐和晋等当时的大国在宋国宫廷举行的一次列国会议。经过反复会商后,签订了一项条约,签约国一致同意致力和平,各自停止扩军备战。这个远在2 500年前签订的条约,或许可与1899年的海牙公约类比。那是由俄国沙皇尼古拉二世召集的限制军备会议的成果。但是,如同1899年之前与之后,在世界不同地方,为了类似目的曾签订的许多条约一样,一旦某个野心勃勃的国家以为时机有利，就会将其撕毁，掠夺弱小和疏于防备的邻国以自肥。

然而，究竟是谁首先提议在奉天召开一次鼠疫会议，已经无法认定。在瘟疫流行时，当时在外务部任右丞的施肇基先生与英国驻北京公使馆的医生道格拉斯·格雷（Douglas Gray）博士，以及美国公使过从甚密。在1911年整个2月内，哈尔滨及其周围地区的鼠疫流行的势焰持续下降，至3月1日达到零病死率。几天之后，伍博士收到来自施先生的一封电报，告知："朝廷决定于4月初在奉天举行一次万国鼠疫研究会议。请尽速准备前往奉天，将一应事务转托合适助手。你已被委任负责整个大会组织工作。本人将在当月中旬到达。至要者诸事务必办妥。遇事可向总督大人和外事官员请教。有12个国家与会。一流专家可能来自俄国、美国、日本和德国。细菌学家北里先生可能莅临。勿吝开支。阿尔弗雷德·施（签字）。"

此真乃出人意料之举！显然，外务部已与北京的外交使团商定，向其本国政府发出电报邀请，要求他们派遣鼠疫专家出席奉天会议。于是伍博士用了一整天和一个晚上的时间与他在哈尔滨同事中的骨干商议，最后决定在他离开的日子里，指定全绍清医师代理防疫局总医官。全医师出生在北京，在他志愿来哈尔滨工作之前，是天津北洋医学堂的教习。他是1月31日负责火化2 200具鼠疫死者尸体工作的医师，并最先被派往边境城镇满洲里调查当地旱獭贸易及其与鼠疫最初暴发的关系。他还设法找到当地猎人，捕获了十几只旱獭以供即将召开的会议进行实验和展览。在此时刻，为使得中国对会议作出贡献，事无巨细都应做好。

离开哈尔滨以前，伍博士向同事和学生们发表了一个简短的讲话，他首先感谢他们在过去3个月里的精诚合作和服务，以致疫情得以迅速扑灭。他提醒大家，这个成功全仗刻苦工作、不怕牺牲（他嘱咐诸位不可忘记许世铭医师恪尽职守以身殉职的光辉事例）和严守纪律，而且他们优秀的工作成绩理所当然将成为其他医务工作者的榜样。伍博士还向他的俄国同行扎博洛特内教授，雅显斯基、博古奇和哈夫金诸位医师道别。又特别拜会了霍尔瓦特将军，因为将军在整个扑灭鼠疫的战斗中给予慷慨援助，尤其是在疫情暴发的紧急关头，借予120节车厢。他还向美国驻哈尔滨的领事顾临道别，在扑灭鼠疫战斗的初始阶段他曾经对伍博士所遇到的困难表示关切和理解。

奉天府位于哈尔滨以南300英里处，快车12小时即可到达。旅途的前半程先至长春，这段是沙俄控制的东清铁路。当时旅客须在宽城子的俄国车站下车，乘俄式马车前行近2英里至由日本控制的长春车站，然后乘坐日辖南满铁路客车继续前行到达奉天。不久以后，双方主管部门达成协议，将两条轨距不同的铁路在同一车站同一个站台之两端连接起来。如此安排节省了时间，减少了麻烦，方便了旅客和货物运输。俄日两国铁路当局对伍博士优待有加，提供了免费的头等车票。

中国人和日本人都保留了奉天（Fengtien）这个中国地名，而Mukden（盛京，满文音"谋克敦"）多限于西方人使用。南满火车到达奉天站时，伍博士已疲惫不堪，但东三省总督和奉天省财务主管的代表在车站的热烈欢迎与问候，立刻使伍博士感到振奋。他随即与英文秘书徐世明先生握手相见（这位徐先生的英文姓氏与因鼠疫牺牲的那位医师的拼写一样，但使用的汉字却全然不同）。在以后的岁月中，伍博士与奉天省高级官员之间的交谈，由他任翻译。徐先生是广东人，因而与伍博士乡音雷同。他是一位和蔼的人，笑容可掬，随时乐于助人。他身材不高，微胖，整日坚守在办公桌前，虽已年过四十，但晚上跳舞却精神抖擞。

从日本辖区的火车站到围以城墙的中国城，距离超过2英里，但是双驾马车载着一行人顷刻即到。稍事休息后，伍博士即下榻于一所德国人经营的旅馆，洗过热水澡后享用了一顿美味大餐。这顿美餐由旅馆主妇，一位德国军曹的妻子监督一位中国北方厨师烹调。这座不大的建筑，是人口高达60余万的满洲首府唯一的由西方人经营的旅馆。这位德特林（Deitring）先生像其他定居中国的德国人一样，当镇压凶猛的义和团运动时，他曾在德皇威廉二世的远征军中服役。他已学会中国官话，并决定在奉天经商。因为他为人简朴随和，在中国官员中颇受青睐。

伍博士由秘书徐先生处得知以下情况：

1. 计划召开的会议会址设在外城东南角的小河沿。

2. 参加会议的外国客人、专家和经办会议的主要成员下榻于主会场邻近的小楼里。

3. 一切安排应满足一家小型头等饭店所需。因而要为将近一百位客人准备好弹簧床、被褥、枕头、家具，以及用于一日三餐的刀叉、桌布、足够的酒杯和瓷器等餐具，事先雇用必不可少的住房仆役和餐厅侍者备用。德特林夫人将主管一切餐饮事务。

4. 预定至少要持续20日的会议将从4月3日开始，只有3周时间可用于准备。

5. 此次会议或许是主办国第一次召开国际会议，需招待来自东西方的国家代表同处一堂，提供食宿，以及举行科学会议所必需的设施与器具。

中国作为一次当代会议的东道主，确实正在经受首次考验！

总督锡良和钦差施肇基

次日清晨，伍博士对东三省的两位最高长官，即总督锡良和财务总管韩［国钧］大人作礼节性拜访。前者是一位仁慈而博学的满洲首脑，熟读经史，长于诗词。他年约58岁，中等身材，风度优雅端庄。他的目光友善，浓须长髯，说话嗓音动听，操自然纯正的北京腔。由于在官场里地位显赫和高贵的满洲血统，总督大人在他的广大领地内颇受敬畏，但实际上他的天性开明与简朴。在与伍博士熟悉后，这位大人物有两次向他吐露了某些隐情。有一次，他说："教授，我应该告诉你：3个月前，当法国医师梅聂去哈尔滨途经此地时，曾来过我的衙门，坚决要求给他一个高于你的职位。据他说，你太年轻，又无经验，应该有个外国人指导你。当时，我并不知道你如此能干，但我对他的态度不以为然，要他先去哈尔滨了解情况。如今我为当时的坚定感到欣慰。"第二次他谈个人的健康，他用右手掌挡住口部和鼻子，特别轻声地向我透露了一个天大的秘密："大夫，你知道吗？在我居住的官邸中，尽管更衣室内当代设备卫生洁具一应俱全，但我如实告诉你，每天清晨起床后，我宁愿在官邸的空地上找个僻静角落，把一夜排泄物向野地里一泄为快。"

整个4月间，鼠疫会议在反复推敲、详细审议中进行，其间总督大人两次邀请施肇基（高级专员）和伍博士（会议主席）前往其官邸，亲自了解会议的进展。会议结

1913年隆冬，作者不畏严寒，在北满旷野用一架老式照相机拍照

束时，总督向各位出席代表赠送一件亲历此历史性时刻的纪念品——一枚形如弗洛林金币的纪念章，它用采自北满的天然纯金制成。直到今天，欧美许多国家，一些尚健在的代表依然珍藏着这枚40多年前的珍贵徽章。即使他们已经故去，他们的子孙依然可能把这件传家宝向朋友们展示。1935年出版的伍博士的著作《鼠疫概论》（*A Handbook of Plague*）第34页，有此纪念章的照片。

奉天省主管全省财政的韩国钧大人是江苏人。过去几个世纪，那里出了不少高官显宦、著名学者。他是位年过六旬的老人，来奉天就职前，已在他省为官多年。他留着白色短须，像多数地方官员一样，脑后拖着一条辫子。在批拨为推动扑灭鼠疫战斗所需经费时，他表现

万国鼠疫研究会纪念章之正反面

得非常慷慨大方，数额高达500万元。韩大人和锡良总督在官场中合作良好，然而如同朝廷的大多数高级官吏一样，任期不会超过5年。因此政策的连续性难以维持，自然会使工作受损。

会议筹备期间，3月22日施肇基大人到达奉天，他以国际鼠疫会议高级专员的头衔负责会议非学术方面的事务。他时年仅34岁，却已历任高官。他身材颀长，高5英尺9英寸，但已微显驼背，双手颤抖，像本国的许多老学究一样。如前所述，施大人在美国接受大学教育，获康奈尔大学的文学硕士学位，其英语流利，更像在英格兰受过教育。他出身书香门第，饱读诗书，中文写作一如英文，表达流畅。几乎每一个早晨，人们都会看到他在早餐之前，用兔毫毛笔蘸上中国黑色墨水书写汉字。施大人经

常责备伍博士少有学习书写中国文字的热情。（他们是终生不渝的朋友，时至1954年的8月正在准备写作本书时，两位古稀老人，一位76岁，一位73岁，依然彼此书信往来。）读者切勿忘记，满洲王朝时代的一切公文必须使用古老典雅的文言，书写必须用一丝不苟的呆板楷书，迥异民国时期。在民国时期，中文文书或信件直接使用口语。较之英语，犹如以乔叟时代粗俗然而生动的行文风格代替了近代作家赫胥黎（T. H. Huxley）、威尔斯（H. G. Wells）和阿诺德·贝内特（Arnold Bennett）的流畅散文。

即使在当时，施肇基显然已是众望所归的出色人物，与第二次世界大战前的安东尼·艾登难分伯仲。艾登相貌堂堂，衣冠楚楚，频繁出席日内瓦的国联会议，与会者视其为前程远大者。施肇基也是英俊男子，他那微躬的身姿竟常被视为中国学者特有的高雅姿态，众人皆预料其日后必然飞黄腾达。盖此实非空穴来风。1912年1月清帝逊位后，已故总理唐绍仪组阁，他出任民国第一届内阁交通总长。此后又被任命为驻伦敦和华盛顿的使节，直至1946年在美国首都最后息影。彼时他年仅34岁，已在中华帝国身居高位，深孚众望。他处事追求并厉行高效率，犹如干练的美国行政官员。他事必躬亲，从花园的细节布置到餐厅、卧室的家具色调亦亲自一一过问，从不推诿给他那众多的僚属。出洋留学时他已剪除发辫。荣幸的是，归国后他和其他英美归国留学生一样，并未再蓄留那无用之累赘。

会期日近，众人愈益紧张兴奋，充分的证据表明，众人尽力要使会议成功。那座无人使用的大宅院，内部分成几个院落并有游廊连通，如今被粉刷一新，更新了家具，变成了一座现代化宾馆。由大小花园和独立庭院分隔为多处卧室，每间卧室配备有舒适的家具、电灯、自来水和铸铁煤炉（因为4月间奉天依然寒冷），并准备了足够的私人浴室和卫生间。在前院正厅，悬挂着与会代表的国旗。会场居中安放铺有绿色桌布的长方形大会议桌，绕桌安放了足够的椅子，供与会主要代表就座，后排亦为秘书和助手们备有座椅。这个大厅足可同时容纳150人，装有多个大型煤炉供暖。

第二进宽敞庭院的一侧是代表的主要休息室，起居休闲设施一应俱全。在另一边，则是一所宽大的餐厅，可同时为约一百人供应一日三餐。英式午后茶不限于下午4时整，其他时间亦照常供应。任何人只需摇铃召唤，训练有素的侍者随即应声

会议接待室

侍候。室内接待由德特林夫妇负责，所有与会代表相信一切皆出自中国政府的盛情。

有些代表，尤其是日本、英国和美国代表，均自行安排其居停。5位日本正式代表由众多助手和技术人员随侍，他们宁愿投宿名为大和饭店的南满铁路宾馆。该宾馆当时颇有名气，一切按照美国饭店的经营风格运行。尽管这使他们每次前往会场需驱车3英里之遥，但事实显然是日本客人自有其为本国之考虑。当然，在任何场合，他们依旧热衷免费的饭食。3位英国代表接受城内同胞的盛情，住在城里，他们亦发现在会场就餐更为方便。2位美国代表，斯特朗（R. P. Strong）和奥斯卡·蒂格（Oscar

会场外景

Teague），均为马尼拉科学署的常驻成员。他们随身携带了细菌学检测仪器，要求为其提供一些设备，在奉天城里某个僻静的角落从事研究。他们在会议开幕前半个月到达了奉天城，是首批来到小河沿的客人。如前所述，伍博士早已保存有他亲自从傅家甸病例中获得的细菌培养物，并已享有一间单独的房间从事科学研究工作。考虑到可能会需要旱獭供实验和验证之用，因此美国客人入住一周内，即给他们提供了这种实验动物。俄国代表共有6位，由著名的扎博洛特内教授领队，其中有2位女医生。他们均入住会议提供的住地，人们均觉彼等颇为友善和长于交际。

客人之中，为会议带来最强不和谐音者，当属日本人。自1904—1905年日俄战争中战胜俄国后，日本政府仿效德皇威廉二世，处处显示武力，恃强凌弱。他们通过策划南满的一系列政治举措已经表明，他们已将包括整个奉天省在内的这片土地视为禁脔。经数日之谋划与调配，派出以著名的北里教授（如今已经年迈，他是世界公认的鼠疫杆菌的发现者）为首的庞大代表团赴会作为第一步，企图压服中国医生接受日本人作为领导者。中国科学毋庸置疑正处于十字路口，中国代表必须当仁不让，不落人后。

随着万国鼠疫会议开幕日益临近，为完成所有的准备工作，正作最后之冲刺。4月2日，即开幕日之前夜，正值星期天，然而全体人员，无论医师或普通工作人员，均忙碌到会议召开前一分钟。总督传达了我国朝廷的欢迎词，由外务部高级文书臧伍璜（Tsang Woo-Huan）将文言汉语翻译为通用英语；施大人以朝廷钦差身份在会上的讲话，则由他亲自起草中英文讲稿，并由已被内定为大会主席的伍博士对该讲稿作最后之润色。来自北京的传教士阿斯普兰博士被任命为会议之医学秘书，他过去3个月中曾作为紧急援助人员在防疫团队中始终忠诚服务，工作中与中国医生相处和谐；来自北京的中国海关副专员罗尔瑜（C. H. Lauru）先生被聘为会议的总务秘书和正式法语翻译，他经常戴着单片眼镜；而伍德海（H. G. W. Woodhead）先生是一位年轻、前途远大的英国新闻记者，他前来中国寻觅他的首份工作，被施大人聘用为正式速记员。因为伍德海在会议中表现出色，又将翌年出版的会议报告编辑得非常完美，以至此后被其他会议争相聘请。后来他历任英文报纸《北京每日新闻》（*Beijing Daily News*）和《京津时报》（*Beijing & Tianjin Times*）主编，并终于控制了《京津时报》，不过他曾借助新闻界施加过许多舆论影响力。后文还会谈到他。

所有代表及其随员助手此时已全部到达［名单附于本章之末］。同时，大会指定了4位俄国代表、8位中国代表作为会议委员，还指定了7位大会秘书（其中由阿斯普兰博士任医学秘书，海关官员罗尔瑜先生任总务秘书和大会翻译)。

会议开幕

意义重大的日子终于到来了!这一天是满洲和华北春天常见的一个艳阳天。上午10时整,东三省总督锡良和钦差大臣施肇基在众多僚属与随从簇拥下,身着官服鱼贯进入宽敞的会议厅。两位大人与代表、委员及其他来宾一一握手,其中包括外交使团的一些成员。

行文至此,将出席1911年4月3日开幕式的首要人物略加介绍不无意义。总督大人是首位东道主,他身着清廷高级官员的绣袍(长礼服),外覆中间有五个纽扣的半身外套——马褂;头戴帽沿坚挺的丝质官帽,帽顶借一根四英寸长的碧玉管为基座镶着一颗深红色珊瑚珠(顶子),朝后连缀着一根鲜艳的孔雀翎;足蹬丝质官靴。

施大人是钦差,身着用薄皮缝制的春季官礼服,上身套以幼兔皮缝制的海军蓝缎马褂。其官帽上的珊瑚顶子颜色较总督的稍淡,表明他的官阶比后者稍低。其他官员穿着大同小异的袍服,只是帽上所缀顶子颜色有别,从浅蓝、深蓝到三种浓淡不同的红色,其材质亦不同,分铜质、水晶、碧玉和珊瑚等,以此分别表明其官阶。还有不少的官员思想更为进步,他们身着便服,以显示追求时尚紧跟时代步伐。

伍博士身穿在伦敦定制的锦缎镶边的大礼服,暗条纹的西裤。他面部清净,戴着近视眼镜。北里教授与伍博士身高相仿,但更胖,已是年逾六十的老者,白发短髭,亦戴近视眼镜,同样身着大礼服。他在与会的科学家之中最负盛名,1894年香港流行鼠疫时,是他首先描述了由他发现的鼠疫杆菌。扎博洛特内教授是一位典型的老派学者，衣着简朴，为人谦和，少修边幅，对日常琐事漫不经心，但在本职工作中表现热情而杰出，待朋友和助手同样热心诚恳。他身着轻便的海军蓝制服，头戴老式宽边高顶礼帽，甚至在集体摄影时亦未脱下。斯特朗博士抵达中国时，面部修饰光洁，但在奉天的临时实验室里进行鼠疫实验时，他决定不再修脸，以防出现伤口而可能被感染。长出胡须令他（可能还有斯特朗夫人）高兴，以致后来他被哈佛大学聘任为热带病学教授时，依然留有美髯。奥斯卡·蒂格博士在马尼拉时即已蓄着海军官员惯有的浓须，以后他终生保持着这般尊容，数年后他在一次事故中早逝。首席医官马丁尼（Erich Martini）短发如雪，尖须，身着德国海军制服，胸前佩戴成排勋章。布罗凯（C. Broquet）博士穿着正式的晚礼服，白色领结，一如法国第三共和国的普通官员。加莱奥蒂（Gino Galeotti）教授像许多意大利人一样，肤色黝黑，留短须。两位日本教授柴山（Shibayama）和藤浪（Fujinami）有典型日本教授的外貌，身材细长，不很强壮，谈吐慢条斯理，后来这两位教授早逝而未得天年。年轻的哈夫金医师未满30岁，但已谢顶。法勒（R. Farrar）博士面部光洁无须，纯粹的剑桥绅士作风——开朗，友好，幽默。司督阁医师蓄有精心修整的胡须，可以说在所有的客人中，他穿戴最为整洁，虽然身为传教士，却极易被误认为英国贵族。阿斯普兰博士嗓音悦耳，五官与举止非常像大英帝国驻印度的前任总督凯德尔斯顿的寇松子爵（Viscount Curzon of Kurdleston）。阿瑟·斯坦利（Arthur Stanley）博士，身材修长，敦实，永远精力充沛，为人随和，在他上海的豪华办公室里亦复如此。道格拉斯·格雷博士在北京英国使馆行医达20年（后被提升为公使）。他是爱丁堡的医学博士，有着英国北部人的乐观性格，说话带有苏格兰腔。他工作努力且有条不紊，能操流利的中国官话。他除了公职,还在北京内城外经营一家为穷人服务的慈善医院。

来宾就座停当,总督起立,用双手捧着写在明黄色丝绢上的皇帝上谕与双目齐平,并开始宣读。总督朗读完毕,中文秘书臧伍璜立即上前,站立其后并朗读:

三月初四日奉监国摄政王谕:奉天开办鼠疫研究会,现届开会之日,各国政府各派专员莅奉,共襄会务,欣慰良深。本监国摄政王,于此次疫事,极为注意。现经各医学专家到会研究学理,暨一切防疗之法,必能多所发明,为将来减除疫患。实世界仁慈之事,本民生无量之幸福也。不胜厚望。①

总督锡良随后开始他的讲演。这篇开幕词在那时竟出自一位旧式保守型的高官之口,确实不同凡响,精彩无比,即使40多年过后在此将其复述,或许依然对我们有所教益。

东三省疫病流行,我大皇帝轸念民生,敦请各友邦共举名医来奉,设会研究。乃承各友邦盛意,重劳诸君子远道贲临。本大臣得以亲炙道范,曷胜庆幸。以诸君子宿学硕望,又重以热心研究,此数星期内,必能卓著成效,发明新理。将来以研究之心得,为实地之措施,固不仅中国人民之福,亦环球各国人民之福也。夫中国研求医理之书,溯厥源流,历代以来,颇多发明之处。施治内外各科疾病,亦未尝无效。惟鼠疫为中国近世纪前所未有,一切防卫疗治之法,自当求诸西欧。但恃内国陈方,断难收效。且医术与各科学并重,医术共文化俱新,并辔以驰,斯臻美备。物质科学,既为敝国所不可少,各国明哲所发明最新最精之医理,吾民又焉可阙焉不讲?近来欧洲医界之发明,颇有竿头日进之势,盖自前英皇爱德华

---

① 据陈垣撰《奉天万国鼠疫研究会始末》,1911年光华医社发行。——译者注

第七，于西历一千八百九十四年，在英京万国研究卫生会演说之后，始获此效。其于传染病一层，曾有果可防范，何蕲不为之名论。本大臣服膺是语有年，中国医术卫生，近亦渐知研究，将来之力求进步，并对于卫生上之若何注重，全国人士，当全力一致行之。此次研究事竣，倘使已减之疫灰，不幸而有复燃之日，一切防卫上，获此度之经验，及负海内众重望之诸君子研究，后当愈有把握，决非此次之仓促设备者可比。所惜者，三省人民之毙于是疫者，已四万余人，更有各友邦热心救世之医学名家，助我三省官绅辛苦治疫，踊跃捐躯。本大臣言之，辄增悼痛。诸君子皆医界泰斗，环球共仰，此次惠然远临，宜伸欢迎之意。惟敝国开会研究，以奉省为滥觞。一切设备供给，恐未尽周妥，诸君子尚幸谅之。①

钦差施肇基先生随后发表英语演说，下面是其中之一部分：

先生们：过去五个月中，华北，特别是满洲，被一种极为凶险的致命瘟疫所蹂躏，其传染力之强，死亡率之高，前所未有。天花、霍乱、淋巴腺鼠疫及其他类似传染病无疑死亡率都很高，而肺鼠疫和败血性鼠疫比它们更可怕。我相信其死亡率几乎是100%，尽管这不够精确，却是现实……造成这场瘟疫流行的气候条件极端恶劣，冬季气温降到了零下40华氏度。在这严寒气候下，几乎没有人可能在户外停留片刻……这场瘟疫突出显示了这样一个事实：它主要沿着铁路交通线逐次在城镇中传播……在蒙古和南满的牛庄曾发生过瘟疫，但并未向远处传播，而此次之毒性却前所未闻……我们民族在新年期间欢庆传统节日，每个中国人都会尽其所能力争回家与家人团聚度岁。成千上万的劳工们如果不坐火车，就会徒步旅行，穿越整个满洲大地……在铁路沿线，曾实施强制检疫措施，但可能为

---

① 据陈垣撰《奉天万国鼠疫研究会始末》，1911年光华医社发行。——译者注

时已晚。此次获得的经验有望使我们在未来于事先采取强制措施。在本次会议上，诸位将会听到被约请来参与扑灭鼠疫的各国医师的介绍，他们将述及如何隔离接触者和疑似者，如何管理鼠疫感染者的隔离医院，我们还欢迎诸位对此类主题提出有益的批评。

中国人民并不像某些东方民族那样具有种族偏见，然而他们十分厌恶那些对他们家庭生活进行非正当干涉或侵犯的人。因此，那种显然非常残忍的工作，例如快速且强制将鼠疫病人与他们的家属拆散，把某位家庭成员送进鼠疫医院又把其他成员送进隔离营，这对我们而言实在是项艰巨的任务。

我们邀请诸位前来研讨工作，但并不希望诸位拘泥于某些细节，同时我们也意识到有关这次疫情的医学和科学诸多问题将会受到诸位充分关注，我不揣冒昧斗胆请求诸位特别对以下诸点进行深入探讨：

1. 鼠疫的起源和传播方式及处理流行的方法。

2. 它是否与满洲地方性疫源地有关？倘若如此，应对它的最佳方法是什么？

3. 是否肺鼠疫细菌之毒性比淋巴腺鼠疫细菌的毒性更高？换言之，为何就我们所知，一种在显微镜下外形相同、细菌学实验反应也相同的细菌，在此间能造成肺鼠疫或败血性鼠疫大流行，而在印度或其他地方仅引发淋巴腺鼠疫，而肺鼠疫仅偶尔发生呢？

4. 据我们掌握的医学证据，这次流行纯系人与人的传染，而没有家鼠受感染之证据。为何如此？

5. 肺鼠疫和腺鼠疫的差异，取决于何种外界环境？

6. 空气传染是否可能，或仅依赖接触性传染？

7. 是否这种鼠疫杆菌可以在人体外存活数月？倘若如此，须处于何种条件下？这是我们要考虑的重要问题，因为这意味着来年冬天还可能再次暴发。

8. 如果可能，为防止再次暴发，我们应该采取什么方法？

9. 在如此不正常的疫情条件下，贸易能在何种范围内进行，例如收入不菲的大豆贸易和皮毛的大量出口？

10. 你是否赞同按照成体系的计划，在城乡建立全民预防接种机制？

11. 你是否认为烧毁鼠疫感染者的房屋是可取的做法，或者只需对这些房屋进行消毒即可？

12. 疫苗和血清用于预防和治疗鼠疫病人的可靠性究竟有多高？

在我结束我的讲话以前，请允许我向诸位介绍将要担任大会主席的伍连德博士。伍博士在过去3个月曾生活在鼠疫最为猖獗的地区，研究了疫情的诸多方面。他曾在英国杰出地完成学业，又在法国和德国实验室工作过。我们责成他认真对待所获得的每一位与会代表的意见。另外我们还任命格雷厄姆·阿斯普兰博士出任大会的医学秘书，他在疫情最猖獗时刻在傅家甸工作，曾为我们提供了极有价值的帮助。

最后，我深信，诸位逗留此地时，敝国政府为诸君作出之食宿安排，定能让诸位感到舒适满意。

俄国代表团团长扎博洛特内教授随后起立发表了如下讲话：

阁下，受与会诸同行代表之请，对阁下热情洋溢的欢迎词表达深切谢忱。我们代表着立于文明世界的11个国家，接受大清帝国政府的邀请，前来帮助揭示此危害全球人类的鼠疫问题。在我们被派遣来华期间，各自所属国家之政府表达了他们的同情之意，并衷心希望我们的切磋，将有助于贵国采取更为有效之措施，以防止这种可怕的瘟疫卷土重来。我们之中有流行病学家，也有大部分工作时间都从事细菌学研究的学者，但面对这种广泛传播的肺炎性鼠疫和败血性鼠疫，我们都缺少经验。经验所及，类似的疫情从未遇见。但过去6个月中所目睹之事实，让我们有充分理由相信，按照现已完善的预防感染规章制度，将能够用于应对今后可能出现的另一次疫情。尽管我们多么期望不再发生，但我们必须承认这种可能性还是存在的，只是无法预料何时发生。

我们赞赏清国政府应对这一危急形势所采取的开明政策。阁下和阁下忠于职守的僚属全心全意致力于拯救被鼠疫蹂躏的人民所进行的工作，也是值得钦佩的。与瘟疫抗争的医师以及其团队，其中既有中国人也有外国人，表现出的勇气和才能博得了普遍的赞誉，我们相信，科学的医务工作之实际效用，正如在此次抗击鼠疫的工作中所显示的那样，将会使我们的医师职业在贵国声誉大增，并召唤贵国那些青年精英为其效力。

我们衷心感谢阁下为使我们舒适与会而作的诸多安排，从而使我们得以在最愉快的环境中工作，能够在这融洽的会议进程中作出更多贡献。我们不仅欣赏阁下之情意，由总督大人代为宣读的皇帝陛下和贵国政府的致辞，令我们印象深刻，我们趁此机会，对他们表示谢忱。

报告和研讨

次日4月4日上午，主要议程是伍连德博士作主席报告。该报告一部分内容如下：

正如钦差大人阁下所指出的，这种肺鼠疫是突然出现在我们面前的，尽管我们全力抗争，至今死亡人数已达46 000人。看来此种类型的鼠疫实际上在满洲并非新的疾病。多年来，尤其在近十年来，在西伯利亚、蒙古和满洲的俄国人和中国人中间偶有发生。有记录表明，17世纪时它曾肆虐一时，然而就可能收集之确切资料判断，这是长期存在的肺炎特定变型的首次大规模暴发。诸君可能知道，1899年曾经袭击过牛庄的这种传染病，其特征主要为腺鼠疫，而在1908年又出现于唐山，导致800余人丧生。我们感谢俄国医师首先提供了有关肺鼠疫流行的确切信息，而完整的研究报告将由我们博学的俄国同行在会上宣读，我暂时搁置此话题，现在仅述及此次疫情中所能得到之些许发现。

某种啮齿动物，学名为 Arctomys bobac（蒙古旱獭），英语中称为 marmot（旱獭），俄语称 ТАРАБАГАН，汉语称旱獭。蒙古和满洲西北部的居民已经在相当时间内深信这种动物与这种类型的鼠疫关系密切。根据派驻满洲里实验站的中国医疗队全绍清医师报告，他所收集的宝贵信息，说明当地居民早已熟知在人类和动物中间流行的这种传染病。我敢于相信，这位医生从捕猎旱獭的猎人处获取到的某些信息，对我们了解此种鼠疫具有重要的意义。

在自然界有许多巧合，也许科学家要比其他阶层人士遇到得更多。但是谁能想到，健康的旱獭喜好晒太阳，并发出"扑——帕，扑——帕"的叫声：在汉语中的意思是"不用害怕"或"没有危险"（"不怕，不怕"）；而有病的旱獭则不出声。根据我们的理解，当旱獭不再发出让人安心的"不怕，不怕"的叫声时，就意味着确实有了真正的危险。旱獭中的疾病被我们假定为鼠疫先兆，其症状是步态踉跄不稳；被人追赶时，既不能跑动，也不能发声。捕后检查，可见其体征是淋巴腺体［淋巴结］肿大。有经验的猎人一旦觉察到这些体征，即会警觉地丢下猎物远走高飞。然而，过去几年，欧美市场对旱獭毛皮的需求格外旺盛，于是各处流浪的山东移民便闯进了这些旱獭的栖息地，不加区分地猎取这种动物，且因当地食物稀少，他们经常剥皮割肉煮熟并食用这些鲜旱獭。前几年即曾有一些山东移民死亡，但是其人数还不足以引起注意。每年8月至10月中旬是猎取旱獭的季节。大约在去年10月的第3周，据说足有万名此种猎人带着旱獭毛皮聚集在满洲里和海拉尔等待出售，然后回到南方过冬……

蒙古旱獭，简称旱獭。它的栖息地十分辽阔，遍及蒙古高原和中亚的平原和沙质荒野。现在人们知道它能将鼠疫传播给人类，因此引起了人们的注意，于是我们对它的习性有更多的了解。我们知道它冬眠并在春天苏醒，此时又肥又壮，年轻的个体开始寻找新窝以便繁殖。它们新掘的洞穴经常穿过"旧洞"，前个季节死于该处的个体可能感染新来者。而在露天死去的个体则可能被鸟类等动物全部吞食，但旱獻似乎通常是自己爬进洞中等死。没有经验的猎人常会挖出洞里的旱獭，这样他们就比当地的蒙古人遭遇着更大的危险。蒙古人则通常在露天猎取或是在洞穴旁设置绊络罟捕，因而接触或捕捉的都是健康旱獭。尽管危险显而易见，我们却未能统计有多少猎人死于大草原。但是猎人们在晚秋聚集于贸易场所，他们挤进十分简陋的旅店或客栈，生旱獭皮随处堆积，可以见到20至40个猎人吃住于一间狭小且通风极差的房屋里，这样的环境当然极适合流行病的发生。

随后，伍博士从开始发现疫情起，概略描述了瘟疫传播的路线，并言及受到感染的各城镇的主要特征。然后继续说道：

看来有两个因素对中国城镇（傅家甸）的鼠疫流行时毒力增强起着主要作用：第一是恶劣的气候，当时温度计记录是零下30摄氏度，如此严寒阻止了人们走出户外；另一个因素是低矮、黑暗、肮脏而且过于拥挤的房屋，这正是大多数人的居所。但是，值得指出的是，两层楼房，空间充裕，依然受到了严重感染。特别是有一栋房屋，那是一家瓷器店，坐落在傅家甸的主要街道上,其中包括店主住有8人,无一个属于穷苦的劳工,然而他们一个接一个死于鼠疫,最后因为全部死亡,竟无人前来认领财产。

全家死于鼠疫的瓷器店

关于这个话题,我愿就双城堡的疫情特点略加说明。该城位于铁路线上,北距哈尔滨30英里。就我已知的中国市镇而言,未见有如双城堡与傅家甸这两个城差别之大者。傅家甸的房屋全部拥挤地建在一个低洼的沼泽平地上,街道狭窄,居民主要是劳工。而双城堡则是一个精心规划的小镇,街道宽阔,彼此垂直交叉,有的街道宽达80至100英尺;该镇以宽大的院落,精美的建筑称著,有为数众多的旅店、榨油作坊、酿酒烧锅和当铺等,每座建筑都带有大面积的空地;当地居民中生活富裕者至少过半,而几乎没有穷人,大多数居民以大家庭在此定居数十年。而这与傅家甸形成了鲜明对照,在那里大部分是靠体力劳动糊口因而浪迹四方者。双城堡有一半居民为满人,许多是富裕的地主,也有富甲一方的商人。他们的居所干净卫生,生活习惯讲究。然而在这个有6万居民的小镇上,在7周内死去了1 500人。我举出这个例子是要说明,除了贫困和肮脏,可能还有其他原因导致如此可怕的死亡率。在傅家甸5 000名死者中,只有100名是妇女;而在双城堡,1 500名死者之中竟有500名妇女。事实上,在傅家甸生活的妇女很少,而在双城堡则大部分妇女居留家中,这种状况可以部分地解释这种巨大的差别。

在开始阶段,鼠疫之流行让我们在多方面依赖防治腺鼠疫时所掌握的资料,然而我们在傅家甸的经验,令我们修正了起初对疫苗和血清疗效的期望。也许另一个事实更值得注意,这就是在中国行政当局领导下,除大量居民中心外,仅奉天一地即检验过13 000只家鼠,却未查出任何鼠疫痕迹。当时疫情极为紧急而助手有限,我被大量日常工作缠身,未能就这一专题收集更多的有价值的事实。对此我深感遗憾。

还有两个有意义的问题,可能对未来抗击传染病流行关系重大,却似乎被我们忽略。其一是铁路上的空车厢,平均每节可以容纳20人,在紧急情况下,可以用做隔离营的一个小隔离单元。这种车厢能使我们的医务人员及早确诊疑似者并易于进行内部之消毒,车厢内安装一个铸铁炉即可取暖,打开车厢的滑动门即可以通入新鲜空气。在缺少固定建筑物时,如果能得到这种空车厢,即可用于有效地隔离。

第二是对鼠疫病死者,采取集中火化之措施。特别是在冬季,土地深度冻结时尤为必要。为此,必要时可用炸药炸开一个20英尺见方、10英尺深的大坑,一次可以容纳500具尸体。如果尸体已用棺材装殓,则制作棺材之木材即足以完成火化;如果没有棺材,每具尸体就需要4块木头(每块2英尺长、4英尺宽),同时每100具尸体还要添加10加仑[1加仑

（英）约等于 4.546 升］煤油。一旦尸堆点燃，即火焰熊熊，持续不灭，因为坑之四壁封闭使热量不易散失。我们在傅家甸的火化示范，后来为其他地方所仿效，结果令人满意，而当地百姓并无怨言。朝廷空前恩准对瘟疫死者进行集体火化，并且正式许可为获得知识而进行尸体解剖，在中国近代医学发展史中是两个标志性的事件。这一事件彰显了朝廷出于崇高的人道主义动机，情愿将古老的偏见搁置一边，并不惜付出金钱，全力以赴。同时还证明科学能够拯救生命，并免除民族之灾难。

主席讲话以后，会议即正式进行。会议一共举行过 23 次。其中有 3 次，伍连德博士邀请日本的北里教授代替他主持，这是考虑到北里教授在世界细菌学研究领域的崇高地位。这一谦恭之举对漫长的会议得以顺利进行贡献良多。在 22 次专业议程中，5 次用于病理学和细菌学研究，5 次专门研究流行病学，2 次探讨临床资料，4 次研究防治措施，2 次检讨疫情对商业贸易的影响，其余 4 次则是讨论有关决议。实际上，所有宣读的论文都言简意赅，会上很少有人表现不耐烦，或抱怨言不及义。绝大多数论文由中、俄、美、日和英国代表提交，但是其他代表在讨论时也很活跃。

现将会议不同时间宣读的重要论文的内容加以总结。4 月 5 日，由政府前期派往满洲里调查鼠疫暴发起源的中国代表全绍清医师发言。据他说，这个城市通常有 5 000 名俄国人和 2 000 名中国人，但由于当时旱獭毛皮贸易兴旺，1910 年年底中国居民增至 1 万。肺鼠疫的第一个病例出现在 10 月 12 日，患病人数持续增长至 12 月 25 日，其中有 392 个患者死亡记录在案。早在 1905 年，俄国医师已经观察到了这种疾病，但是病例数目很少，而且分布零散。能够猎捕旱獭的辽阔草原幅员达 15 000 平方英里［1 平方英里约等于 2.59 平方千米］，包括联结满洲、西伯利亚和蒙古的地区。猎人们生活艰苦，不曾记得听过有谁在狩猎中死亡，只是带着旱獭皮聚集在村庄时，才听说他们之中有人被感染。在回答其他代表的问题时，全医师称，未能在这群猎人中收集到有关淋巴腺鼠疫的证据。

日本的柴山教授说，他成功地将从哈尔滨分离的一个菌株，接种进了在奉天附近捕捉的一种黄鼠（*Spermophilus citillus*）体内，使它感染了典型的鼠疫。英国的道格拉斯·格雷医师宣读了一篇有关华北鼠疫传播的论文，还出示了一张该区域的地图。他引述保定府传教士医师刘易斯的话说，在他的一位病人的痰液中见到了鼠疫杆菌。格雷医师强调了铁路在疫情传播方面所起的作用，而华北的河流在冬天是封冻的，大多没有航运交通，对疫情的传播作用甚微。日本的笠井博士简述了南满的疫情。因为得知回家过年的劳工大多沿着铁路线去往大连，再转往芝罘，因而疫情监控较易放松，拥挤的小客栈便成了感染的温床。笠井博士提供的表格，列举了不同地方的第一个病例，还有南满 18 个城镇的估计死亡人数，总计 5 864 人。

俄国的扎博洛特内教授和他的同事进行的实验引起代表们的关注。这些实验表明，肺鼠疫只在人与人之间传染。这种传播只存在三种可能的途径：1. 通过呼吸排出的颗粒；2. 通过飞沫悬滴即小颗粒黏膜的感染，鼠疫杆菌在黏膜上可存活数周；3. 通过痰液本身。他的结论是：1. 1898 年后由细菌学方法证实淋巴腺鼠疫和肺鼠疫是蒙古和满洲的地方病；2. 肺鼠疫流行于秋冬两季；3. 疫情暴发主要由于不卫生的居住环境和过度拥挤；4. 关于蒙古旱獭与鼠疫的关系，应从细菌学方面进行研究。美国的斯特朗博士支持扎博洛特内教授关于飞沫悬浮物传染的观点，并说他检查过的 25 位病人中，24 个病例的原发感染部位是支气管。他注意到仅有 1 例扁桃体坏死，但这可能是继发性的。

4 月 6 日，扎博洛特内教授宣读了一篇论文，是关于从哈尔滨鼠疫流行期间分离的鼠疫杆菌菌株特征的研究结果。柴山教授也提交一篇论文，系有关肺鼠疫杆菌的细菌学研究。他根据琼脂平板和豚鼠实验证实，咳嗽病人对其周围健康人群有致命危险。他先用琼脂平板培养细菌，然后在小白鼠身上接种予以证实。德国的马丁尼博士热衷于凝集实验。意大利的加莱奥蒂医师谈及毒素的产生，特别是以核蛋白形式出现的毒素。据他说，这种毒素可以导致出现我们在鼠疫病人身上观察到的各种症状和现象。事实上，纯净的毒素可以从鼠疫杆菌菌体中分离出来。

4月7日，开滦矿务局的医官安德鲁医师描述了华北鼠类的种群以及跳蚤感染。据称，从1909年6月到1910年9月，他在产煤重镇唐山检查了3 000只老鼠以及栖居其身上的跳蚤，只发现了两个种——大家鼠（*Mus decumanus*）和印鼠客蚤（*Xenopsylla cheopis*），不存在其他种。他声称，一次鼠疫暴发之前，必须有3个先决条件，即感染源、足够数量的易感鼠类以及足够数量的栖居于鼠身的跳蚤。他制作了一张图，表明在秋季数月里，印鼠客蚤数量呈季节性激增。北京的一位传教士医生希尔（R. A. P. Hill）博士向大会提交了一张图表，说明瘟疫盛行时，温度对病死率曲线的影响。他指出，虽然在奉天、吉林和长春这些中心城市也曾就这种影响做过研究，但结果表明，这种影响并不明显。这些图表的某种相似性，说明可能存在某种从一处慢慢移向另一处的气候因素。当日下午，扎博洛特内、柴山、斯特朗、马丁尼和加莱奥蒂等几位细菌学家讨论了鼠疫杆菌的凝集现象、毒素、毒力和致病性。伍博士谈及一件事：近1 200名士兵从长春调来，派出136人在被隔离的铁道线上的车厢执行戒严，其中有41人于3周内死于该处。

此次会后，正值周末，4月8日和9日休会两天。4月10日复会，法国的布罗凯医师介绍了一种保存鼠疫感染之鲜器官标本的方法，即把器官浸泡在含有20%甘油的蒸馏水里，再向其中加入2%的碳酸钙（白垩）。然后，斯特朗博士宣读他那被期待已久的关于呼吸传染性的论文。这篇论文主要依据他在鼠疫医院附近建立的有特殊装备的实验室里完成的实验。斯特朗博士说，他研究的目的是：1. 探明进入空气传播的鼠疫杆菌是来自病人的正常呼吸还是呼吸困难时呼出的气体？2. 是否病菌是肺鼠疫病人中度咳嗽发作时传播？这种咳嗽本身并不会咳出肉眼可见痰液的飞沫颗粒。咳嗽时，肉眼可见之痰中微滴或大颗粒向外喷出并黏附在面向鼠疫病人的培养皿中琼脂培养基表面，这些病人在受试后24或48小时后全部死于鼠疫感染。实验分12个系列，共使用78个培养皿。结果表明，其中39例病人在培养皿前并未咳嗽，仅有1个培养皿中有鼠疫杆菌生长；而另外39个培养皿面对咳嗽病人，则有15个生长出有鼠疫杆菌特征的细菌。在某些培养皿中，病人仅仅对其表面咳嗽过一声，就培养出了上百个菌落。在另一系列的实验里，将一些豚鼠体毛剃去，然后放在已被感染但不咳嗽的病人呼吸所及的2英寸距离之内，结果全部豚鼠存活。斯特朗和蒂格医师从上述实验中得出的结论是：1. 肺鼠疫初起的病人，正常呼吸或呼吸困难时，通常口中并不排出鼠疫杆菌；2. 当这些病人咳嗽时，即使没有肉眼能看得见的痰液，也会有大量的鼠疫杆菌喷出口外，感染周围的人。由此可见，医师、护士和其他仆役面临的危险是显而易见的。

至于鼠疫病死者尸体的感染性，扎博洛特内教授声称，在冬天，即使尸体埋入地下半年后，仍可从中检出活的鼠疫杆菌。所以在冬天，穴居动物，如鼠类、旱獭和黄鼠可能被鼠疫尸体感染。至于鼠疫杆菌的存活力，伍博士谈及他在少有的机会中进行的实验：他将接种有鼠疫杆菌的琼脂试管和含有病人咳出之痰液的灭菌试管，同时放在他的办公室窗户上的双层玻璃中间多日，当时室外温度为零下30摄氏度，结果这些细菌的毒性并

1911年4月在奉天召开的万国鼠疫研究会议出席者合影

参加会议的各国医学代表合影，会议主席为伍连德博士（前排右4），副主席为北里柴三郎教授（前排右5）

不受影响。

4月11日，讨论集中于抗肺鼠疫预防疫苗。斯特朗博士力主采用毒性适当弱化的培养物，而不用哈夫金疫苗制备方法中几乎一致使用毒力灭活的培养物。另一方面，加莱奥蒂教授则推荐他采用的从活体培养物中获得的核蛋白粉末。中国的方擎医师在防疫局创造了给该局439位员工全部接种哈夫金疫苗（用灭活培养物制备）的记录。在18位被接种的医师中有1位感染鼠疫死亡；29位被接种的医学堂学生中1人死亡；308位被接种的军人中1人死亡；11位被接种的仆役中1人死亡。这些接受实验的人从被接种到死亡的时间间隔分别是18天、8天、10天和32天。但是我们不应忘记，确定实际受到感染的时间是很困难的。关于血清治疗的讨论，哈夫金医师宣读的论文，简要论述了他在俄国鼠疫医院的工作经验，情况并不十分令人鼓舞。马丁尼医师提供的研究结果，是他用患实验性鼠疫的动物，特别是鼠类和豚鼠进行血清治疗获得的，但其效果令人失望。在讨论过程中看出，得自巴黎、喀琅施塔得、西贡、日本和德国的所有的血清制品都被试用过，但只要病菌已侵入肺部，则全无效用。

4月12日，继续讨论预防接种。日本的委任代表笠井博士称，他曾为2 832人（包括1 749个日本人，1 075个中国人和8个别国人）接种，其中只有8人感染鼠疫，都是中国人。在此8人中1人为腺鼠疫。俄国的博古奇医师称，他的团队曾给8 685人接种，其中2 560人接种2次，每次2.5毫升。他们之中，1 600名是中国人，其中7人死于鼠疫。曾负责哈尔滨俄国鼠疫医院的哈夫金医师称，他曾给132人接种，其中22人感染了鼠疫，这些染病者中13人接种1次，8人2次，1人3次。13名遇难者中，12人在接种2周后染病；1人在接种后6天染病。哈夫金医师补充称，在鼠疫医院的当值雇员中，有3人染病，他们全未经接种。斯特朗博士发表了一篇详尽的论文——《鼠疫病理解剖学》，依据是在奉天鼠疫医院进行的25例系统解剖。所有解剖材料都是新鲜的，即少有不是在死后短时间内完成的。基于这些调查结果,斯特朗博士的结论是:流行的肺鼠疫由吸入病菌引起,初始感染部分是支气管,病原体由此侵入肺组织,然后侵入血液造成菌血症。其他器官,诸如淋巴结、扁桃腺、脾脏、心脏、肝脏、肾脏和血管的病变都是继发性的。在所有的病例中,食道都正常,因此排除了肠道发生初始感染的可能性。

次日(4月13日),日本的藤浪教授宣读了一篇论文,以对26个人、两头驴和一条狗的尸体观察为据,论及肺鼠疫的病理解剖。标本全都保存,并在会上展览供代表们参观。总的说来,除3例动物外,其观察结果与斯特朗是一致的。他还检查了1例腺鼠疫尸体。第3篇关于尸体解剖的论文由俄国的库列查医师发表。他在哈尔滨解剖了28具尸体,根据他的观察,他倾向于认为,肺鼠疫进入体内的途径是通过扁桃体和上呼吸道,然后病菌进入血液,继发性地导致实质病变。与会代表对这三篇论文表达的观点进行了热烈的讨论。

下午,全绍清和希尔医师宣读了"临床资料"。后者引述了在北京他的医院中一个非肺炎性鼠疫的病例,症状只有腹泻和呕吐;鼠疫杆菌是在心脏的血液中生长。法国代表沙巴内医师(Dr. Chabaneix)提及一个案例,这是北京的一位医学生,他不经意间感染了他的同学,于是就给他注射了大剂量耶尔森血清,但是血清仅仅延长了他的病程,出现症状后第5天死亡。

4月14日的议程主要是继续讨论肺鼠疫的临床方面。俄国的博古奇医师谈及,鼠疫流行时,哈尔滨的俄国人居住区有10 114人受到医学观察,其中有180名中国人和2名俄国人染病,他们被安置在最多能容纳12名病人的铁路车厢中。阿斯普兰博士陈述了他自己的切身体验:工作时他感到浑身发冷,体温达到102华氏度,此时感到非常悲伤。直到次日清晨,有人告知他，绝大多数肺鼠疫患者并不经历发冷过程，不久就痊愈了。他开始染病时脉搏快而弱，不似伤寒初期症状。曾怀疑疫情在某些地方自然地消退，并强调贸易货物并没有传染性。博古奇医师谈及他的下属，一位俄国女医生列别杰娃的死亡。她显然是在俄国城区寻找病人的工作中劳累过度，那里一天内竟找出11个鼠疫病人和4具尸体需要她处理。（可将这一案例与年轻的英国医师杰克逊进行比较，他在奉天一带监护坐火车旅行的劳工，劳累得病，于1911年1月25日死去。）道格拉斯·格雷开列了一个更重要的、感染源已被追踪清楚的疫区地名表：

哈尔滨和奉天：许多开放性病人由满洲里到达。

呼兰府：12月18日，一批共8名劳工自傅家甸（穿过封冻的松花江）到达，传了两所房屋中的同住者，导致他们全部死亡。

阿什河：有位商人由铁路自30英里外的哈尔滨到达阿什河。12月24日开始在一个小客栈中出现感染。

长春：12月28日，一位张姓商人从北边回到家中，感染了他的亲人。

吉林市：1月17日，一位张姓车夫，自长春经两日到达，感染了其他人后，他在一个客栈中死亡。

法库门：1月19日，一位当地人由奉天返回家中，两天后死去。

辽阳：2月6日下午7点，一位劳工到达辽阳城南的立山（今属鞍山）车站。8点钟住进一所中国客栈，应店主之邀与6位客人共进晚餐。用餐时，这位来自北边的客人开始咳嗽，饭后各自散去。此时他已传染给他人，他自己死于凌晨1点。

永平府：一位劳工乘火车自哈尔滨到达永平府。1月3日在旅途中发病，5日死于家中。

天津：一位商人从奉天到达天津奥地利租界，在1月13日死于鼠疫。

陪其回家的工人是导致此百万人口大城市 100 余人死亡的最初病源。

开原：1 月 26 日，一位士兵从南满的昌图到达一家客栈，被发现有典型的咳嗽与血痰病症并被送到医院，次日死亡。几天之后，旅馆里除店主逃走外全部死去，显然店主是带菌者，他传染了邻村，并造成更多人死亡。

北京：一位商人自哈尔滨来此收房租，死于鼠疫。从这个病人开始，导致一系列感染。所幸在这个中国首都疫情仅局部暴发，死亡 39 人。

在其他城市，如大连、芝罘、济南府和山东、直隶两省的城镇的全部感染都是因为回家过年的劳工造成的。

访问大连、旅顺

4 月 15 日星期六早晨，所有的代表、委任代表、秘书和与会的官员离开奉天，应南满铁路株式会社主席中村先生和总督大岛子爵的邀请，前往大连旅顺作周末观光旅游。一列由多节最现代化客车车厢组成，并配备有餐车的专车，载着这群客人南下。专车配有长毛绒的坐垫、亚麻布的白床单等种种美国火车上才有的方便舒适的设施。该列车装备有美国宾夕法尼亚州制造的巨大蒸汽引擎，车头装着铮亮的铜钟，叮当作响地驶出熙熙攘攘的车站。一路上，每当进站或出站，即闻响亮钟声，令人想起在美国旅行的情境。午后不久，专车到达人头攒动的大连。大连是满洲唯一的不冻港，它的许多码头、货栈、船坞和宽阔的马路，都是俄国人从 1898 年开始营建的。1904 年起为应对激增的大豆、油料和煤铁运输，由日本人将港口进行了改造和扩大。

50多位客人被安排下榻于大和旅馆最上等的客房。该宾馆按美国的最新标准建造并管理。下午大部分时间用于观光,然而并无多少可看,不外是城市突然繁荣而出现的那些常见的鄙俗之物。当晚中村先生在旅馆的足可容纳五六百人的大厅内,举行了一个欧式宴会。宴会中彼此礼貌交谈,尽量表现出热忱。像大多数日本城市那样,在大连大街上也设有百货杂陈的夜市。有些不觉劳累的客人则前往购买书籍和廉价纪念品。

次日为星期天,客人分乘约30辆摩托车来到星星浦海滨,在那长满针叶树的小山山顶,日本人建有一座亭台式餐馆。其中有不少房间面向视野开阔的北直隶湾[渤海湾],可供客人选用。客人进入前要求脱鞋,这样即使身着笔挺西装,仍可舒服地端坐或斜倚在地面的草垫上。入乡随俗的客人将礼服换成简单的和服。为适应时令,和服内絮有薄棉。在大厅开始正式午餐之前,侍者用藤制托盘奉上小盅绿茶,客人们则试着用英语、日语,或双语兼用寒暄。供应的是严格规范的日式料理,各式菜肴安放在矮桌上,供客人随意取用。草垫上放置着有可调整靠背的无腿椅子,就餐者就座时即靠在椅子上。第一道菜是萨希米(刺身,即生鱼片)。这是传统的日本美食,它是将粉红色鲷鱼肉生切成的薄片,洒以姜末,蘸以日本酱油就可食用。随后的几道菜是烟熏鲭鱼、鸡胸烩竹笋等,最后是盛于带盖大碗中的荞麦面条。餐桌上只备一双筷子,未备调羹,因而汤类也只能直接送入口中。餐后,众人寻得自己乘坐过的摩托车,驶向一小时车程外的旅顺口。该处有一队包括一些军医在内的当地日本医师,奉派迎接客人并介绍当地的风景名胜,特别是一座俄国军队建造的城堡。该城堡在被日军以损失40 000名士兵的代价经长期围困后得以攻陷。

客人们在大和旅馆专为他们临时准备的场所稍事休息,等候总督府里举行的盛大宴会开场。扫兴的是,瓢泼大雨不期而至,美丽花园中安排的装饰全被毁坏。于是只得修改原定计划,日本艺妓的歌舞表演改在室内,因而气氛颇感逼仄。然而,宾主依然是兴高采烈,人尽其欢,返回大连的时间到来时,众人恋恋不舍。4月17日,周一早7时,一行乘火车回到奉天城。

返回沈阳继续研讨

当日早10时,会议再度进行,首先宣读了由大岛子爵发来的电报,对荣幸邀请到访的客人遭遇恶劣气候表示遗憾。复电以类似的友好措辞,立刻草就发送。当日,东清铁路高级医官雅显斯基博士宣读了一篇关于1897年到1910年满洲抗击鼠疫进展的论文。这篇令人感兴趣的论文指出,该次疫情以1899年营口有限程度暴发的腺鼠疫流行为开始,造成1 370人死亡。虽然那次以腺鼠疫为主,但也有一些肺鼠疫病例。在1901年和1902年,盖州和营口出现过一些病例,翌年在营口又有更多记录。1905年,孤立的病例出现在西伯利亚的边境周围,包括满洲里在内的乡村,以后几乎每年,在满洲里、扎赉诺尔和海拉尔都有更多疫情上报。然后则是1910—1911年的此次大流行。由于很难执行严格的检疫手段,他们决定采取一种如今称之为"监控"的新方法,即清晨和傍晚对接触者测体温,如发烧便将他们隔离。

全绍清医师述及一事。在傅家甸那个声名狼藉的鼠疫医院被奉令焚毁之前一日,对曾在该医院服务的两位当地中医顾喜诰、贾凤石和他们的4位助手进行了细菌学检查,也进行了咽拭子的培养,结果都是鼠疫杆菌阴性。伍博士声明,许多受感染的房子都用石碳酸、硫黄熏蒸和其他药剂进行了消毒，然后将门封闭。但后来有人设法爬了进去并死在该处。不过没有证据证明他们是在该处被传染。而中医顾大夫被雇用在鼠疫医院工作了两个月，却活了下来。他把这归功于在鼠疫暴发的初期，当他给病人针灸时，意外地刺到自己，接触了病人的血，这样或许自己获得了免疫力。这枚引人注目的针灸用针被代表们传观。

4月18日，皮特里（G. F. Petrie）医师当众宣布，由于施大人的关怀，他已经有幸得到了12只活的旱獭。它们是从满洲里附近的地洞里捕捉到的，用快车运到奉天城，专供他计数这些动物身上的跳蚤。逐一计数的结果是：2、2、2、3、0、2、2、5、2、0、12和3只。一共清查出了35只跳蚤，平均每只旱獭身上有3只跳蚤（应当记住，这些旱獭已经在它们的箱子里乘火车旅行多日，它们身上的跳蚤可能已远走高飞了。1911年下半年，伍博士和他的同事在蒙古对捕获的旱獭进行过及时检查，发现数目相当大。有的平均一只旱獭身上的跳蚤数高达50只）。这些旱獭身上的跳蚤标本，由伦敦的查理·罗斯查尔德（Charles Rothchild）沿袭俄国生物学家西朗提叶夫博士（Dr. Silantiev）的方法，鉴定为角叶蚤属之一种，定种名为 *Ceratophyllus silantievi*。斯特朗和蒂格两位医师随后略述了他们对6只旱獭所做的接种实验结果，观察取自死亡动物的器官标本，证明出现了急型和亚急型症状。这些在紧邻会议召开地某处完成的非凡实验之所以得以完成，是因为会议东道主提供了鲜活的旱獭标本以及各种必需的设备。如果考虑到这是在远离西方世界的地方，诚为颇大的成就。中国的王医师通报了在满洲首府奉天城暴发的疫情，有据可查的死亡病例共1 697例，包括4位医师。捕捉或收集了30 000只老鼠，并进行了鼠疫检验，结果全部为阴性。仿效傅家甸的做法，奉天城也出版了一种通报鼠疫疫情的报纸，每日登载有关疫情的重要新闻，让公众得知实情。毫无疑问，这种面向居民的出版物，颇能令其相信其中言论，而不为流言所动。

4月19日整天讨论抗击鼠疫流行的措施。中国医师方擎谈及中国医务人员采取的个人防护手段，大力推荐简便而价廉的三尾棉纱口罩。已经证明这种口罩对那些曾亲身经历鼠疫暴发全过程的人们保护自己的生命十分有效。除了口罩，斯特朗博士和北里教授还推荐使用玻璃眼镜或护目镜。沙巴内医师编制了一个检疫和隔离营的计划，而阿斯普兰博士介绍了情况紧急又无固定房舍时，用铁路车厢暂做隔离室的方法。中国医务人员的经验表明，在监督许多疑似者时，找到脉搏柔弱且快速的人比测量体温更有效。英国的皮特里大夫质疑在病人迁出之后，将其房屋焚毁或是消毒是否有必要。

4月20日继续讨论抗击鼠疫流行的措施。上海公共租界的总医官斯坦利博士曾述及在该重要港口采取的检疫措施。安德鲁医师指出了各地方当局政策上的失误，他们不仅宣称秦皇岛这样未受感染的港口受到了感染，还赞同山东的芝罘（烟台）等已被感染的港口当局宣布它们对秦皇岛并无危险。这些都表明不同的地方当局在疫情来临时采取的应对策略，还说明他们惶恐不安到了进退失据的地步。其他发言者，如司督阁、格雷、法勒、阿斯普兰和北里等讨论了海上、铁路和内河检疫的诸多事宜以及尸体的处理。后者在中国的社会生活中关系重大。当天下午，讨论的主题是诸多货物，如大豆、小麦、面粉、动物皮毛和煤炭等这些宝贵商品的贸易。达成的一致意见是，因为当前的疫情绝大部分在人群中传播，不影响鼠类种群，因而不提倡过分限制商品的流通。

4月21日的议程简短而且单一：只讨论预防接种。伍博士此番以中国的首席代表而非会议主席之身份发言，他宣布中国政府花费高达10万美金之巨款已从不同渠道购得各种疫苗。但中国医师反馈的报告使他怀疑这些疫苗拯救生命的效能。按照这些经验，在未来的疫情中，他怀疑这些疫苗分发出去是否能起很好的作用。然后他引证了发生在他的下属中的两个案例，以便阐明这个问题。第一例是一位医学堂的刘姓学生，他戴着棉纱口罩作为唯一的防护工具工作了一个月，安然无事。1月2日，疫苗运到，他接种了，8天后死亡。第二例是一位受人欢迎的年轻许姓医师，他在1月4日接种疫苗，到22日，即接种后的第18天病倒。不过其他20人，和许医师一样在同一天接种了同样的疫苗，全都平安无事。伍博士不解差异如此巨大，他怀疑上述两例感染或许由于接种后的阴性期天然抵抗力降低所致。

访问哈尔滨

当天会议结束前，主席通知与会诸君：吉林省、哈尔滨的道台衙门4位官员郭道台、谭某、于某和宋某，以及东清铁路总办霍尔瓦特将军联合邀请所有的代表、委任代表以及会议的全体工作人员在周末访问哈尔滨。南满铁路和东清铁路当局提供的专车将在晚上启程。下次会议将在4月24日举行。

晚饭后，所有的近百位客人，登上两个铁路当局提供的最好车厢，离开奉天城。快车行驶6小时，于凌晨2点到达长春。一行人等前往另一车站换车。日本火车在标准的窄轨距铁道上运行，轻便而快速，但似乎有些颠簸。因为是夜间旅行，无法见到那一望无际异常丰饶的田野。4月22日星期六晨9时，火车准时到达哈尔滨新城的火车站。一大群中国和俄国官员，以及地方绅士相约前来迎接客人。因为鼠疫会议之详情已在中文和俄文报纸上发表，当地民众对会议耳熟能详，甚至能辨认会议主要人物的面孔。于道台在这里会见了他的老朋友伍博士，不过现在他屈居更有经验的郭道台之下。郭道台是一位矮胖的人，颜面光洁。谭道台则是位身材高大，会说英语的广东人，能和当地外国领事们直接交谈而无需译员，这在当年的道台中很少见。宋先生是一个蓄须的旧式学究，办理中国公文的专家，雅好吟诗作赋以及绘画。霍尔瓦特将军身着紧身的奶油色的外套，深蓝色裤子，军中高官之仪态毕现。其他俄国官员均着戎装，佩戴肩章，显示出他们的官阶和专业的不同。地位仅次于霍尔瓦特将军的是阿法纳谢夫将军，身材甚矮，蓄有精心修剪的灰色胡须。所有客人被安排下榻于哈尔滨新城中的两座最大的旅馆：格兰德旅馆和大都会旅馆。两位旅馆经理尽早觅得机会，向伍博士谦卑地表达了他们先前对他和他的下属们不恭的歉意，说3个月前他们只是奉命行事。如今诸如此类的不快早已置之脑后，对于此番来客将尽其所能，盛情款待。

于是中国的官员们、当地的商人和俄国铁路当局无不争相召开招待会，举行午宴或晚餐，不一而足。在饮宴中，需要太多的答谢，于是决定以后根据按字母顺序排列的参加会议国家名单，由各国的高级代表以会议的名义轮流致辞。这一皆大欢喜的安排，免除了某些人的辛劳。在中式和俄式的宴会上，饭菜不但风味绝佳而且丰盛无比。中式宴会通常在道台衙门的正厅中举行，每张铺有白色桌布的方桌有8人就座。每人一双筷子、一个调羹、一个碟子和一块纸餐巾，一只小酒盅盛葡萄酒，一只平底无脚玻璃杯用于盛白兰地。在长达一两个小时的宴会中，碟子很少更换。虽然餐桌的布置明显简化，所有菜肴却一览无遗，至少提供了20道菜。餐桌上先放好4个冷盘和4个热盘，随后则是12道佳肴，有鸡肉鲜蘑炖鱼翅、鸡丝燕窝汤、蚝油鸡块、小型鲍鱼、北京烤鸭、蛙卵（哈士蟆）、四川松蘑、杭州竹笋、山东鸡片、时令松花江鳇鱼和龙眼干，等等。无须说，这些精选的佳肴令客人大快朵颐。每次用餐完毕，每人面前都堆积着骨头和残渣。至于饮料，则是中国黄酒（产自浙江省的绍兴），它犹如日本的清酒、德国的莱茵河白葡萄酒或法国的波尔多红葡萄酒，这些酒不浓烈，无须担心酒醉，尤其是饱餐之后。

在霍尔瓦特和阿法纳谢夫两位将军主持下，俄式宴会在哈尔滨新城铁路俱乐部举行。宴会有众多的地方官员、各国的学者和商人应邀出席，颇为正式与隆重。包括女士们在内的约200位客人，在宴会厅门前受到两位将军的欢迎。在大厅的另一端，安放着约20英尺长、4英尺宽的长餐桌，摆了100多只盘子，盛放着精美绝伦的俄式点心，诸如黑鱼子酱、大马哈鱼子酱、熏制白鲟鱼、烧鲑鱼、生鲱鱼、什锦色拉、土豆色拉、满洲锦雉、蒸乳猪、海参崴海蟹（实际上只是将长达2英尺的蟹腿切成小段供食用；而蟹的躯体太小，且不可食用）和各式新鲜果品等等。客人到齐，霍尔瓦特将军致欢迎词，然后邀请他们品尝放在餐桌上的俄式点心。每人从放在桌上两边的餐具中取出盘子、刀、叉，按自己所好取用食品，然后坐在空位子上享用，如可能就与人交谈数语。俄式点心用过，胃中该已装满，难再进食。然而正在此时刻，客人们又被请到另一端一个大房间里，房内一张长桌上各种酒肴已备好。每个座位前放置着写有入座者姓名的桌签。幸运的是，只有四种菜肴：清炖肉汤、煎鱼、俄式奶油炒牛肉丝和最可口的冰淇淋，最后是不加牛奶的咖啡。东道主敬酒，而答谢则由公推的客人代表回应。时过午夜，在饮过无数杯烈性的、在俄国缺之而不成席的伏特加酒后，少有人不觉疲劳紧张。1911年4月22日俄国朋友在东清铁路俱乐部安排的宴会，令许多今日依旧健在的当年的客人仍然念念不忘。

客人们在4月22日和23日逗留哈尔滨期间，医生们访问了中国和俄国城区的鼠疫医院和实验室。在傅家甸，面对那大批以前住满鼠疫患者而如今已人去楼空的房屋，还有那当年曾层层叠叠堆积着棺木最后被付之一炬的5个大型焚尸坑，令某些容易伤感的代表露出特别的关心。几条狭窄的小巷，当时医务和卫生巡视员曾逡巡其间排查病人，如今依然故我，但不论官员或民众都已从中吸取了深刻的教训，并正在为一个新的傅家甸绘制他们的蓝图。高岗上的新城与低洼平坦的中国城之间的一大片政府用地上，将出现宽阔的街道，砖瓦房屋，还会拥有一所现代最新式的诊所、一座医院、一个隔离站。所有来访者众口一词：那些过去几个月里曾令中国蒙受屈辱的标志即将一去不复返了！

愉快的一行代表于4月23日晚乘车自哈尔滨返回，在长春换车后经南满铁路准时到达奉天城，洗漱完毕后即准备参加4月24日早上10时开始的第十八项议程。然而这次会议仅为形式，事实上休会到次日早10时。

尾声

剩下的5项议程将安排讨论并起草中国政府所要求的临时性报告。4月28日，报告草拟完毕以待11国代表团的领队签字。当天上午，各国以国名的字母顺序签署。文件共提供了45条结论，其主要部分记载在本书的附录里。会议闭幕式在星期五下午4时于同一大厅中举行。约4周前，即4月3日，开幕式也在这里举行的。像以前一样，高朋满座，来宾众多。中国官员们礼袍宽大、顶戴夺目。军人身着戎装，外国领事着大礼服，其他宾客各自身着自己民族的服装。

东三省总督锡良一如既往，端庄威严但彬彬有礼，用以下讲话开始了闭幕式：

溯自本会开始集议，于今四星期矣。兹届研究事竣，本大臣复与诸君会集，举行闭会礼。何幸如之。回忆四星期间，诸君悉心研究，不遗余力，各出其专门之学，为世界造福，而吾国先受其惠。岂特本大臣之欣感，莫能名状，即吾民之歌功颂德，亦当永矢弗谖矣。诸君子孜孜不倦，惟学是图。济人利物之宗旨，本大臣尤所服膺动容。夫天下为一家，四海皆兄弟之语，襄以为未必能征之事实，而不期竟能见诸今日，岂非快事。至此番疫气流行问题中，固尚有深奥难明，未经发蕴者，诸君此后，谅当从容研究。光被来兹，以为人生幸福。是则本大臣所厚望者焉。诸君去此，惟愿福星庇佑，归道平安。①

荷兰代表赫韦斯（F. H. Hehewerth）博士随后走上讲台，用法文发表演说，译文如下：

我不胜荣幸，今日受命代表万国鼠疫研究会议代表讲话，并将本会议之临时报告呈递大清国政府代表。当贵国突遭匿迹多年之凶恶肺鼠疫流行荼毒之时，贵国政府不仅竭尽全力扑灭瘟疫，而且理念构思非凡，邀请各国政府派遣代表前来奉天研究此疾病。此举为贵国寻得增强自身实力之途径，而世界上最杰出科学家数年科学研究所获得之经验和成果，遵从人类友谊与博爱之法则，抗击此无情残暴之疾病。在大约四个星期的时间里，我们在奉天城探讨了疾病发作之方式以及抵御此致病生物的方法，其危害似已消除，但贵国与全人类任何时刻必须警惕其重新肆虐。为了详尽无遗地研究提交给我们的问题，我们不仅借助了以往之经验，亦借助了经历过此次鼠疫流行的中国和他国医生所获得的有关新

---

① 据陈垣撰《奉天万国鼠疫研究会始末》，1911年光华医社发行。——译者注

鲜经验。

我们这些研究成果，业已表述于临时报告中，将在此呈交给你们。诸位从中可知悉我们的结论和若干决议。我希望并相信，如果中国再次遭遇像此次这样让我们前来研究的鼠疫流行，定能从此次会议之决议中受到启发，即使未能完全扑灭其暴发，至少能与其他国家一样，可在肇起之初将其控制。在表达此希望的同时，阁下，我将我们的工作总结交给您，请尊贵的钦差转交给令我们有幸应召前来的贵国政府。恳请阁下惠予接纳，并向贵国政府转达我们的谢忱，感谢在奉天城给予我们的盛情款待和无微不至的关心。你们所提供的便利，令我们得以顺利完成使命，请允许我把令此次会议取得成功的主要功劳归功于您。

钦差大人施肇基发表的答词如下：

兹于鼠疫研究会毕，举行闭会礼。诸君将研究已得之成效，录交使者，转呈本国政府，曷胜忻慰。方诸君从事研究时，使者虽未与列同堂，然自到会以来，居处周旋，时相与共。一切研究事宜，诸君如何殚心竭虑，使者知之最稔。兹于会毕，敬为诸君述之。此次会议效果，其中尚须研究者甚多。必待各种理解尽能发明，而后问题中至难解决之处，方能悉宣其蕴。譬如行远，断非一蹴可跻，必备历艰辛，而后始能达其极点。医学亦犹是也。使者专就此次疫气所以发生之原因及疗治之方法而言，其研究已非易事，我国政府亦深知之。至其余诸端，若细菌之如何损害，疫气之如何流行，以及此症由人传人如何可免之法，既承诸君指示明晰，实足为将来借鉴之资，本国政府自必酌量采用。至研究事类，编纂匪易。将来汇集成帙，公布行世，方能见此会成效之大获其益者，岂仅我中国而已。盖肺瘟流行之学，医家向无专书。其有裨于世界各国，无待赘言。诸君想亦抱此希望也。将来设遇肺瘟发见，苟能借此新理，以为抗制，则微特我国政府此次邀请友邦赴会之举，为不可泯。即诸君之鸿业厚惠，亦将垂诸无穷焉。此次各省办理防疫，均能及时尽力，迅扫厉氛，为诸君所推许。使者亦深为我国国民庆幸。在诸君同堂追究，共著勤劳，本无先后之分。惟如北里博士及其同仁，勇于维持；司、杜两博士，自抵奉后，精心考察；萨博士则声望素著，历练最深，于会务亦至有裨，想均为诸君所共认者也。总之此次追求肺疫大会，不独在中国为创举，即在环球列国，亦为非常之事业。使者遭逢此会，参与其事，并得与诸君相识，何幸如之。兹于词毕，再申一言。为凡莅此会襄助会务诸君声谢。伍医官为本会会长，韩罗获诸君分掌书记，以及襄理各员，莫不各尽其职，今一并声谢。①

由大部分时间担任会议主席的伍连德博士发表闭幕讲话。他说：

请允许我用几句话来结束本次会议。会议议程中之全部发言均无一遗漏。尽管所持观点各不相同，但均从科学研究之意义上充分表达，发言者之间总是保持着友善关系。这只能归功于每位与会者都抱有会议能取得巨大成功的愿望，诸位在全部研讨过程中之专注，令我感激不尽。我热切地希望，今后的研究能将那些当前看来尚不明了的问题加以澄清。最后，请允许我借此机会，为诸君始终如一的盛情，以及在我担任主席期间的关照表示感谢。

星期六，4月29日，代表们沿京奉铁路离开奉天城前往北京（中华帝国首都），长达300英里的路程途经锦州（粮食集散地）、山海关（万里长城的东端）、秦皇岛〔主要由开滦矿务局建成的海港，美国前总统赫伯特·胡佛（Herbert Hoover）曾被中国人雇用为开滦的工程师，从此开始了他个人的发迹史〕和天津（华北的最大商港）。首都北京美丽而且古

---

① 据陈垣撰《奉天万国鼠疫研究会始末》，1911年光华医社发行。——译者注

迹众多,在马可波罗时代被称做"汗八里",24小时后到达。列车驶过了厚厚的外城墙,停在前门火车站。在此下车后,一行未进前门而去往其东边的水关,进入水关内新建的六国饭店(Hotel des Wagon-lits)。该饭店建成于义和团暴乱后两年的1902年。多数客人下榻于此,另一些人分别被他们国家的公使馆邀请前去做客。还有的则被他们的同胞邀请去同住,例如司督阁医师被他的苏格兰同乡道格拉斯·格雷请进了饭店后面使馆区的家中小住。

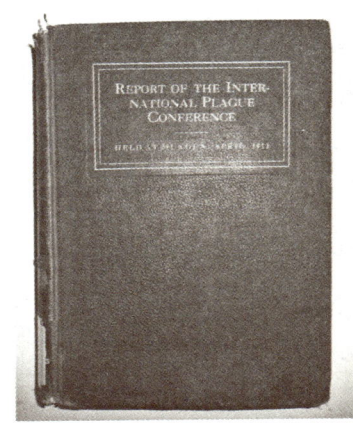

1912年在马尼拉出版的《万国鼠疫研究会会议录》

外务部作为承办接待的主要东道主,拟订了完善的接待计划。其中包括由摄政王载沣(醇亲王)以少年皇帝的名义,赏赐在外务部新建成的法式大厅里举行宴会和舞会,参观孔庙、雍和宫、帝国艺术博物馆、紫禁城、颐和园(挪用本来用于创建帝国海军的款项建成的)。① 个别活动则是组织参观在康熙年间由耶稣会神父们创建的古观象台、前门的丝绸店、烤鸭店、清真羊肉餐馆、隆福寺、京剧戏园(日本客人尤为喜好)、王府井的莫里循图书馆以及其他名胜古迹。参观令客人们心花怒放。这座古都令人感兴趣的地方在在皆是,不论游客喜好如何,都令他们在游览时毫无倦意。

在此,著者仅介绍一次盛大宴会,应邀者皆可称之为北京外交界之精英。宴会后的舞会上,至少有12个国家的来宾互结舞伴尽情欢乐,这或

---

① 此处所说参观各处,恐作者记忆有误,如据所见文献,清末在北京并未建立博物馆。民国初年曾在国子监成立国立历史博物馆筹备处,这里所指"帝国艺术博物馆"可能系作者记忆之误,疑指国子监。——译者注

许可以说是首次东方和西方的真正交融。与会者彼此平等相待，欢宴一堂。身着艳丽民族服装的中国和日本的东方女士，与西装革履的西方男性朋友结伴，而众多出洋受教于西方诸国的中国男士，则身着色彩斑斓的丝织长袍大方地和美丽的西方女士结伴，在最现代乐曲的伴奏下，翩翩起舞。这支中国乐队曾由时任职于海关代理总税务司的罗伯特·布雷顿爵士（Sir Robert Bredon，汉名裴式楷）训练。这是一次令人难忘的活动，它为在良好气氛中开展国际交往开了先例，这种方式此后延续了许多年。

宴会颇不寻常之处在于典型的中国菜肴，如燕窝汤、山东酱鸡片、豆腐配以5种蔬菜、肉皮冻等，它们和标准的欧洲美食，如烤鸡和油炸土豆片、红烧鲑鱼、黄瓜色拉、冰淇淋等交替上场。用餐则完全按欧式风格，使用的标准餐盘和刀叉均印有外务部的徽记。宴会主席位置由大学士那桐入座，因为他是举办奉天会议的决策人，其他代表则按照英文字母次序就座。这次宴会，外交官员们的座位在医学界人士之后。

对于此前从未来过东方的代表来说，目睹这坐落在满植百年古老松柏的宽阔庭院里的美丽宫殿和其中的艺术陈设，他们心中燃起了极大的热情。他们一定会感到，尽管中国在近代科学方面是落后了，但它的艺术、文化和美食在地球上确是举世无双的。这些来到首都的兴趣盎然的外国客人，是那些倾慕中国古老文化和中国民众生活方式的后继来访者的先驱。

附　奉天万国鼠疫会议（1911年4月3日）代表名录：

美国

斯特朗（R. P. Strong）

热带病学教授，马尼拉科学署生物实验室主任。

奥斯卡·蒂格（Oscar Teague）

马尼拉科学署生物实验室助理。

奥匈帝国

尤金·沃雷尔（Eugene Worell）

奥匈帝国海军医师。

法国

布罗凯（C. Broquet）

法国陆军医生，前印度支那巴斯德研究所主任助理上尉。

德国

埃里切·马丁尼（Erich Martini）

德意志帝国海军首席医师，隶属于内务部。

英国

雷金纳德·法勒（Reginald Farrar）

伦敦地方政府巡视员。

皮特里（G. F. Petrie）

利斯特预防医学研究所，印度1905—1907鼠疫研究委员会成员，东英格兰鼠疫调查团主管细菌学家。

道格拉斯·格雷（G. Douglas Gray）

英国驻北京公使馆医师。

意大利

吉诺·加莱奥蒂（Gino Galeotti）

意大利皇家那不勒斯大学实验病理学教授。

迪·久拉（di Giura）

意大利海军医师，意大利驻北京公使馆医师。

埃内斯塔·西尼奥雷利（Ernesto Signorelli）

意大利皇家那不勒斯大学实验病理学实验室助理。

日本

北里柴三郎（S. kitasato）

英国皇家学会会员，东京帝国传染病研究院院长，普鲁士皇家教授。

藤浪鉴（Akira Fujinami）

京都帝国大学传染病病理解剖学教授。

柴山五郎（G. Shibayama）

东京帝国传染病研究所临床医学部主任。

宇山道作（M. uyama）

日本陆军首席医师。

下濑谦太郎（K. Shimose）

日本陆军医师，日本驻北京公使馆医师，中佐。

墨西哥

冈萨雷斯·法贝拉（O. Gonzales Fabela）

国立医学院细菌学教授，墨西哥最高卫生委员会和病理研究所细菌学家。

荷兰

赫韦斯（F. H. Hehewerth）

荷属印度（印度尼西亚）陆军医师，上尉。

俄国

扎博洛特内（D. Zabolotny）

圣彼得堡医学研究所细菌学教授，圣彼得堡帝国实验医学研究所梅毒实验室主任，俄国调查中国鼠疫委员会主任。

兹拉塔格罗夫（S. T. Zlatogoroff）

圣彼得堡医学研究所细菌实验室主任助理，俄国调查中国鼠疫委员会成员。

库列查（Koulecha）

圣彼得堡圣玛丽-马德琳市立医院示教解剖员。

帕得列夫斯基（L. Padlevski）

莫斯科帝国大学病理学研究所助理，细菌学研究所主任助理。

玛丽·索拉吉维斯卡雅（Marie Ssouragewskaya）

圣彼得堡血清诊断研究所助理。

安娜·特乔厄林娜（Anna Tchourlina）

圣彼得堡高等女子医学校细菌学与卫生学实验室助理。

中国

伍连德（Wu lien-Teh）

文学硕士，医学博士（剑桥），哈尔滨防疫局总医官，天津陆军军医学堂帮办。

全绍清（Ch'uan Shao-Ching）

四品官员，天津北洋医学堂医学治疗学和法医学教授。

方擎（Fang Chin）

医学博士（中国），天津北洋陆军军医学堂细菌学教授。

王恩绍（Wang Y. S.）

卫生医院主管医师，奉天防疫局会办。

希尔（R. A. P. Hill）

医学学士（剑桥），公共卫生学博士（伦敦），北京协和医学院讲师。

格雷厄姆·阿斯普兰（W. H. Graham Aspland）

医学博士，英国皇家外科医师学会会员，北京协和医学院讲师。

杜格尔·克里斯蒂（Dugald Christie，司督阁）

英国皇家内科医师学会会员，英国皇家外科医师学会会员，奉天施医院院长，东三省政府医学顾问。

阿瑟·斯坦利（Arthur Stanley）

医学博士（伦敦），公共卫生学博士，上海工部局卫生官员。

保罗·B. 哈夫金（Paul B. Haffkine）

哈尔滨俄国鼠疫医院院长。

　　他请博士留在北京，并任命他担任卫生部门主管，负责管理全国的卫生和医院事务。但是，即使在那个时期，伍博士的兴趣所在是推进科学化的医学和研究，而不是官场的升迁，于是礼貌地婉拒了王爷的抬举，表白自己宁愿继续满洲的防控鼠疫工作。

第3章 肺鼠疫研究基础

朝廷觐见与新的任命

1911年5月初，在北京为向万国鼠疫研究会的代表们表示敬意而举行的各种庆典和招待会结束后不久，伍博士受到为年仅7岁的少年宣统皇帝代理政务的醇亲王①特别召见。为适应这次格外恩宠的高规格召见，前一天伍博士被特别授予中华帝国军队相当于少校的军衔（蓝色顶戴），并凭此资格第一次跪拜于紫禁城内御座前，回答摄政王殿下之几番垂询，承蒙殿下嘉奖与勉励。在本书的另外篇章中，作者将对此次召见和其他宫廷礼

---

① 指载沣。他于1891年1月袭爵，为第二代醇亲王。1901年，他曾带领一个外交使团去柏林为德国公使在义和团事件中被杀一事道歉。1908年初被擢升大学士，同年任摄政王摄政。他是1908年至1912年中国的实际统治者。然而他未能顺应改变中的政治态势和协调不同政治势力集团的利益争夺，1911年10月的共和派的武装起义使清王朝走向覆灭，这位摄政王隐居天津。——作者原注

仪作更多叙述。

会议代表各自离京以后，伍博士受东三省总督锡良和外务部右丞施大人的联名推荐，被任命为外务部的医官，以便他能与北京最高官方直接接洽。某日，施大人亲自引领他前往晋见时任民政大臣、监管帝国医药卫生事务的肃亲王。王爷当时圣眷甚隆，他的支持相当重要。一般而言，这位王爷的视界极为开阔，在当时满洲亲贵中，或许可以说是最有教养的，他还密切关注着当代世界情势。后来，命运驱使他竟挽救了当年狂热反清的年轻革命党人汪精卫①的性命。肃亲王显然器重伍博士的人品。他请博士留在北京，并任命他担任卫生部门主

清政府授予协参领军衔后留影

管，负责管理全国的卫生和医院事务。但是，即使在那个时期，伍博士的兴趣所在是推进科学化的医学和研究，而不是官场的升迁，于是礼貌地婉拒了王爷的抬举，表白自己宁愿继续满洲的防控鼠疫工作。

通过陆军部和外务部的妥善安排，保留了伍博士陆军军医学堂帮办的职务，而且他被正式安排调往从事防治鼠疫的专门工作，并继续收到每月300两银子（约等于45英镑）的常例薪水。他在天津家中小住数日后，于1911年5月的第2周，由军医学堂的新毕业生曾普（Tseng Pu）医师陪同乘车前往哈尔滨。而以前的助手林家瑞则留在天津继续完

---

① 生于1884年，卒于1944年，原为革命领袖和国民党左翼分子。深受中华民国缔造者孙中山的信任并起草了孙的遗嘱。1929年被国民党放逐。中日战争时期，1939年与日本人谈判单独媾和，并堕落为南京伪国民政府的主席。最后死于日本。——作者原注

成他的学业。

到达哈尔滨后,伍博士被海因斯·沃森邀请住在他那临近主要办公室的官邸中,那里离总火车站近在咫尺。沃森是英国人,当时任职于中国海关分支机构——哈尔滨海关税务司。沃森先生是单身,又是海关总税务司弗朗西斯·安格联爵士(Sir Francis Aglen)的密友,在爵士婚礼中他曾为男傧相。他与伍博士相处时,曾花费很多时间商讨有关建立拟议中的北满防疫事务管理处的途径和方法,而这个机构的常年经费要从该地区海关税项下拨付。沃森为人老练而务实,对中国的现代化需求和渴望深表同感。因此,在3天之内,他和伍博士便完成了一份包含详细预算的备忘录。该预算总计关银60 000两(约相当于90 000万银元或78 000卢布),总医院建于哈尔滨,分院设于满洲里、拉哈苏苏[今黑龙江省同江市]、三姓[今黑龙江省依兰市]和大黑河。这个方案首先须呈交外务部,并经北京外交使团批准。因为在1901年义和团事件赔款时间内,从中国海关税收中的任何拨款必须事先获得其同意。

呈文完成后,伍博士此时得以空闲,用来审视满洲全面的鼠疫态势,并草拟了详细规划,以逐步扩大防疫处的规模,以及在未来几年中系统研究有关鼠疫的问题。他考虑以下诸项:

1. 探寻中国和其他地方以前暴发的肺鼠疫。

2. 进一步调查天然或人工生境中的蒙古旱獭和相关的旱獭对鼠疫和其他疾病的易感性。了解它们是否像家鼠一样,也罹患地方性鼠疫?倘若如此,这些疾病如何传播?肺鼠疫是否为其种群中常见的疾病?如有必要,则计划与俄国同行合作进行野外调查。

3. 鼠疫的发源地在何处?是否在云南(如辛普森所言),或是北部纬度更高的地区?

4. 假如发生另一次肺鼠疫大暴发，应定点对该种疾病作更细致的研究，如果可能，须通过尸体剖检和组织学检查，查明在缺乏卫生措施和毫无组织的地区暴发的鼠疫自行消退的原因。

5. 通过实验和病理学研究，设法进一步探明鼠疫杆菌进入人体的方式和扩散方式等有争议的肺鼠疫问题。

6. 对各种类型的旱獭进行含鼠疫病原菌的气雾剂吸入实验，查明它们对肺鼠疫的易感性如何。如果在野外发现了野生的患病或死亡的蒙古旱獭，则需查明它们是否为肺部疾病所致，在这种情况下，是否能由一只旱獭传染给另一只而蔓延？气候，特别是冬眠期间传染是否受到影响？

7. 是否可能制造出一种比哈夫金所采用的疫苗更纯净、更有效的抗鼠疫疫苗，这特别是鉴于该疫苗抗肺鼠疫相当不成功。

8. 建造一座专门收治肺鼠疫病人的模范病房，避免其中工作人员的意外感染。

9. 在满洲的其他地方，如内蒙和南满调查鼠疫，以便发现是否还存在其他地方性疫源地。

10. 引用法律和法规保护蒙古旱獭皮毛贸易中的猎人和皮毛商人。

11. 搜集数据，准备编写关于肺鼠疫的专著。

12. 筹建哈尔滨的鼠疫博物馆和图书馆，这些设施专门收藏有关肺炎变异类型，陈列满洲和其他地方的野生啮齿动物的标本；收藏鼠疫死者的器官、改进的捕获旱獭的装置、防护用具、书籍杂志以及相关文献，甚至可圈养活体蒙古旱獭，以供研究其自然环境中的习性。

1911年5月初，伍博士独自乘火车前往满洲里，于5月6日到达。这个中华帝国最西北的角落，有居民6 500人（5 000名俄国人，1 500名中国人），还有4 000名俄国士兵。小城坐落在大约海拔5 000英尺的高原上，空气干燥而清新。此时正值当地的早春时节，使人回想起多年前在瑞士避暑胜地卢塞恩和因特拉肯。在那里，他首次品尝到瑞士的蛋糕卷和醇厚而新鲜的奶油，饮用着掺有鲜美山地牛奶的咖啡。如今在满洲里，却享用着略带甜味的俄罗斯黑面包、绝佳的奶油，以及不限量并随意添加西伯利亚热牛奶的咖啡精。眼前同样是高海拔的稀薄空气，当然没有那在列车上服务的温柔瑞士女郎。在这里只有衣衫不整的俄国农妇和剽悍的山东移民男子，他们似乎相安无事且时有互不伤害的通婚。

伍博士在这个安静的边境小镇停留了 3 天，他亲自询问了猎取旱獭的情形，同时收集了为该季度末进行科学考察所需要的信息。他访问了那些脏乱不堪的地窨子客栈，将那里与室内长度相等的通长大炕拍摄下照片，猎人们白天在大炕上吃饭和消遣，晚上则在此睡觉。这些信息作为《东三省防疫事务管理处报告大全书》第 1 册的一部分，发表在 1913 年 10 月出版的《英国卫生学杂志》（*British Journal of Hygiene*）上。

不久之后，伍博士奉召赴北京，事关建立防疫处的拨款问题。此时风闻外贝加尔地区的沙拉森内附近有大量蒙古旱獭死亡，中国政府十分担

满洲里的一些客栈，右侧可见一所地窨子客栈之入口（左）；满洲里一所地窨子客栈，图示下层铺位，必须卧在上层铺位上方能拍摄此照片（右）

心，不知已采取的全部对策是否足以抵御动物中的疫情传播到人群中。在满洲的中国当局已拨款在主要居民点建立鼠疫防治医院，并指示伍博士为这些医院配备资历相当的医务官。无论是总督本人，或他在全满洲的下属，无不怀着极大的兴趣关注着拟议中的科学考察。

中俄联合考察

7月15日伍博士到达哈尔滨后，即前往拜访了扎博洛特内教授。当时他正在城里一个俄国实验室里研究某些有关鼠疫的问题。在向伍博士展示了他的标本后，还告知了他的最新获得的结果。扎博洛特内教授还邀请他的中国同行一起乘坐由俄属东清铁路提供的专车前往满洲里。伍博士当然非常高兴地接受了邀请。这是历史上第一次这类中俄两国科学家的联合考察。扎博洛特内教授是由他的一位女同事楚里林娜和伊萨耶夫两位医师陪伴，跟随伍博士的是医学学士陈祀邦和曾普医师二人。

7月21日，一行到达满洲里。中国人决定在此设点作为考察基地，俄国人则在国境线那边距此处121俄里[1俄里约等于1.067千米]的博尔贾（Boraja）设立他们的总部。在满洲里，中国人另有自己的宿舍和包括实验室和实验动物养殖场的工作场所。7月22日，伍博士和陈医师一同乘车到博尔贾，并和俄国同事在车厢里相处了整整一周，其间，他们访问了奇堂斯克（Tschintansk）、阿拉布尔斯克（Alabulsk）和邻近的西伯利亚乡村，中俄科学家同吃同住，亲密无间地在一起工作。在此期间，他们并未发现患病或死亡的蒙古旱獭。

7月29日，中国人回到了他们在满洲里的基地，而扎博洛特内教授和

1911年7月22日至29日，中俄联合考察队在博尔贾（西伯利亚），图中是供考察队使用的两节火车车厢（左）；在满洲里测量旱獭的肛温（右）

他的女助手则乘火车去圣彼得堡，留下伊萨耶夫一人在基地。因为下雨，这群中国人直到8月6日都无法继续调查，于是伍、陈和曾3人乘坐双驾马车启程前往蒙古，途中有10名骑马侍卫在一名军士带领下随行。8月7日，他们到达查尔巴达（Charbada），在此休整了2天。8月9日，一行到达克尔罗尼（Kerloni），并在该地过夜。由于前面已无路可行，便返回满洲里，然后继续朝西南方，沿着宽阔却水浅的克鲁伦河前行。克鲁伦河通过呼伦湖后称为额尔古纳河，再向前就是著名的黑龙江了。这支队伍然后向南，通过东部的嵯岗，再行2日到达呼伦湖。队员们在此处昼夜遭受到巨蚊的袭扰，这种蚊子似乎是伊蚊（*stegomyia*）的变种。8月11日，他们在克尔罗尼宿营，这里是蒙古人在河边的聚居地。

这一行人原定经由达赉湖（呼伦湖）前往西伯利亚的阿巴尕推（Abagaitui）探访，但向导认为不可能，因为那将要穿越一个没有水的山区，于是决定返回满洲里，并于8月14日回到满洲里。从此日至25日，他们住在帐篷里，白天做实验，晚上则宿于空气清爽干净的空地上。后来当傍晚凉意渐浓时，便决定撤离营地离开满洲里。他们于9月30日启程离开。这次科学考察的经历十分激动人心,虽然关于鼠疫的观点尚难确认,考察结果多少有些否定,但获得了不少极有价值的信息,并被汇入了以后的研究报告中。

在此期间的观察结果可总结如下:

1. 在 1910 年以前的 5 年里,偶有鼠疫病例;1905 年,在扎赉诺尔有 14 例腺鼠疫,在满洲里有 4 例腺鼠疫;1906 年,在阿巴尕推(俄国领土)有 15 例肺鼠疫,满洲里有 2 例肺鼠疫;1907 年,满洲里有一例从外贝加尔地区传入的腺鼠疫;1908 年,在边境线上蒙古人群里有一些肺鼠疫病例;1909 年无。然后是 1910 年的大流行。1911 年秋天,外贝加尔地区的沙拉森内共发现 5 例腺鼠疫病人。

2. 1911 年秋天,中俄两国科学家曾仔细搜索过患病的或死亡的蒙古旱獭,但一无所获。

3. 1911 年,两国政府颁布命令禁止猎取蒙古旱獭——中国在 2 月,俄国在 8 月公布。

4. 对满洲里的小客栈曾进行了系统的调查,特别是其结构、容积、不同气候条件下的室内温度和室内湿度等等。

5. 辑录了满洲里动物皮毛贸易的统计数字。收集的原皮主要采自狐狸、山羊、紫貂、绵羊、松鼠和蒙古旱獭,后者的产量在 1908 年为 210 224 张,1909 年为 19 181 张,1910 年为 242 458 张,1911 年为 10 673 张,1912 年为 55 196 张。数百万张原皮竟避开中国海关的检查,通过马兹耶夫斯卡雅口岸,沿着陆路交通线直运欧洲。

6. 扎博洛特内教授依据用鼠疫杆菌哈尔滨菌株进行的实验结果,作出如下结论:毛驴和狗易感,但不会死亡;猪可受感染而且死亡。鸟类有免疫力,而常用的实验动物极易感染并死亡。用 18 只猴子做实验,只有 2

只注射过大剂量抗鼠疫血清者存活。

7. 伍博士曾观察过一只蒙古旱獭的器官。它于1911年6月11日被伊萨耶夫医师在田野中捕捉到,捕获后很快死亡。其脾脏和淋巴腺可见明显的鼠疫病症,并且肺脏出血。将来自这些器官的标本经培养后,成功地引起另一只健康旱獭感染腺炎性鼠疫。

8. 实地观察了在满洲里捕捉的蒙古旱獭,得出以下几点结果:

(1) 身体结实,四肢短小。

(2) 尾巴蓬松、较短,约为身长之半。

(3) 头阔而短,无颊囊。

(4) 眼大而圆。

(5) 耳小,略呈圆形。

(6) 5个脚趾中,拇指退化,仅存扁平的指甲;其余四趾均有长而尖锐之爪。

(7) 成年个体身长,除去尾巴约为15~18英寸。

(8) 成年个体体重约为9~12磅[1磅约等于0.454千克]。

(9) 体毛长度中等,但质地纤细。毛色因一年中不同季节而变。春天为浅灰棕色,晚秋则为红棕色。从10月至次年4月冬眠,几乎沉睡不醒,穴外温度在零下30摄氏度至零下40摄氏度之间变化。

9. 蒙古旱獭身上采集到两种吸血的节肢动物。一种是角叶蚤类,学名为 *Ceratophyllus silantievi*;还有一种是扁虱,学名为扇头蜱(*Rhipicephalus*)。前者可叮咬人。当宿主被捕捉时该寄生虫数量很多,但随着时间延长,随后便会离去。

10. 曾对27只蒙古旱獭中早晚各测量其肛温,清晨最高,体温为99.6华氏度至102.2华氏度;晚上最低,为95华氏度至100.1华氏度。

11. 有4个旱獭穴一端与另一穴相通，对其冬眠处所专门进行了考察。其中之一于1911年3月被掘开，捕获的动物被送往当年4月在奉天举行的万国鼠疫研究会。当时大地封冻深度超过6英尺，而旱獭仍在冬眠。

以上述观察结果为基础写成了《旱獭（蒙古旱獭）与鼠疫关系之调查》的长篇论文。伍博士于1911年8月在伦敦举行的国际医学会议上宣读了此论文，并发表在1913年伦敦出版的《柳叶刀》杂志上。

1914年底，美国密苏里大学兽医系毕业的弗兰克·赫什伯格博士（Dr. Frank C. Hershberger）被黑龙江省政府雇用为兽医，以协助东三省防疫事务总处研究在牛马群中流行的一种特殊瘟疫。在西伯利亚，俄国人长期以来称此疾病为"西伯利亚瘟病"，而中国人将其简称为"马瘟"。通过对受感染动物的尸体剖检观察和细菌学检验，迅即查明，此种马瘟系炭疽病，该病能大规模流行，甚至能由于不慎触摸动物而感染人。在此地区数量极多之大型马蝇，似乎可通过叮咬马匹传播这种疾病。已经能够从美国和俄国实验室得到该病的预防疫苗和马血清，因而一般而言，一旦发现疫情，可有效地控制其暴发。赫什伯格在防疫处工作了两年，对有关北满动物疾病的知识贡献良多。

1914年冬，来自朝鲜边境之抚松、临江和集安等地城镇的报告称有

旱獭及1911年3月（冬季）掘开的旱獭洞穴（一部分已回填）

病死者。中国、日本和俄国当局都予以关注，其症状不像肺鼠疫。但防疫机构派出中国专家前往现场，不久即报告称该传染病为传染性极强的斑疹伤寒（Typhus exanthematicus），由体虱为媒介在人与人之间传播。

1916年5月，美国哥伦比亚大学毕业的文学硕士、理科硕士和哲学博士弗雷德里克·埃伯松（Frederick Eberson）被聘为东三省防疫事务总处的细菌学家，并在新建成的设备齐全的实验室中开始他的鼠疫工作。他曾在波士顿担任汉斯·津瑟（Hans Zinsser）教授的助手。埃伯松先生是一位由美国实验室培养的年轻科学家，思想敏锐而机智，天性随和且善与人共事。他善于用简洁的言辞表达甚至是头绪纷繁的思想。他在满洲逗留了一年，与伍博士在奉天和天津临时性野外实验室里共同工作。第二年（1917—1918），埃伯松先生在美国继续从事他的鼠疫调查研究，并获得1 000美元的津贴支持其工作。在他晚年成为医学博士后，出版了一本引起广泛兴趣的著作——《好斗的细菌：对人类的挑战》（Microbes Militant: A Challenge to Man）。该书分别于1941年初版和1948年再版。

在奉天进行了最初的实验，部分实验在教会医学堂完成。这些实验是要揭示旱獭接触和咬噬鼠疫死者尸体在感染传播中的作用。此度使用的实验动物是一种奉天城外野地常见的黄鼠，与一般的地松鼠和美国花金鼠不同，经常在坟地地下掘洞。其体形与家鼠大小相符，但这种动物相当凶猛，一旦受到惊扰，便会充分利用它的长且尖的牙齿和锋利的爪。不过这种动物很易捕捉，只要往鼠洞中灌水，在其钻出洞外逃生时即可生擒。小心喂养，它们可以生存很长时间。

第一组实验是吸入实验。在吸入鼠疫杆菌后3至7日内，12只实验动物中有8只死于典型的肺鼠疫（死亡率66.7%）。在接触实验中则为3只死亡7只存活（死亡率30%）。所有动物暴露于直接或间接感染环境中，有一半死去（死亡率50％）。

第二组实验是后来进行的，为保证更正常的条件，将没有遮掩的笼子作为（动物）接触的场所。仔细的检查已经表明，这些黄鼠身上跳蚤非常少。而根据所引发的鼠疫类型，容易辨认是否出现昆虫导致的传播。

总结实验所得结果，可断然表明，如同人与人之间的传播一样，受鼠疫感染的黄鼠可以轻易地通过呼吸传播鼠疫。那些适合在人群中传播的条件对于这些动物绝对没有区别。密切接触和潮湿的环境似乎适合动物与动物之间的迅速传播。7只黄鼠吸入鼠疫杆菌后，在4至7日内有5只表现为急性肺鼠疫和败血症（71％）。9只与受感染的黄鼠接触的动物，在1至4日内死亡，死亡率为77％。解剖发现死亡动物的病变与在人体，特别是在肺脏内所见相似；未见有腋窝和腹股沟淋巴腺受病损的证据；气管和支气管的炎症呈现明显的规律性。细菌学检查证实肺脏和脾脏中存在大量鼠疫杆菌。最令人感兴趣的事实是，在黄鼠中可能存在慢性鼠疫。它们能够身患明显的鼠疫而生存9至12天，并有能力传染其他同类，从流行病学立场上看，这是一个极为重要的事实。

该组实验也证明，黄鼠可以通过咬噬鼠疫动物尸体来传播此病。它们是肉食动物，一旦死亡，其同类即刻将其吃掉。解剖发现饲喂尸体后的动物，其胃部即发生显著改变，黏膜严重发炎。组织切片显示该部位有鼠疫杆菌的广泛浸入。上述这些用黄鼠进行的实验，特别是有关通过接触引起的肺部鼠疫感染，可能是首次报道。这些饲喂实验令人特别感兴趣，因为许多研究者，包括斯特朗先生，以前均否认借此方式传播鼠疫的可能性。

我们的实验结果可以总结如下：

1. 52.6％的黄鼠感染，吸入与接触感染一致，出现肺炎性鼠疫，并在4~6日内死亡。

2. 罹患肺鼠疫的黄鼠在其病程早期具有传染性,而这些被感染的动物发病会有一个短暂的潜伏期。

3. 肺鼠疫可以轻易地传染给黄鼠,而这些感染肺炎性鼠疫的动物,随后又能通过呼吸途径,传播同一类型的鼠疫。

4. 呼吸道感染或直接皮下接种少量培养物即很容易在黄鼠中引发败血性鼠疫。

5. 黄鼠可以通过食道途径罹患鼠疫,并通过咬噬感染鼠疫而病死动物的尸体传播该疾病。在这些病例的受损部分观察到的组织学外观具有特征性。

以上研究结果发表在1917年7月19日出版的《英国卫生学杂志》上。该杂志的编辑纳托尔(G. H. F. Nuttal)教授在该论文加有一则有关从黄鼠身体上收集的体外寄生虫的按语:"有单独1只跳蚤被罗斯查尔德(N. C. Rothchild)鉴定为角叶蚤属的 *Ceratophyllus famulus*,还有数种扁虱被发现是血蜱属(*Haemaphysalis*),与1909年发现的康氏血蜱(*H. koningsbergeri*)极为相似。"

还有3篇论文由埃伯松单独署名在不同时间发表,顺便在此一提:

1. 鼠疫的毒素和毒性(《美国传染病杂志》,1917年)

2. 论鼠疫蛋白质毒素之本质(《中华医学杂志》,1917年)

3. 系统鼠疫感染的主动免疫(《美国实验医学杂志》,1917年)

根据这些研究工作可以得出以下结论:

1. 用由鼠疫杆菌取得的蛋白质毒素处理家兔,可在接种鼠疫杆菌的那部分动物中确认全身性的抵抗力。

2. 将全部处理动物之数量均考虑在内,显示受免疫保护的至少达到受处理动物的75%,如降低攻击细菌之剂量,提供的保护效果明显提高。

3. 同时采用静脉注射和腹膜注射投予蛋白质毒素,似乎比单独使用其中任一种方法更有效,虽然对家兔进行腹膜注射可以产生对常规投予鼠疫杆菌的强大的抵抗力。

4. 在这些实验中明确表现出可能确定的免疫力,至少须在处理后 1 个月。

5. 每隔两三周进行多次注射,会提高用活的强毒性鼠疫病菌接种的动物的抵抗力。

6. 鼠疫杆菌似乎是一种类似于蛋白质毒素的特殊有毒物质的携带者,尽管与蛋白质毒素并非同一物质,但是它能在动物体内诱导产生对微生物的某种专一的抗性,而这种微生物正是被用于制造这种毒物的。

病理学和病理组织学

解剖学和生理学是医科学生关于健康人体的知识基础,而病理学和病理组织学这对姊妹学科,可以被认为是研究病人所必需的。因此,一旦出现比较罕见的肺鼠疫暴发,当然应该对尽可能多的死者进行尸体剖检,如果可能,还应收集各种器官标本,以便进行显微镜下的研究。1910—1911年第一次满洲鼠疫流行时,训练有素的医务工作者甚少,设备齐全的实验室更无从谈起,但那些工作人员竟能尽力收集到许多供后来进行研究的材料,真令人难以想象。

1920—1921 年满洲鼠疫流行时,已有较大的设施,东三省防疫处已经成立 8 年,并在哈尔滨设立了总部。已经建立了一个现代化却并非过于奢华的实验室,受过相当训练的从事预防和研究工作的队伍亦已基本形成。这种改变,我们能够从不断推出成部的著作,以及危机来临时组织起快速而有序的应对这些表现中作出评估。

伍博士在剑桥就学的后期，曾师从伍德海德（G. Sims Woodhead）教授学习病理学，随斯特兰奇韦·皮格（Strangeways Pigg）先生学习病理组织学，这两位老师都是当时英国该学科公认的一流专家。他们都是热心的师长，对学生循循善诱，但是学生中有些欠教养的人竟用这位课堂演示老师欠雅的姓氏开玩笑。然而，皮格先生自己的名字虽然被当做学生们取笑的话题，下嫁给他的迷人的年轻夫人却全不理会。这位夫人给他带来了丰厚的嫁妆，使他得以在大学工作时期敞开家门，接待朋友和那些调皮的学生们。

伍德海德教授毕业于爱丁堡，曾在柏林受业于著名的微尔和（Rudolph Virchow）。他是一位伟大的戒酒倡导者，并在大学生中劝导人们戒绝酒精。伍博士感激他在早年对自己的影响，成了一位坚贞的戒酒宣传家，从大学三年级加入英国戒酒医学联盟后，55年来坚持不渝。

在肺鼠疫的病理组织学方面有些未解决的问题，在俄国、日本和美国3国的学者中观点出现分歧。伍博士首先想到的便是剑桥的老朋友和教授，期待他们能合作解决那些问题。机会不期而至，新创建的中华民国政府特派他前往海牙参加1913年的第二次禁毒会议。会议甫毕，伍博士立刻跨过英吉利海峡，乘火车直驱剑桥。在这里，他和伍德海德教授以及纳托尔（时任微生物学"奎克教授"①，同时还编辑《英国卫生学杂志》）共度了一个月。伍德海德和伍博士坦率地交换看法，后来又将带来的几块肺鼠疫器官进行了充分的检查，他们制成了切片，染色和在显微镜下仔细进行了观察。这次合作的成果以题为"某些肺鼠疫病灶组织学检查之笔记"的论文，发表在1914年的《英国病理学和细菌学杂志》上。论文正

---

① 剑桥大学以Quick命名的高级教授职位。富有的咖啡批发商奎克（Frederick James Quick, 1836—1902）死后将大部分财产捐赠给母校用于研究植物和动物的生物学。校方决定设立该职位，捐款主要用于资助研究原生动物学。纳托尔1906年成为该职位的第一位人选。——译者注

文后附有 12 页由该实验室的画师所绘之彩图。两位作者扼要指出：

我们的材料取自满洲鼠疫流行期间死于肺鼠疫的病人。开始时，心脏和肝脏的受损部位引起我们注意，认为尤其需要研究，但后来我们决定把拥有的材料全部详加检查。现将检查结果按肺脏、胸腺、心肌、肝脏、脾脏和肾脏次第描述如下。显然，在鼠疫中我们至少要检查两种类型的肺炎，根据详尽的文献研究和供检验的材料，我们深信，甚至这种分型也要加以修订。

在肺部，表面没有纤维蛋白的痕迹，显示纤维性胸膜炎症状，只有一层从它粘连的纤维性组织脱落的，或本来即存在于胸膜表面的内皮细胞……胸膜深层的淋巴管和淋巴间隙膨大并含液体，或含有深棕色或黑色的色素颗粒。血管极度充血……在肺脏深部，肺泡成片萎缩，其特征甚至比在胸膜上表现得更清楚。此处可见大量卡他性色素细胞而血管极度充血。红细胞从充血的血管逸出到萎缩的肺泡间隙……白细胞单独或连同红细胞在肺泡间隙中弥散，但与大叶肺炎中常见之肺充血性肝样化症状不同，未出现淋巴与白细胞或红细胞一起形成特征性的纤维化凝集物。这一病理过程应包含极度充血、组织萎缩、上皮的轻度增生和伴随明显的水肿而发生的变性……大的支气管出现的现象令人感兴趣。被覆上皮几乎无处存留，显然是由于从基底膜快速脱离所致，而基底膜发生肿胀和均质化，呈透明状……支气管上的黏膜因支气管周围肌肉的收缩而发生重叠……而基底膜下的某些部位发生某些轻度的细胞聚集。在支气管的管壁上的淋巴间隙和大型细胞中所含的色素显然通过肺泡而侵入……在支气管周围的淋巴间隙里含有大量蛋清样液体。这种相同的液体由于与支气管邻接的肺泡壁重度增厚而不断增加……

在支气管中，鼠疫杆菌有时会在上皮的表面形成有规则的一层，可见由黏液覆盖且近乎纯培养。通常可在近表处发现它们，但也随处可见，它们似乎能穿过细胞而下达基底膜，而基底膜就成了处于支气管表面和内壁深层结缔组织之间的一道明显壁垒……在肺泡周围的淋巴间隙里也可以见到鼠疫杆菌，显然它们是由细胞负载着，其中有些细胞也含有色素……在肺动脉的较大分支内，有许多坚固的含有许多透明的单核细胞的血栓充斥其中……在血管滋养管亦可见鼠疫杆菌。它们当然在血管里要比在其他地方更多，也许支气管的分泌物以及某些肺泡除外，特别是含有凝固的白蛋白和细胞的肺泡中……在血管中，吞噬细胞，特别是那些单核的，容纳了大量的鼠疫杆菌，但是在萎缩和卡他性部位的肺泡上皮，看来只有少许吸收鼠疫杆菌的能力。

我们检查的支气管腺稍微肿大，充血，但无出血或任何其他急性改变。显微镜下所见改变有某些特征，诸如网状结构和腺样增生的网状组织的肿胀区段存在一定数量的鼠疫杆菌……

在我们处置的心肌片段上，心脏表面的结缔组织轻度水肿，并散见于心脏壁基质的肌纤维间。随处可见液泡和肌肉纤维内部积液的汇集，但未找到脂肪粒或脂肪球……

肝脏最显著的变化似乎表现为慢性静脉充血。极度扩张的中央静脉充满了血液，其中可见凝结成块状的纤维蛋白。成束的肝细胞（肝小叶）的外周部分与中心区变成碎片的肝细胞表现出明显的反差。从照片上看来是急性充血性萎缩而非慢性充血。实质性细胞的空泡化的病理改变在其他急性感染性发热中亦能见到。毛细血管极度扩张，其中充满鼠疫杆菌。

注意到脾脏有急性充血，在浆状组织深红色背景下凸显出马尔比基小体。腺样组织的网状结构凸显，组成网状的索状组织肿胀而使网孔撑大。鼠疫杆菌通常并不多，自然不会像肝脏那样集中在血管内凝块里。最令人感兴趣的特征是，血窦中的许多上皮细胞肿胀形成空泡。鼠疫杆菌显然从大血管的内腔进入柔软肿大的内膜中。血窦的血凝块中可见含有细菌的巨型细胞。

肾脏呈现的是肾小囊与小动脉变厚。马尔比基小体显著变长。肾小球囊内壁的细胞核可清晰染色，并可观察到鼠疫杆菌黏附于内壁表皮上，该处之细胞大多肿胀和成为空泡。肾小球囊内壁的内皮细胞极度扩张，细胞质混浊膨胀，且细胞核染色困难。结缔组织和聚集成丛的肾小球中空泡化显著。

一般性评述

这些标本的组织学考察结果看来令人特别感兴趣，因为它提供了存在特急性败血症病征的证据。姑以肺脏而论，其损伤远较预料轻微，而肺炎是该病主要或首要的因素。显然该种肺炎属于小叶型，而且与肺炎双球菌（*Diplococcus pneumoniae*）所致之肺炎在实质上区别甚大。肺脏组织的大部分发生水肿，且表现出某种急性支气管炎，这很可能是由大量鼠疫杆菌造成的。与其同时出现的还有萎缩型和卡他型肺炎，随后鼠疫杆菌进入淋巴结，以至于肺泡壁上之毛细血管，从而发生败血症的病情。所获得的由上呼吸道——扁桃体和咽门等进入的大量感染性物质，对确定败血症的特征具有首要意义，我们确认了由肺部感染导致的败血症或菌血症。居住在通风很差，为抵御严寒又密闭门窗，且生火取暖的房屋中的病人，实际上生活在极为适宜培育高危传染病菌的保温箱中。在这样的环境中，败血症便迅速发展，虽然有一定比例病例的感染主要部位可以是肺部，但后期症状，如出现浊音区、啰音区、水肿、痰液中大量鼠疫杆菌等，似乎表明在相当比例的经过临床检查的病人中，出现继发性肺炎。虽然鼠疫杆菌可能在不同的部位繁殖，然而病人死后或濒临死亡时在血管中繁殖特别旺盛，正如通过对损伤部位观察所指出的那样，有证据表明，当病人尚存活时，必然有细菌大量增殖，从而产生此类毒性败血症。

1920—1921年满洲第二次肺鼠疫大流行，给中国科学家提供了诸多机会，得以扩充我们关于这一颇为神秘而致命的瘟疫的知识。在此之前，蔡尔兹（Childs）和阿尔布雷克特（Albrecht）与岗（Ghon）分别根据20具和3具肺鼠疫病例发表的尸检所见，是在印度连续的腺鼠疫流行中所遇孤立的例证。直到1910—1911年的满洲鼠疫流行时，才对纯粹的肺鼠疫病例进行全面研究。如第2章所述，有斯特朗和蒂格在奉天进行过25例系统解剖、藤浪在奉天解剖了29具（包括3具动物的）尸体，而库列查报道在哈尔滨完成过28具尸体解剖。满洲经过10年无鼠疫之间歇后，第二次鼠疫流行于1920年10月在海拉尔开始，至1921年5月在哈尔滨结束，不过在更东部，如海参崴（东距哈尔滨488英里）最后1例报告于1921年10月末。此次，我们的中国医务人员与两位俄国同仁一起，在海拉尔（西距哈尔滨467英里）解剖了16具尸体。在哈尔滨，幸有先进设备，我们得以连续完成43例寻得之尸体解剖，其中有34具经证实为肺炎病例，其他9具乃鼠疫流行期间收容进传染病医院者，或自街道收集之尸体。检验后，许多器官标本保存在凯瑟林防腐液（Kaiserlingsolution）中，并被分送欧洲、美国和日本的有关机构。

叙述到此，论及隆冬季节鼠疫病例尸体剖检之某些技术要点或许不无用处。待检尸体由两位仆役以木制担架抬入。室内仅4人：3名医师和1名助手。除佩戴经改进的双尾棉纱口罩外，还戴着护目镜，然而从寒冷处入内时，护目镜之玻片上常有冷凝水而甚不方便，故有时弃之不用。除全副常用装备外，另着高腰靴。除主刀者在橡胶手套上另覆以长的厚手套外，其他人均戴中型橡胶手套。戴好第一副手套后，将工作服的袖口依手腕扎紧，再戴上长手套，恰当地紧系于前臂，如此而使手指及腕际受到双重保护。为尽量避免意外，仅一人操刀，并取出器官，其他人则提供手术盘、溶液，涂布培养皿和培养细菌。解剖完成后，尸体用事先被浓甲酚浸泡过的大块布包裹，并将颈部，胸部、双臂、骨盆部位绑定。最后置于担架上，运往医院内特备之焚尸坑中焚化成骨灰。所有的工具、手套、手术盘等均由解剖室之仆役装入一个大桶中，并将其煮沸消毒。

尸体剖检的分类

1920—1921年在哈尔滨检验的34例尸体中，19具有明显的肺炎和胸膜炎症状，5具有轻度肺炎但无胸膜炎，而第3组的9具尸体则未见肺炎。最后1例非常特殊，系来自死于鼠疫的母亲腹中的足月胎儿。34具尸体可作如下归类：

A组：出现大面积肺炎和胸膜炎症状者19具；

B组：轻度肺炎但无胸膜炎者5具；

C组：既无肺炎亦无胸膜炎者9具；

D组：特例，待产胎儿1具。

除1例外，每具尸体的病历均无法得到，例外者为收拾于街道之25岁的男性无名尸体（PM39），此前他被作为疑似鼠疫病例收进医院。他不咳嗽亦无痰，仅高烧和脉搏微弱。死后不久即行尸体剖检，表明其一般的变化与C组相同，只是其气管取样涂片中有更多鼠疫杆菌。肉眼检查的结果得出的结论是：除确认的肺炎病例在呼吸道中多少有明显的病变外，有不少病例其肺部并无肺炎所特有的炎症改变，在其咽门、喉头和气管处亦仅有轻微反应。换言之，尽管鼠疫杆菌进入C组病人体内的途径与A、B组同为呼吸道，并最终导致鼠疫败血症，但在34个病例中至少有9个（26.5%）未见明显的肺部受损。因此，笼统地用"肺炎鼠疫（pneumonic plague）"或"鼠疫肺炎（plague pneumonia）"这样的名词来表示此类传染病并不确切，应该用肺鼠疫（Pulmonary Plague）这一术语取代之，以包容这种疾病的全部特征。

在流行极盛时期，由伴有传染性的咳嗽和痰液的肺炎鼠疫转化为无咳嗽和无传染性飞沫的严格意义上的肺鼠疫，可能是由于鼠疫杆菌毒性的增强，从而造成疫情的停止以至结束。因为主要的传播手段，即传染性极强的飞沫不存在了。由此亦可解释为何在1910—1911年和1920—1921年两次流行中，某些并无卫生人员救援的偏远地区疫情突然暴发，又突然自行消失的情况。这个理论不可思议却言之成理。1925年5月4日在华盛顿举行的美国和加拿大第18次医学年会上，伍博

伍连德博士在建成于1920年的哈尔滨新实验室中，内有蒸汽供暖设备和由自流井提供的自来水。在此工作，冬夏皆宜。

士投送了一篇陈述此理论的论文——《野生啮齿动物和人类中肺部之鼠疫病损的意义》。

1921年，伍博士与京都帝国大学病理学系主任藤浪鉴教授合作，继续研究当年收集到的鼠疫病损器官，并以"1921年满洲鼠疫流行期间的病理组织学研究"为题，附以5幅彩色图片和7张显微照片发表。论文报告了在以下器官中的发现：咽喉、气管、支气管、扁桃体、悬雍垂和舌头、食道和胃、子宫、卵巢和输卵管、睾丸、胎盘和脐带、大脑、胰腺、肾上腺、胸腺、肾脏、心脏、脾脏、肝脏、肺脏、细支气管和胸膜，以及各种淋巴腺体（肠系膜、宫颈和支气管等部位的）。

他们总结的结论如下：肺炎鼠疫造成的最重要的组织改变出现在支气管的淋巴结附近。这些组织改变和在肺炎病变部位鼠疫杆菌的大量增加一起，乃是肺炎鼠疫之特征。鼠疫杆菌不仅存在于肺泡中，而且存在于组织间隙中，特别是存在于淋巴管、支气管、血管和胸膜下层邻近的空间。在这些淋巴管中，鼠疫杆菌通常可呈最密集的团块……看来淋巴管为鼠疫杆菌的增殖提供了最适宜的培养基，同时又作为便利的通道使鼠疫杆菌得以继续进入组织的其他部位。对肺部的检查表明，支气管周围的肺泡内滋生出小面积肺炎鼠疫。鼠疫杆菌在支气管周围和淋巴管周围，以及它们的间隙处繁殖，是小叶肺炎感染的最重要的原因。支气管周围和支气管肺炎部位在扩展过程彼此连接，于是扩散而浸润遍及肺之大部……肠系膜、子宫颈和支气管等部位的淋巴腺的研究表明，它们是持续感染最严重的部位。扁桃体仅受轻微感染，发现仅少量鼠疫杆菌聚积，且主要是存在于表面。我们的研究确定无疑地表明，致病因子直接被吸进呼吸道而导致肺部的明显病变，并非某些俄国和美国观察者所深信的通过扁桃体发生的继发性病变。还注意到，取自被鼠疫感染的母亲腹中的胎儿的若干器官，尸检时并未发现明显的组织学改变,虽然尸检后可以由其中得到鼠疫杆菌。也许这是因为没有足够的时间发展病理改变。

蒙古旱獭:一种天然鼠疫的历史调查

蒙古旱獭,或称"塔尔巴干",似乎从古至今当地猎人早已知晓。马可波罗在他的游记中曾提及这种动物:"鞑靼人完全靠肉和奶,以及某种小动物为生,这种动物颇像兔子,我们的百姓称它为'法老之鼠',在夏季,可以发现它们大量生活在草原上。"

1718—1722年曾在这里旅行过的贝尔(Bell,1691—1780)和同时期的一位耶稣会神父杜哈德(du Halde)都留下了对这种动物的描述。前者写道:"色楞格河附近的这些群山里,有一种数量极多的动物,叫做旱獭,体色棕灰,四肢如獾,大小亦相仿。它们在山坡掘出深洞,据说在冬天它们长时间藏在洞中甚至不进食。然而在这个季节,它们坐卧于洞边,保持高度警觉,危险临近时,便立起后腿,发出尖叫并立刻逃回洞中。"杜哈德也有过相似的描述,并提及这种动物大量被捕捉。〔《中国史》(History of China)第4卷第30页〕

外贝加尔地区和蒙古当地居民习惯地将旱獭当做瘟疫根源。他们深信,从远古时代起,就有一种神秘的疾病存在于这些动物中,以季节性暴发为特征,还认为如果人类扰乱了它们的宁静,它们就会将这种疾病传给人类。但是任何可以获得的证据都仅仅是传言,并未对该病进行过刻意调查。1910—1911年的瘟疫流行后不久,有位俄国医师发现了一些生病的蒙古旱獭,但是他的信息并不能明确到足以给予确定的结论。中国防疫处的职员们不得不等待了 10 年，才得到合适机会访问西伯利亚，终于在这些蒙古旱獭中追溯到鼠疫的起源。同时，他们还抓住时机，设法通过逐步追踪研究其自然栖息地、形态学、野生和笼养条件下体表栖息的寄生虫，获得了更多的知识，特别是在实验室里研究了它们对鼠疫的易感性。这些科学家对健康的蒙古旱獭个体及其生存方式得以充分了解。他们

蒙古旱獭，鼠疫宿主动物（摄于北满）

发现一种特别的跳蚤能叮咬人类、豚鼠和其他啮齿动物。还进一步查明，旱獭对于鼠疫感染具有易感性，不仅通过一般在老鼠中常见之由皮肤和皮下途径感染，还能在居住场所，如同人类在居室中发生肺炎鼠疫一样发生疾病，也会发烧、咳嗽、咳出带血痰液并突然死亡。

中国医师掌握了这一事实，得以继续揭示有关肺炎鼠疫的许多问题，并且确认在这种疾病中，肺直接经由下呼吸道受到感染，并非前人所见之鼠疫杆菌先由咽部进入，通过血流继发性达到肺部。1923 年，早已准备就绪的研究小组，终于有机会在哈尔滨的实验室中对自然感染的蒙古旱獭进行研究了。刚接获消息不久，一支防疫工作者小队即被派往外贝加尔地区，而那里的俄国同行合作者亦已整装待发。这种联合行动很快便查明，西伯利亚地区旱獭所分布的某些地区确曾暴发疫情。除了来自野外寻得之患病或死去个体的器官得到的培养物以外，这些科学家还进行了综合性的组织学检查，充分证实在旱獭中存在天然鼠疫的看法。包括伍博士、关任民和伯力士（R. Pollitzer）在内的中国考察队，以及由苏克涅夫博士（Dr. Sukneff，一位敏锐、友好、经验丰富的野外工作者）带领的俄国工作

者功不可没，理应载入史册。调查地点是一个名叫索克图（Soktui）的村庄，该处离俄国铁路线 15 英里，离中国边陲小镇满洲里 30 英里。时间段是 1923 年 6 月 6 日到 23 日。

吸入实验

1922—1923 年冬，在哈尔滨实验室中继续进行吸入实验。令 6 只冬眠中的蒙古旱獭吸入浓度次第增加的鼠疫杆菌气雾，然后将其置于无供暖的室内，其中有 3 只正处于完全冬眠状态。无论是禁锢在封闭的箱子中或捆扎在木板上，喷雾的效果相同。第 1 只醒后，连续 37 天发烧后死亡，尸检表明肺部呈现慢性鼠疫的所有症状：结节状脓肿，脾脏肿大，肝部白斑并多处出血，气管内有带脓痰液；另有 3 只分别在吸入鼠疫杆菌 59 天、21 天和 41 天后在持续冬眠中死亡，器官分泌物的涂片和培养物全部为阳性；第 5 和第 6 只在春天临近，天气渐暖时吸入病菌，所得结果与先前夏天的实验结果并无不同：肺部发炎和气管含带血泡沫。总之，这些冬天的吸入实验中，实验动物的病程显著延长，死亡日期最短者为感染后 21 天，最长者为 59 天。更为特别的是，这些动物受到日常照料，因而并非处于正常的冬眠条件中。

另有 2 只冬眠中的动物，直接通过鼻腔感染病菌。1 只在 7 日内死亡，颈部淋巴腺肿大，气管多见带血泡沫，两肺叶多处出血并现肺炎色斑，脾脏肿大和腹膜充血，细菌学检测呈阳性。另 1 只存活了 86 天，尸检中未显任何鼠疫痕迹，怀疑是使用的菌株毒性有问题。（哈拉诺尔，1922）

2 只动物在左眼结膜表面接种病菌，其中 1 只可见轻微的局部反应，在接种后第 17 日死亡，大部分器官只呈现微弱的反应，但其脾脏变软且布满许多大小如豆之白色结节。涂片和培养物及动物实验均呈阳性。该组实验的第 2 只旱獭在结膜接种后 3 个月死亡,未见病理学改变。

还观察了接触传染的结果。4 只(3 只处于冬眠中)动物用于吸入实验。2 只死亡,1 只死于 62 天内,始终未苏醒;另 1 只存活 108 天,将其唤醒后数小时后令其进食受鼠疫感染同伴的尸体,5 日内死亡,证明为新近受鼠疫感染。另外 2 只健康动物立即置于刚移走 2 具刚死亡的人类鼠疫尸体(1923 年 3 月)而未经任何处理的木箱内,均存活。

外寄生物

1911 年 8 月至 9 月,伍博士首次赴蒙古,即检查了许多刚捕获的旱獭,发现它们身上寄生的跳蚤数量差别极大。在某一个体身上,捕捉的数量最高可达 94 只,少见低于 5 只者,平均数多于 10 只。1923 年 5 月至 6 月,伍博士和他的助手又在满洲里、哈尔滨、哈拉诺尔和索科图再度进行关于跳蚤的研究。根据观察得出的结论是:蒙古旱獭身上寄生的跳蚤数量在春天要少于秋天。看来这一事实意义重大,因为西伯利亚人患鼠疫通常是在夏末和秋初谷物收获的季节。在旱獭的尸体上还找到其他体外寄生虫,如虱子、扁虱等,甚至能在剥离数日之皮毛上找到。如前所述,旱獭身上寄生的跳蚤,属于角叶蚤属,其学名为 *Ceratophyllus silantievi*;虱子属于吸蚤属(*Polyplax*);扁虱属于扇头蜱属(*Rhipicephalus*)。

蒙古旱獭体表之跳蚤已一再证实能叮咬人类,并像鼠身上之跳蚤一样传播鼠疫。30 多次实验均未能证实扁虱会叮咬人类。但一只蒙古旱獭身上饥饿的虱子在 5 分钟后就会叮咬人类。中国防疫处叶墨医师

(Dr. R. Jettmar)进行过多次实验,根据结果得出的结论是:通常蒙古旱獭感染的虱子尽管可以摄入大量鼠疫杆菌,并成群地由直肠排泄出来,但显然它们自身并不发病,因此在其彼此间或由动物向人类传播鼠疫过程中似乎并无重要作用。李元白博士是一位在日本学成的细菌学家,后来在中国防疫处工作。他调查了蒙古旱獭的体内寄生虫,发现一种蛔虫与人体内寄生的相似,只是其雌性个体的尾部尖端为乳头状。收集到的其他肠内寄生虫还有毛滴虫、六鞭虫以及类似人体内大肠变形虫相似之唇鞭毛虫等。当蒙古旱獭有时出现腹泻时,则可观察到某种鞭毛虫——肠滴虫。还观察到某种胞囊与人芽囊原虫($Blastocystes\ hominis$)相似。

结论与著述

1925和1926年,伍博士和叶墨在《东三省防疫事务总处报告大全书》第5册发表了题为"旱獭及斯士儿鼠肺疫病理的系统研究"的论文,尽管以往曾对体型大小不一的旱獭进行过许多实验,也对尸检有所描述,但自忖尚未曾进行过组织学改变的系统研究。为填补此项缺陷,在后来的两年中开始了较充分的系列实验,并取得了结果。这些观察可分为以下两类:

1. 吸入鼠疫杆菌的动物,自然地死于鼠疫的,或出现明确的临床症状后,在病程末期被杀死的。

2. 吸入鼠疫杆菌后尚未出现明显症状前,在不同的时间段被杀死的。

在这些实验中,使用了感染鼠疫动物体内的肺部乳状液体。在每一个实验中,将该液体倾入一个英国卫生部监制的塑料喷雾器中,以便及时使用。实验动物关在一个前室小后室大的特制木箱中,其前室可防止大滴喷雾液触及动物，又有足够空间防止动物咬住喷嘴。采用之技术可通过喷嘴使每只动物接受1毫升雾化乳状液。喷雾时间恰为1分钟，不过实验发现，动物暴露在雾化乳状液中时间的长短，似乎并不影响病程或病理改变的特征。体大年老的蒙古旱獭似乎死于原发性肺炎鼠疫，而体小年幼者则感染肺鼠疫。特别关注到扁桃体和咽喉处发现的损伤的性质。找出旱獭和黄鼠感染后的不同阶段各器官的细微病变颇费时间，然而我们终于根据这些调查结果，得出了以下结论：

1. 对取自20只蒙古旱獭和9只黄鼠的4 000多个组织切片进行系统研究，从组织学所见表明，鼠疫杆菌入侵下呼吸道未受损管壁，进而使其他器官被广泛浸润，以致最后死亡。

2. 通常在支气管和气管-支气管上的淋巴结上存在原发性肿大。鼻咽部及与其相连接的食道并没有任何原发性的损伤。

3. 在对病程早期即被杀死的动物的研究中，发现鼠疫感染显然是通过以下两条途径开始出现在肺泡区的：

（1）较常见的方式：吸入的含菌雾滴通过上皮细胞之间的间隙进入肺泡壁上的淋巴区，并沿此途径使支气管腺体产生最初的病变。

（2）较少见的方式：肺组织中某些萎陷的部位被脓细胞浸润并有大量鼠疫杆菌充塞。这样的病灶体积增长导致肝样化，最后引发小叶肺炎。

4. 在原发性肺炎鼠疫的病例中，肺区的肝样化可以认为是开始于肺泡间隙，是雾滴中鼠疫杆菌最初定植造成的。在进一步恶化的肺鼠疫病例中，继发性的病灶可能在胸膜下面。

5. 最后出现菌血症显然由发病初期穿过肺部静脉薄壁入侵的鼠疫杆菌所引起。

通过这些严密的实验，作者得以更有把握地认为，感染鼠疫肺炎并非起自咽喉或气管，而必须是深部呼吸道受到侵害。

1928年，伍博士在美国卫生杂志上发表了题为"野生啮齿类中鼠疫之延续"的论文。文中述及地松鼠、各种南非的野生啮齿类、南俄的啮齿类、高山旱獭以及蒙古旱獭等的各种反应，对蒙古旱獭给予了特别的关注，设计了新的改良装置以便获得更精确的结果。完成这类吸入实验的方案即延续了两个冬天：

1. 1926—1927年冬天，尽量对实验动物不予照料，待其自然死亡。

2. 1927—1928年冬天，受感染的动物在规定的时间内被杀死，以便精细研究病菌如何在动物体内存活。

冬眠中受感染的14只蒙古旱獭中，发现1只于2天后死亡，未显示鼠疫症状；6只死于感染后5至19天，呈现明确的鼠疫菌血症；3只死于感染后22天至60天，无鼠疫症状；2只死于感染后28到48天，分别显示残留的鼠疫症状；另有2只分别死于感染后88天和130天，即冬眠正常结束前数日，呈现局部症状和菌血鼠疫症状。我们注意到所得之结果如此截然不同，也许这和旱獭正常生活时期曾出现的情况相矛盾。其中4只显然非死于鼠疫：1只显示支气管-肺炎病灶；2只出现胸膜瘀点，可能由于某种肺部病变所致；第4只在接种后2天死亡，出现急性肠炎。在这几只动物中，均未在感染部位或腹股沟淋巴腺观察到任何宏观改变。另2只死于残留鼠疫的动物几乎未见病理学改变，只是有1只有干酪性腺体，另1只则在肺泡里有细胞渗出物而已。在冬眠中明确死于鼠疫的6只动物中，只有1只接种后似乎一直处于持续冬眠中；4只时睡时醒；而最后1只则在6天患病期间始终处于苏醒状态。

上述结果可总结如下：

1. 存在具菌血症的啮齿类鼠疫是野生或笼养啮齿类中该种疾病传播

必不可少之条件。

2. 慢性鼠疫（就其严格的意义而言）对病菌的保存无重要作用。

3. 除急性和亚急性鼠疫外，显示菌血症的带菌者有可能加以干预而阻止病情发展，但其作用尚未充分肯定。

4. 某些野生啮齿类在冬眠期易受自然鼠疫感染，冬眠并不阻碍疾病的持续，反而成为保存该病菌及其物种必不可少的一环。

5. 为免干扰主题，正文中未述及动物之迁徙。然而在下述两种情形下，它可能是重要的。

（1）健康动物迁徙进入一个鼠疫感染的地区；

（2）健康动物和携带着被感染跳蚤的动物进入某未感染的区域。

有证据表明，在第一种情况下，可能激发任何动物地方病流行，而在第二种情况下，则无论病菌在其起源地之命运如何，它又将获得死灰复燃的机会。

1928年，伍博士和伯力士医师在《东三省防疫事务总处报告大全书》上发表了第2篇简报，题为"专以西伯利亚旱獭之研究论野生啮齿动物中鼠疫的延续"。在该论文中，伍博士和伯力士报道了他们对20只蒙古旱獭进行的进一步实验。报告了鼠疫不同感染阶段引起改变的宏观和微观研究所获得的结果。

这些后来进行的实验中获得的结果可扼要总结如下：

1. 1927—1928年冬天（以异常暖和的气候为特征）与1926—1927年一样，有相当数量受感染的冬眠中的蒙古旱獭死于鼠疫。

2. 以1只死于接种后第3天的动物获得的经验，使我们认为鼠疫杆菌可能在感染的相当早期即以渐进的方式逐步侵入了该动物全身各系统。

3. 某些动物显示从感染过程中复原的征候。这种情况在自然条件下可能比实验室里更多发生。

4. 还有一种颇为独特的潜伏型鼠疫，其强毒性鼠疫杆菌既在接种部位，又可在淋巴结区，或在此两处均可存活。显然这是将疾病由一个季节带进下一季节的主要方法。这也可以解释为何在冬眠啮齿类中鼠疫得以持续不断之谜。

从上述内容可见，东三省防疫事务总处集聚的同仁，在其成立后的第1个10年里，或多或少地承担了研究纲要列举的课题。正如本章开始所言，他们的工作为更详尽地认识鼠疫有关问题，尤其是从肺炎的角度来看，填平了某些前进中的崎岖。医务工作者、官员、商人、学校师生和劳工对这种疾病了解得越多，对疫情的控制也必然更有效。一个效果是以猎取旱獭和收集皮毛为职业的那些人都愿意接受预防鼠疫的免疫接种，更加甘愿服从为保护他们的生命而制定的规章制度。甚至那些原先由他们自己的政府管辖的俄国人、布里亚特人和蒙古人也渐渐能听从我们的劝告，并且惊喜地发现，由于形势逐渐好转，他们可以年复一年地继续辛勤地劳动，获取经济报偿，而远离危及自身及其家庭的灾害。结果自1910—1911年和1920—1921年两个多事的时期后，不曾再有鼠疫严重流行，也不再蒙受生命财产的无端损失了。

我们的研究人员，因而也有了更多的时间专心从事写作和有关历史研究，并在随后的几年里，出版了若干册价值非凡的书籍和专著。可以列出其中几种如下：

1. 《肺鼠疫论述》，1926年由国联出版。

2. 《鼠疫手册》，政府出版社，1932年。

3. 《中国医史》，王吉民与伍连德合著，上海水星出版社，1932年和1936年两次出版。

4.《东三省防疫事务总处报告大全书》,共 7 册,1913 年到 1930 年间出版。

5.《华北鼠疫状况之研究》,1929 年,《中华医学杂志》特刊"主要研究淋巴腺鼠疫"。

6.《古今世界肺鼠疫流行之记录》。

7.《全世界已知和疑似鼠疫感染的野生啮齿类名录》,修订至 1932 年。本名录有助于在研究野生啮齿类中的鼠疫时开阔视野。现在这种鼠疫被归类为森林鼠疫(sylvatic or selvatic plague)。

8.《野生啮齿类鼠疫实用知识》,国联,1925 年。

9.《结核病和鼠疫的共存,对实验豚鼠进行混合感染的研究》,叶墨,1926 年。作者的结论是:鼠疫杆菌并不侵入奶酪样结核组织,且在结核性的上皮组织里为数不多;小型的结核和鼠疫导致的坏死可能融为一体;当鼠疫杆菌与结核杆菌混合时,出现各种不同形式的退化;在体外,两者似乎彼此互不相害。

尽管北满和蒙古的肺鼠疫疫区维持平静,在家鼠和黄鼠大量存在的南满通辽地区腺鼠疫却周期性地时有发生。1928 年到 1930 年这段时间,南京的卫生署和我们的东三省防疫事务总处曾派遣考察队前往疫区调查研究,如有可能则将其扑灭。我们的报告发表在 1929 年 6 月出版的《中华医学杂志》特刊上。科学家们得出的结论有:

1. 该地区存在的腺鼠疫与家鼠(*Ep. Norvegicus*)密切相关,老鼠身上主要寄生的跳蚤是印鼠客蚤。仓鼠身上的二齿新蚤(*Neopsylla bodentatiformis*)可能对传染鼠疫作用甚小。用磨碎的人体体表的致痒蚤(*Pulexirritans*)和从刚病故的鼠疫死者衣服被褥中捕捉到的温带臭虫(*Cimexlectularcus*)进行接种实验,得到阳性结果。

2. 人类病例与在印度、福建和香港的极为相似。

东三省防疫事务总处的工作队在通辽工作之数月间,受到各级官员既礼貌又有实效的帮助,上自年轻的张学良将军(他应队长之请,在24小时内支付了31 000元巨款)、索洮铁路主管,直到下级警官无不如此。南满铁路株式会社的金井医师也惠予协助,并出借了急需之棚屋。

在结束本章前,引述1946年沈阳暴发的原发性肺鼠疫报告可能令人感兴趣。这篇由铁(T. H. Tieh)、兰道尔(E. Landauer)、宫川(F. Miyagawa)、小林(G. Kobayashi)和冈安(G. Okayashi)撰写的报告发表在《美国传染病杂志》(1948年1—2月)上。该报告述及了39个病例,其中有3例康复。这个由有经验的中国医生领导下的国际团队,当时正逢俄国军队撤回国内,曾遇到颇多困难,然而他们竟能提供如此清晰的报告,实堪嘉许。39位病人中,有28份成功培养出鼠疫杆菌[现在称为鼠疫巴斯德氏杆菌(*Pasteurella pestis*)]。显然,第一位病人来自南满的白城子,曾乘坐途经俄军占领的四平街的火车。在沈阳某王姓家中停留,并于2月27日死亡。其他病例迅速紧随而至,均显示肺鼠疫的症状。尽可能多的病人都被收入医院并受到适当照料,共有25位中国病人和14位日本病人。最后的5位病人服用了当时不易得到的磺胺嘧啶。据说此5位病人中,有2位服药太迟而未见效,其他3位则完全康复。

另一篇战后的文章,题为"论非结核性肺病",1947年发表在美国国家结核病协会第43届年会会刊中,作者是旧金山的胡珀基金会的迈耶(K. F. Meyer)等。他们称在实验性鼠疫中磺胺药物未证实有效。他们深信新抗生药物链霉素才是已知鼠疫感染最有效之治疗剂。这真是一个好消息,如果在满洲再次暴发严重的鼠疫,无论肺鼠疫还是腺鼠疫,显然这种抗生素可以广泛用于拯救宝贵的生命。

　　在阿什河，有60余暴徒占领了隔离站，放出两个接触者，并追打负责人。但即使存在此类挑衅事件，并且一位宝贵的医生死于鼠疫，他们依然忠于职守，并未集体辞职。我们这些同事的纪律实堪嘉许。

第4章 三次肺鼠疫流行的比较

专辟本章，用于或详或简地描述1910年到1921年间出现在满洲和华北的三次肺鼠疫流行，或许是颇有意义之举。这三次大流行系指：

1. 1910年至1911年东三省的第一次暴发；
2. 1917年至1918年山西的暴发；
3. 1920年至1921年东三省的第二次暴发。

本书作者与上述第一、三两次关涉颇深。唯独第二次仅有部分介入，因为扑灭工作的组织过于混乱，管理当局太涣散，从而导致无从协调措施和系统观察之缺如。

1910—1911年在东三省的第一次暴发

本书之前3章所述，主要为该次流行之详情。是疫本骤起于西伯利亚荒漠地区，然延及满洲与华北居民集聚地和城镇时，即招致巨大损害。而一旦中央政府意识到形势之严重，于开展防疫之各阶段，采纳训练有素之医务行政官员的建议,运用诸般科学措施,终于成功将疫情置于控制之下。医疗组织实乃仓促开始,且面对保守如中国之种种障碍,然而其措施,诸如尸体解剖和疫死者之集体火葬等,一经取得北京朝廷之鼎力支持,依然证明其为民谋利之能力。值此时期,朝廷旨意借不断下达、毋庸分说之"上谕"饬令地方,其声威远强大于实现共和后之政府。疫情荡平后不久,在满洲首府举行的万国鼠疫研究会,更提升了中国在科学界之地位,并间接地增强了其政治影响。会议进行了近1个月的细致研讨,证明这古老的国家,时机到来时,亦将为造福人类的科学知识作出更大贡献。自1911年至1950年期间,已建成的各种研究机构陆续出版了诸多有价值的报告和科学论文,表明了医学和其他近代知识分支学科的进展,它们预示着全中国从北京、广州到云南一个崭新时代的黎明即将到来。

1917—1918年在山西的暴发

近代侵袭中国的第二次鼠疫大流行,其特征主要是肺炎性的,或更正确地说是肺部病变。为扑灭此次流行,金钱花费巨大,特别是后期动员了相当多的医疗和防疫人员,然而死亡人数竟达16 000人,且此次流行延续到1918年仲夏才告结束。当时既无相关报告发表,亦极少甚至根本无人进行研究以图探明其起源及直接原因。直到1929年6月,才有由伍连德博士编辑之题为《华北鼠疫状况之研究》的《中华医学杂志》特刊出版。此类非正常之现象,当引以为戒。尽管民国政府当时表现得相当重视并关注该次疫情,然而三令五申的训示和法规并未显示当年朝廷上谕所具有的力度与效能。为应对如此严重之形势,被派往现场的管理机构过于繁多,而他们各为其主，政出多门，观点和计划亦无法达成一致。山西和内蒙古是边远且闭塞之地，地方官员素养欠佳，对当代预防医学的进步一无所知，因而并未督促乡村民众支持医务人员为防疫而采取的必要措施。结果他们非但不合作，而且防疫工作者遭到反对，甚至生命受到威胁。村民们某夜竟纵火焚烧他们居住的火车车厢，幸好医师们及时设法逃脱而未丧命。当时负责全国卫生事务之内务部曾派出一支经验不多的医师队伍前往现场，曾发起建立东三省防疫事务总处的外交部，亦派遣伍博士和多位经验丰富的医师前往支援。山西省省长阎锡山是一位进步的军人，他除命令省内医师参加防疫工作外，还要求当地传教士医师参加。然而并未采取决定性的步骤，即像1910—1911年在满洲鼠疫流行期间那样，指定一位高资历的医官统揽一切。彼时几乎一无所有，然医师们各司其职，凭借知识和当局之信任，在不太长的时期内将疫情扑灭。

现将这次疫情的有关特点稍加陈述。据非正式发表的报告，1917—1918年暴发的鼠疫源自内蒙。在该地区曾周期性地出现一种"冬瘟"，此疾病类似伴有发烧、咳嗽、血痰和突然死亡的肺鼠疫。仔细调查表明，1917年12月底前后，在内蒙的扒子扑隆［今内蒙古自治区乌拉特前旗境内乌梁素海西岸的新安镇］附近曾报告过此种肺炎病例。该地位于黄河北岸，由包头城骑马3天可达。这个重要的集市肯定是在11月受到由鼠疫发源地东逃的惊恐难民的侵袭，11月23日，疫情到达萨拉齐，并由此沿交通线继续传播。然后袭击归化城［今呼和浩特市的一部分］，再沿交通要道进入丰镇和历史名城大同府。在大同可以看到自汉代（约为公元1世纪）①开始建造的巨大而令人惊叹的早期佛教石刻造像洞窟。感染主要由

---

① 石窟始凿于北魏兴安二年（公元453年）——译者注

两类人群传播：

1. 由蒙古运输大量羊毛到铁路转运起点站丰镇的车夫；
2. 由绥远城内回山西老家过年的商人。

当时旅行，不外是乘马车沿适宜路线行进，或是步行、骑马或骑驴。此类交通持续且稳定，流量每天数百人。因此疫情缓慢但持续不断地向东传播，估计其速度约为每天 20 至 30 英里。1 月 3 日蔓延到居民为 20 万至 30 万的归化城和有居民 9 000 的丰镇（京张铁路的终点）。

1918 年 1 月 3 日伍博士到达丰镇，此日前夕，两位美国志愿者，即保定府的弗兰克·刘易斯博士（Dr. Frank Lewis）和北京洛克菲勒基金会的埃克费尔特博士（Dr. Ekfelt）已经到达，正准备前往 200 英里外之萨拉齐，然后去归化城。但是他们未能开展工作，因为当地官员否认当地存在瘟疫，不准这两位医师检查任何病人，而且拒绝阻断从包头疫区向东的交通。结果这两位热情而能干的志愿者只得决定在丰镇加入伍博士的团队。伍博士尽快适时地开始部署防疫工作，向地方当局除提出建立防疫医院和隔离所的建议外，还建议采取三项措施：

1. 在某些地点设卡，阻断自西而来的交通；
2. 限制售票，控制旅客流动，只向经过医学检查的人售票，医务人员在旅客列车上随行；
3. 在大同府、张家口和南口的驻站医师往来游动监督铁路交通。

然而，负责当局决定铁路全部停运旅客，迫使铁路旅客离开较易控制疫情的铁路沿线而四散各地。这个错误正好造成疫情通过向南的道路传入山西省。

1 月 8 日于丰镇车站检查到第一个确诊病例。第二例是 1 月 10 日检查到的一位旅途中的商人。他于 4 天前由归化城回家，发病后 2 天死去。伍博士和埃克费尔特博士赶往死者家中，这位受过训练的病理学家埃克费尔特便匆忙剖开死者腹部，取出已肿大之脾脏，留下尸体便即刻离去。假如埃克费尔特博士曾在中国停留过较长时间，若理解中国人处于失去亲人时刻的感情，就应该在部分尸检后更注意整理好被切割过的尸体，离去前将创口缝合，并将死者衣服穿妥。美国医师轻率之举，结果酿成为一系列悲剧事故，其中之一是狂怒的父亲邀集多人试图杀害这个医师。这位老人是个接触者，应送往观察站并限制其行动，然而他竟煽动邻居们闯入设于火车车厢内的几位高级医师之住地纵火，幸好无人伤亡。但在相当长的时期，当地居民对这些"无人性的"西方医师依旧抱有恶感。这一事件后伍博士辗转反侧数日，最终决定请求中央政府解除他所承担的职责，准许他重返哈尔滨新建的实验室中的适宜环境。于是自1918年1月31日起，伍博士与山西疫情的关系即行结束。然而通过留驻原地工作的某些下属，继续关注防疫活动进程。此后，前几章多次提及之追踪1910—1911年满洲疫情来源之全绍清医师，被任命全权负责防疫工作，直至该次疫情结束。全医师为本书作者提供了最多的信息。

为简明起见，现逐一按地区叙述第二次鼠疫流行：

1. 绥远（原属蒙古），包括归化城：疫情首先入侵此区域，然后侵袭五原、包头、萨拉齐、梅唐（Maitan）、泰格莫（Taikomo）、武城（wucheng）、拓城（tocheng）和莫林（Molin）。该次暴发于5月15日前后被扑灭，共有1 100人丧生。

2. 察哈尔省，其主要城市为丰镇：南部与山西相邻被长城分隔，察哈尔实际不属于山西省。该区域疫情之暴发，士兵在传播中的作用甚大，然幸好该地区人烟稀少，因而患者亦相对较少。北京协和医学院的迪勒博士（Dr. Dilley）负责该地区之防疫，疫情于3月底趋于结束，损失人数约200名。

3. 晋北：山西省被长城分为两部分——小部为晋北而大部为晋南。该地区之城市多有较高之城垣，用以抵御外部入侵。这些城市与邻近之农村贸易频繁，而这些农村经常是鼠疫的温床。该区最大的城市为大同府，有居民两万余，有记录的病例134个。

4. 晋南：省会太原府位于此地区，有人口50万。开明的省长阎锡山亲自监督防疫工作的运行。他十分相信近代防疫手段之效率，并始终要求其下属仿效。他的主要幕僚有负责警务之南桂馨以及医学顾问、约翰·霍普金斯大学毕业生扬格（C. W. Young）等。扬格是协和医学院的高级教授，可阅读汉文和讲汉语。他们配备有随时可用之电报和电话，以便传递消息和下达命令。其中一项创新是任命"委员"或督察专员，派往各个小地区，协助当地县长和地方官员开展防疫工作。然而他们未敢火化尸体，回避了这种不合时宜的激进措施；此处亦未烧毁被感染之建筑物。在此防疫期间省城共有13位执业医师、15位外籍助手、4位中医助手和8位受过训练的护士。

上述4个地区病例之估计数如下：

地区	男性病人/人	女性病人/人	未定性别者/人	总数/人
①	440	361	299	1 100
②	104	68	30	202
③	601	291	526	1 418
④	530	256	197	983

5. 直隶省：该省与山西接壤，当时驻北京之外国使团也在该省境内，故都城的居民自然感到极大的恐惧。此外，全国之主要铁路系统也以此处为起点。幸运的是，只有3月16日报告之两个疑似病例，嗣后证明均非

鼠疫。但有两个相隔甚远之病例记录，一例远至蚌埠（距绥远 800 英里），另一例在南京（距绥远 1 100 英里）。

6. 安徽省：2 月 5 日在津浦铁路重要之凤阳站检查到一个年轻病人。根据科克伦医师（Dr. T. Cochrane）的命令，采取了强有力的措施。直到 2 月 19 日后，再未检查到病例。然而依然在山东省发现从凤阳输入的鼠疫病例，以后又传入南京。

7. 山东省：从 2 月 9 日开始，在省城济南即发现孤立的病例，并持续到 3 月中旬。

8. 南京：后来是中华民国的现代化首都，位于长江南岸，对岸是津浦铁路的终点浦口。它已经暴露于来自凤阳的疫情中，2 月 25 日检查到首个病例，随后直到 3 月底又查出另外 20 个。未采取完全停运北来列车的方法，而是代之以监控旅客。此措施较之严格阻断运输更令人满意。因为此举可使防疫当局得以在旅客中检查出可能的病例。而完全停运将可能迫使旅客循其他路途，如陆路或众多的河道旅行。果真如此，甚至偏僻之小村庄亦可能遭殃，尤其是那些缺少防疫组织或有训练的医师的地方。这种将大多数训练有素的医务人员限制在首都和大城市而让分散的农村承载鼠疫之攻击，也许令这些城市获得了相对的免疫力，结果 1917—1918 年鼠疫流行死亡总人数得以减少。

由此可作出以下结论性说明：

1. 1917—1918 年的疫情在以农村为主的广大地域暴发，几乎未收集到有关统计数据。

2. 合理估计的死亡人数大约为 16 000 人。未获得有关腺鼠疫病例的确切信息，但有与满洲肺鼠疫可比较的败血症病例之报告。此类病人在显示肺炎症状前即已死亡。

3. 与1910—1911年的疫情比较，此次流行中女性死亡比例相当高，这是因为满洲流行主要侵袭流动人群，而此次山西之暴发，则主要侵袭农村居民家庭。

4. 医疗与防疫人员的死亡率较低，仅有8位以草药治病之乡村医生和2位殡葬工死于鼠疫。在这16 000个估测的病例中，只有1位63岁之老妇人病愈。此例可与1911年哈尔滨之情况相比较，那时1个14口之家仅2人幸存：1位71岁的妇女和1个2岁的幼儿。

1920—1921年在东三省的第二次暴发

幸亏有了1912年即已建成之东三省防疫事务总处，在哈尔滨和其他较小城镇，设立了在其属下之医院和实验室，并配备有训练有素的医师和包括许多女护士在内的辅助人员，因而可怕的疫情第二次突然来袭时，并未使有关管理人员惊慌失措。他们凭借来自以往8年的观察和研究而获得的知识，在不同阶段以自己的信心和力量从容应对。中国人在开始时期即已启动，不似前次落后于日本人和俄国人，甚至还在预防和医疗方面帮助了他们的俄国同行，回报了他们10年前的帮助。也许这是第一次将广泛的防疫运动和在危险的瘟疫流行中开展研究工作组织在一起，在预防和治疗中携手前进，并能在疫区现场收集精确的统计数据。为便于阅读，以下按合适的标题加以叙述：

暴发与流行进程概况

1. 地理环境

外贝加尔地区是位于满洲以北一片广袤的土地，东部由额尔古纳河与中国相隔，西部为伊尔库茨克地区的伊尔库茨克湖及其山脉。该区域最重要的城市是赤塔（首府）、斯列坚斯克、涅尔琴斯克（尼布楚）、恰克图和博尔贾。在博尔贾周围100英里的地区是起伏的群山，蒙古旱獭便在这里栖息。俄国人和布里亚特人发现这些动物的肉可供食用，经常猎捕获取肉类和油脂，后者还用于擦皮靴。最先报道的腺鼠疫病例往往是在此类捕捉并食用蒙古旱獭的人群中。无论何处肺炎鼠疫发生流行，幅员363 000平方英里，人口2 200万的满洲，即首当其冲。满洲由奉天省（首府在奉天城，或称盛京）、吉林省（首府在吉林城）和黑龙江省（省会在齐齐哈尔）三个省组成。黑龙江省紧邻外贝加尔地区，小城满洲里距边境不过数英里。满洲此三个部分西部均与蒙古大省相接。海拉尔周围的农村，多属蒙古人领地，该处亦为蒙古旱獭出没之地。因而满洲里和海拉尔是满洲两大旱獭皮毛集散地，一当鼠疫从地方性流行区域来袭，首先报告的就是这两个城市。在满洲农村地区只有通常的商道和马车道，没有碎石路。中东铁路的起点是海参崴（属东西伯利亚的滨海省），由绥芬河进入满洲，在中国境内长886英里，经过吉林和黑龙江到达满洲里站离开满洲。在满洲最大城市哈尔滨有一支线，向南150英里到达吉林省的长春，然后与南满铁路在此连接，南下436英里到大连。满洲的主要港口是大连和牛庄（营口），两处定期航班前往芝罘、龙口、青岛和威海卫（均属山东省）、天津（属直隶省）、上海、广州、香港以及朝鲜和日本的各个港口。在西伯利亚或满洲出现任何瘟疫暴发时，考虑到这些资料是重要的。

2. 疫情概述

1910—1911年鼠疫大流行后，10年间满洲未发生过鼠疫，然而这段时期内，几乎每年在西伯利亚和蒙古的不同地区都有零星的病例报道。例如：

1911年，比瑟姆斯基（Bissemsky）记录的沙拉森内出现5例腺鼠疫；

1912年，哈夫金报道的赤塔3例肺炎鼠疫；

1913年，关于吉尔吉斯草原数例腺鼠疫的报告；

1914年，中国的防疫处记录的外贝加尔地区16例腺鼠疫（13例死亡）；

1917年，中国人记录之蒙古兴安镇腺鼠疫病例，导致山西鼠疫暴发，死亡16 000人；

1919年，中国人报告的依基耶夫斯卡雅腺鼠疫死亡之2个病例。

1920年8月，在阿巴尕推（Abagaitui，离边境线5英里）出现6例腺鼠疫（5例死亡），在达乌利亚（Dauria，离边境线40英里）出现3例，在凯拉斯图（Kailastu，离边境线50英里）出现3例。

1920年10月，在离满洲里117英里的海拉尔，一名看守铁路桥的俄国人特雷尔金（Tarelkin）之妻死于腺鼠疫。她的5个儿子有3个受感染并死亡，她的丈夫同样发生腺肿，但在医院中康复。当伍博士访问该地区时考察了详情，也诊断了这些病人。与这家俄国人生活在同一院落中的3名中国士兵，亦患该病死亡。因为病人和外边的工人的自由交往，使病菌感染遍及全城，而隔离病人的打算却遭到士兵的反对。伍博士一行人在海拉尔逗留期间，真实地看到腺鼠疫通过败血症逐步演化成肺炎型鼠疫的过程。主要是因为当地工人日夜杂居于通风不良的小客栈，随地吐痰造成的。不论是在这里还是以后在扎赉诺尔，常见同住一户的4至8人，甚至更多人在数日内死于鼠疫。12月12日，警察局郎局长这位称职的警官与邓医官在驱车途中，受到士兵拦截，被打得头破血流。尽管有这种骚乱事件发生，海拉尔的记录亦完善，此地一共报告了52个病例。在一所大型客栈中，有9位接触者在接受观察，但被士兵们放出，于是他们就沿铁路线逃往各地。其中有两人逃至100英里外的扎赉诺尔煤矿，在拥挤的地窖子居所感染了其他人，因此而揭开了 1920—1921 年满洲的鼠疫大流行的序幕。由于士兵们的放纵，在扎赉诺尔地区的 4 000 名煤矿矿工中有 1 000 人死于鼠疫。

扎赉诺尔处于潜伏期的病人，西逃 20 英里到达满洲里，造成了 1 141 人死亡，包括 334 个俄国人。这些接触者逃向齐齐哈尔，使 1 734 人丧生；而在哈尔滨共有 3 125 人罹难。中东铁路沿线的其他城镇也受到了不同程度的传染。幸亏哈尔滨采取了严格的措施，管制日常的客运交通，将每天每次列车售出的三等车票限制为 50 张，来往列车厢一律进行医学监管。在长春（位于哈尔滨南 150 英里），三等客车旅客一律进行 5 日隔离，疫情在该地被阻挡。结果在长春一共仅有 77 个病例，而在沈阳只有 4 例。但是 1910—1911 年鼠疫流行期间，这两个城市的死亡人数至少达 5 000 人。从 2 月 1 日开始，满洲里和哈尔滨之间的日常客运交通被暂时中止。不过沿途 584 英里的交通线上，藏在运货车里或由陆路从疫区出逃者仍被漏检。此外，在每一列客车上加挂一节卫生车，有助于医务人员的工作，使他们得以查寻出混于健康人群中的个别带病旅客。由于城区面积大且处于交通枢纽，1921 年的哈尔滨与 1910 年时一样，很快成为疫区中心。但是由于早有准备，医师们从没有失去对全局的控制。尽管出现士兵和居民的无理干扰，他们依然成功地将疫情的传播降低到了可能的最低点。在长春以南满洲地区极少出现鼠疫病例；在公主岭，仅从南满铁路的旅客中查出 4 人；在首府奉天为 4 人，而在铁路枢纽沟帮子也仅有 18 个病例（全部来自同一个家庭）。

在直隶南部和桑园［今属河北省吴桥县］只出现了有限暴发，损失近 200 人。死者中包括我们的临时同事余树芳医师，相信他是被两个来自天津的漏检病人感染（在 1 月 22 日）。山东的海港芝罘的感染来自海参崴，这些将在后面不同的段落里叙述。从哈尔滨开始，疫情在 2 月中旬向东传播，袭击了俄国铁路沿线的绝大多数车站，最后到达了海参崴，第一个病例于 4 月 9 日报告。疫情在这个具有战略意义的繁忙海港肆虐了整个夏天，直到 10 月才结束，共有 520 人罹难。1920—1921 年鼠疫流行一共导致 9 300 人死亡，包括大约 600 名俄国人。

对 1910—1911 年和 1920—1921 年两次鼠疫大流行的肇起与消失进行比较，是一项有意义的研究。在 1910—1911 年的流行中，8 月前后确诊第一个病例，然后 11 月哈尔滨出现第一个病例，而最后一例在来年 4 月初。奉天的疫情则持续到 5 月中旬。当时海参崴平安无事，而在南边的直隶省和山东省许多城镇，包括北京、天津、济南府、德州等城市损失惨重。在 1920—1921 年的疫情中，最初的零星病例也是在 8 月出现，分散在西伯利亚的不同地方，如阿巴尕推、达乌利亚和凯拉斯图等地。到 10 月，腺鼠疫出现在海拉尔，一位经常去满洲里的俄国妇女全家都感染了鼠疫，5 个儿子只有 2 个幸免。在 11 月和 12 月，疫情几乎只局限于海拉尔。无法无天的士兵袭击了警官后，1 月初扎赉诺尔也开始受到感染，并迅速蔓延。齐齐哈尔在 1 月 18 日报道了第一个病例，随后病例数持续增长。朝相反方向的邻近市镇也紧接着被感染。1 月 22 日，哈尔滨由中国医师确诊了第一个病例，是来自扎赉诺尔的一位外逃矿工。4 月 3 日哈尔滨死亡人数达到最高峰。满洲的最后一个病例记录是在临近 5 月底，海参崴的最后一个病例是在 10 月，因此应该说满洲第二次鼠疫大流行整整一年才告结束。奇怪的是，有两个繁忙的城市，即唐山（离天津 80 英里的一座煤城）和营口（南满的一个大海港）不论是在 1911 年还是在 1921 年，却全无疫情光顾，而这两座城市是由香港传入的最早病例引起腺鼠疫的中心。

3. 各受感染地区的数据（1920—1921）

（1）海拉尔：俄国人和中国的山东移民在这儿毗邻而居，还能看到许多住蒙古包的蒙古牧羊人。在这令人瞩目的现场，伍博士和他的有经验的助手到达伊始即报告了疑似鼠疫病例，并列举了特雷尔金系列感染。这个家庭的感染者除43岁的父亲外全部死亡，这位父亲的左鼠蹊部腺肿亦已化脓，后痊愈。由于士兵们的放纵而使他们近20人死亡，他们的首领受到了上级将军的惩处。谢医师和陈医师曾在乡村解剖过一具尸体，未发现腺肿，但显微镜检查发现在血液和脾脏中满布鼠疫杆菌。

伍连德博士（左起第3人）与中国非医务成员在海拉尔

（2）扎赉诺尔：此煤矿小城有6 000名矿工——2 000名俄国人和4 000名中国人。前者居于宽敞的寓所，后者则大多宿于半地下的窝棚内，每个窝棚的面积约为20英尺×60英尺，居住60至80人。这些半地下窝棚用煤渣砖砌墙，泥土地。入口处为10余级阶梯，进入下面是5英尺宽的通道，两边是长炕——用砖和泥垒成的高出地面2英尺的中空结构。在冬天,由向室外开出的炕洞加入自产的煤取暖。炕上面有4英尺高,炕边沿是一条横亘全屋的木方,可用来坐卧、睡觉和吃饭。棚顶上一至两处木梁空当处装有玻璃天窗,因而这种地下居室无法得到阳光或通风。在冬天,维持温暖无需很多燃料,然而密闭,一旦某处流行病暴发,即成为可怕的鼠疫温床。矿工们的工资通常是哈尔滨的一倍。在附近村庄里,设有妓院、赌场,而大烟馆和茶馆等环立其间,可以想象,这群人并非容易驾驭之辈。

1921年东三省鼠疫流行时之惨状(左为扎赉诺尔,右为哈尔滨)

1月2日,某位矿工的患病朋友从海拉尔到此,17人同住一室。1月18日,17个住宿者全部死亡。其他工棚里居住的160人,被一个原发感染者传染了42人。另外还有3名医院仆役死去。俄国管理当局大为恐慌,急忙求助于我们的防疫处,于是立即派出了5名医师和足够的助手。医师指令禁止接触者继续留在被感染的工棚里,将他们按6至8人一组转移到空置的车厢内,在受到特殊训练的警察监督下,严令他们白天必须晒太阳。追寻扎赉诺尔疫情的快速传播的原因,有以下几个因素:

①拥挤的工棚，更恶劣的是出现患病者时同住者拒绝上报。在发现一具尸体时，早已有若干人被感染。更有外逃者，将疾病传播到四面八方。

②染病者或接触者从被监禁的地方逃出。他们经常一再回到已感染的住所。

③矿工们的无知和不守法，反对任何预防措施。

④疫情流行之初期，俄国人错误地将所有接触者禁闭在已发现病人的工棚里，等到第2天才打开门锁去找寻更多的病人。难以想象竟有如此愚蠢的隔离方法！

1921年伍连德博士（前排左3）与其防疫队员在扎赉诺尔

死亡人数迅速上升。在第3周，据报一天有30人死亡；到第4周则升至40人。至2月10日，登记的死者为491人。伍博士2月11日到达时，一切工作都已停顿，死者处处可见。居民们已惊恐万状，因而较易听从劝告。一天早晨从一所房屋中抬出 11 具尸体,他们的朋友依然坚持入内收集遗留的钱物。死者则在附近一个旧砖窑里全部火化。当疫情最猖獗的时候,曾考虑过劝告全矿区民众集中在一个封闭院子内露天生活一周的可能性。因为在露天之下可预防进一步传染,疫情或将自动地消失。但是气候实在过于严寒,无人能经受如此处境。不过这种预防方法应该可以在热带和亚热带国家采用,因为那里的气候适宜这种措施。从 2 月 10 日起,当地疫情逐渐消退,但仍有来自满洲里的新感染。5 月 19 日记录了扎赉诺尔最后一个鼠疫死者,在 6 000 居民中,死亡人数 1 017 人(除 4 个俄国人、1 个日本人外,均为中国人)。在 1920—1921 年之鼠疫大流行中,扎赉诺尔肯定是所有流行地区受到最严重袭击之地。在防疫人员中,有 8 名士兵、1 名俄国和 2 名中国的卫生杂役死于鼠疫。

1921 年伍连德博士(前排右 1)与俄国同事在满洲里

(3) 满洲里：此地的第一个鼠疫病例于1月12日报告，随后缓慢地扩散，直到当月月底共记录36个病例。由于当时俄国的政治形势，地方当局没有经费，中国的防疫处由此负起责任。整个2月死亡人数达到最高点，至少有475人。到3月份减至318人，4月份为164人。5月22日为0人。在满洲里的总死亡人数为1 141人，其中334人是俄国人。俄国的医务人员有5名医师、6名护士和15名卫生杂役。中国防疫处的全部人员只有3位医师和4名护士。俄方有3名护士（包括1名妇女）、15名卫生杂役和1名警察死于鼠疫；中方无人死亡。俄国的卫生杂役未经训练，在病人和死者面前漫不经心不戴口罩；他们整日抽烟，无节制地狂饮伏特加，许多人是无谓的牺牲，这是段悲惨的故事。

(4) 齐齐哈尔（卜奎）：此处为黑龙江省政府所在地，该地有第一座现代化医院，那是第一次鼠疫流行后由伍博士设计的。当第二次鼠疫流行暴发并威胁到该城时，省长孙烈臣打电报约见伍博士，并准备采纳他建议应采取的相应措施。在当时提出建议并非易事，那座现代化医院自建成起就由一位台湾毕业的受过训练的医师负责，全省的医疗服务已历10年。但疫情正变得越来越严峻，在4个月里，死亡人数达到1 728人（1 390个男性，338个女性）。伍博士义无反顾地接受了省长的要求，并提出了一些可立即施行的措施，这些措施也得到各位有关人士的首肯。由于采取了有效措施，疫情很快被遏制。

(5) 哈尔滨：与前次1910—1911年鼠疫流行时一样，哈尔滨是防疫组织的大本营，一切指示和报告均由此发出。10年来，这个城市的面积和人口均有增加。截至1920年，人口已达30万，其中包括10万名俄国人、4 000名日本人以及2 000名其他国家的人。这座城市此时已有50座面粉厂、20家榨油厂、10家酿酒烧锅和几家啤酒厂。海拉尔的疫情甫露扩散之端，伍博士即于12月19日召集重要中国官员、商界及各行业之代表，在医院召开会议，组成本地区鼠疫防治委员会。12月21日，又成立了由海关税务司任主席的国际委员会，委员们包括所有的外国领事、高级中国官员、铁路局总办、行业组织成员、商界领袖和中俄两国医官。该委员会在12月21日至第二年5月23日，共举行过18次会议，然后即宣告解散，防疫事务亦告结束。

哈尔滨的第一个确诊病例于1月22日登记。中国医院的鼠疫病房可以收容110个病人，病人入院后罕见有存活2天以上者。有60节车厢停靠在接近哈尔滨的3个主要区域——新城、埠头和傅家甸的应急支线上，这些车厢包括1节卫生车、1节餐车和1节供应车，其余则用于收容大量接触者。由下列附表可见，提供了同时接纳1 000人以上的床位。

1921年隔离车厢收容病人的统计：

1921年伍连德博士（着黑色大衣者）在哈尔滨与在隔离车厢工作的医务人员合影

月份	收容总数/人	转送医院数/人	鼠疫/人	非鼠疫/人	鼠疫百分比/%
2月	547	47	34	13	6.2
3月	911	118	92	26	10.1
4月	485	57	47	10	9.7
5月	78	5	5	0	6.4
总计（4个月）	2 021	227	178	49	8.1

这项工作是由查普林克医师（Dr. Chapplick，俄国人）领导，与一位中国医师共同完成的。维持该隔离中心十分重要，哈尔滨防疫运动的成败取决于其管理效率的高低。它也对事态的发展趋向起到有益的引导作用。在此隔离中心，每日早晚为居住者测体温，一旦发现有发烧者，特别是脉搏变快者，则必须立刻隔离，如果必要，则送往医院的疑似病房。有时某些人的体温只是暂时升高，则仍被送回车厢。但更常见的是，发烧者随后即咳嗽，吐出粉红色痰液并死亡。从发烧到开始咳嗽的24个小时极为重要，因为在此阶段，尚未出现具高传染性的飞沫，其他接触者经过该病人身边，无需担心被感染。然而，由于未被注意或在夜间，病人开始出现咳嗽却仍未被转移，则同处一节车厢的同伴即处于被传染的极度危险中。在疫情流行的整4个月被收容的2 021人中，仅8%的鼠疫病例由隔离车厢中转移出。这表明查普林克医师及其同事的工作应受到各方赞扬。在扎赉诺尔，未坚持如此严格的限制，使655位接触者中出现144个鼠疫病例并死亡，约占21.9%。

哈尔滨的中国城一共分成了五个区，每区均有警察队、看护、检查员、卫生仆役和消毒队。一旦发现病人，即被送往医院进行细菌学检查加以确诊。街道上发现的来历不明的尸体则用车运往停尸处。全部无人认领的尸体在停尸场火化。有时在街道上收集的尸体中，还有些家道殷实和受过教育的上流人士，亲友们因惧怕自己被送往隔离车厢而并未在病人未死亡前报告。的确，在中国防治鼠疫的一个最大困难，正在于居民的这种消极反抗，人活着时不报告，人死后便弃之街衢。如果公众和当局开始时便能合作，疫情就将更易控制。这种惧怕隔离的现象在华北和华南均很常见，甚至日本亦复如此。只有对广大群众普及教育，才可能取得良好效果。

在鼠疫医院病死者共1 312人，在医院围墙边的两个大坑中火化。每个大坑长12英尺、宽12英尺、深10英尺。入院的1 461病人之中，有1 312人被证实确实是鼠疫患者，全部死亡并被火化。其余不是鼠疫病人，系患其他疾病，如咯血、流感、支气管炎、卡他热，等等。由于死人太多，毫不奇怪会有谣言四起。例如说防疫机构收容病人"有进无出"，所以，在医院的大院子里一定有不可告人之事。因此我们的工作虽然一般而言是有效的，但也非一帆风顺。从3月11日防疫组织总部出版的《周报》的文章中，我们可以一睹端倪：

上一周是令我们防疫同仁非常焦虑的时刻。怀疑和偏见集中于反对我们的一些措施，如将病人移送医院，隔离接触者，普遍巡查客栈和其他感染源，关闭戏园和低级妓院，再以限制铁路交通相配合等。同时我们又无法治愈鼠疫病人，导致诋毁我们工作的谣言大量流传，有时甚至对我们的同事的身体施加暴力……在阿什河，有60余暴徒占领了隔离站，放出两个接触者，并追打负责人。但即使存在此类挑衅事件，并且一位宝贵的医师死于鼠疫，他们依然忠于职守，并未集体辞职。我们这些同事的纪律实堪嘉许。

为消除这些邪恶的流言飞语，我们印发了数千张传单，出版了一份每天发行的报纸，详细报道病人和死亡的消息，登载来自其他疫区的报告，以及讨论鼠疫及卫生方面的文章。我们的同事们尽可能为公众举办讲座，并回答听众提出的问题。全体同仁抱着乐观的态度工作着。公众最初拒绝服从规定，期望侥幸躲避感染，但我们多方面的努力终于取得成功。自4月10日起死亡人数开始持续下降，至5月15日达到零点。此次哈尔滨之疫情持续四个月，在此30万人口的城市造成了3 125人死亡。而上次1910—1911年的疫情暴发，使当时7万人口中死亡7 000人以上。事实上疫情的严重侵袭被防止，未向满洲其他人口众多的城市和华北蔓延。整个南满死亡人数低于400人，而上次1910—1911年其数目是35 000人。在铁路沿线共雇用了11名俄国医师、40名看护、60名卫生警察和125名仆役。中国的防疫处专门负责控制傅家甸，共有8名医师、14名男护士、50名卫生警察、20名医院杂役和42名卫生助手。上述人员中，俄国医师希尼金、中国医师苑德懋、1名俄国看护、5名中国医院杂役在鼠疫病房中被感染而死亡，还有1名警官染病死亡。另有7名殡葬仆役和18名在公共墓地的雇工也死于鼠疫。

在那悲惨的时刻，遇到过许多插曲，其中亦不乏幽默，现略加涉及：

①猖狂诋毁防疫处工作的，是那些地方庸医。他们屡屡欺骗公众，声称他们能治愈鼠疫。每当发烧并咳嗽的病人前来求诊时，他们总是说预后良好并将脉礼装入腰包。如果疾病不是传染病，病人当会康复，于是这个庸医便名声大震，如果适值真正的鼠疫患者求诊，则病人和庸医通常都会双双死于非命。仅在傅家甸一地，旧式执业中医中即有7人死亡。其中有一位自命为当地"医学研究学会"副会长，他惊恐万状的妻子为了使家人逃避隔离，竟将他的尸体弃之街衢。

②当时，任何人只要能读点古医书，即可挂牌行医，因而不乏庸医。一个颇有影响的团体，曾设法说服了道尹（城市的行政长官），由政府出资4 000元，设立了一所鼠疫病房，采用中医治疗法。这所病房于4月1

日开张，由 12 位中医负责，每位月薪资 100 元。应其所请，我们将 10 位已确诊的病人于 4 月 1 日至 4 日送去医治，结果全部死亡。4 月 5 日收到这些贵人的来信，央求我们不要再送病人，因为他们发现肺炎鼠疫是不治之症。5 天内 4 000 元即无影无踪了。

③巡查队有时也会出错。某男子被送进医院，因为其脉搏较快，并吐出一些红色的东西。到医院后才知道他曾吃过海棠果，所以吐出红色痰液。结果这位疑似者被放走，他临走时高声感谢上帝和大夫救命之恩。

④绝大多数体力劳动者易于轻信谎言，对于卫生亦非常无知。某日，高级医官陈医师偶遇一位驾驭俄式马车的中国车夫。此人年轻而乐观。他告诉医师，昨日他愉快地运送 1 位客人，在路上被警察拦阻，并问他要把尸体运往何处，这位 15 分钟前还活着的乘客竟因鼠疫死在他的车上。这位车夫还主动道出了自己的看法，他本人不相信那些流言蜚语，例如医师在井内或食物中投毒等，因为根据他个人的经验，这些大夫对穷人都很好，并且在医院里为他们精心治疗。

⑤10 年前，在疫情发展达到顶峰的 1 月底，中国旧历新年恰好是 1 月 31 日。那时遍地燃放的鞭炮，似乎对扑灭该城的鼠疫显示了神奇的威力。1921 年，疫情在 1 月中开始，在农历新年时，却没有使用多少鞭炮来遏制瘟疫的毒力了。

⑥许多中国人相信吸鸦片可以抵御鼠疫，于是在鼠疫流行期间某些不吸鸦片者受到诱惑而去一试。在扎赉诺尔，一个日本妇女公开经营了一家鸦片烟馆，在疫情猖獗时，她的生意甚为兴旺。某日在密室中找到三具尸体，从而有了充分的理由禁止她这罪恶的交易，而在平常时日，这样处理则需要她的领事馆出面参与。

⑦负责哈尔滨防疫事务的陈医师，曾经这样描述中国的鼠疫患者：

"我愿意强调中国劳动者突出的坚毅品格。他把自己塑造成一位完美的病人,他是一位坚定的宿命论者,能忍受任何灾难而全不介意。他眼看着他身旁的同伴死去却毫无怨言,完全知道自己也难逃同样的命运。在这冷漠的氛围中,他处之泰然。"

(6)长春:这是一个重要的粮食集散地,是中东铁路的南端和南满铁路的北端。此处还是当时属于中国的长77英里的吉林至长春的铁路的起点。1911年,长春是受鼠疫危害最严重的城市之一,有超过5 000居民死亡。得益于过去的痛苦经验,中国、俄国和日本三方之行政当局此番精诚合作,结果在整个流行期间,只有77个鼠疫死亡病例。第一位被派往组织防疫工作的中国医师,是曾在东京北里研究所学习过的余树芳医师。他出色地完成北方的工作后,于3月24日在山东省的桑园死于鼠疫。

(7)绥芬河:该城的俄文名称为Пограни́чная,位于满洲东部国境线上,地处群山环绕的美丽平原的中心。此处死亡人数少于20人。

(8)其他受传染的地区:受鼠疫影响的其他地区,只需稍加叙述。除了上述诸城市外,吉林省和黑龙江省的大多数城市只以微小的死亡率躲过灾难。甚至连人口众多如奉天这样的大城市,亦仅有4个死亡病例,而前一次则是5 000人死亡。俄国最东端的海港海参崴,疫情由他们自己控制,但直到10月间才得以解除,共死亡506人。疫情还向南扩展至山东省的桑园和芝罘。后者出现第一个病例是在5月4日,由海参崴驶来之轮船带入。青岛的疫情也来自由俄国海港出发之轮船,但是仅有两个死亡病例记录。

4. 防疫工作经费概算

在中国开展的任何防疫工作,在启动之初,均由某负责机构作出精确经费预算,并说明所需总款项的理由,即使是严重的鼠疫流行,也需说明花费是否适当。

(1) 1920—1921年防疫活动的预算：

拨款数额/元	资金来源	拨款单位	应用地区
300 000	广东海关盈余	内政部	山东省桑园地区
170 000	南满铁路	日本当局	南满铁路沿线
20 000	沈阳市政府	奉天省长	奉天
80 000	中国海关	内政部	长春地区
200 000	中东铁路	铁路当局	中东铁路沿线
100 000	哈尔滨城市	市政府	哈尔滨地区
50 000	满洲里	当地政府	满洲里
40 000	扎赉诺尔煤矿	煤矿当局	扎赉诺尔

总计约为960 000元。

(2) 东三省防疫事务总处总办收到当地海关150 000元，用于在北满防疫。本防疫处仅花费此款项中约38 000元，总办提供的账目如下：

款项来源/元		支出/元	
海关	150 000.00	哈尔滨道尹	60 000.00
黑龙江省省长	1 000.00	黑龙江省省长	20 000.00
杂项收入	518.00	吉林省省长	20 000.00
		防疫处	37 717.85
		结余留存哈尔滨海关	13 800.65
总计	151 518.00		151 518.00

这样，整个流行期间支出的全部经费达到 1 111 518.50 元。

5. 1921 年有关哈尔滨地区鼠疫的统计数据

（1）死亡人数（单位：人）

月份	鼠疫医院	傅家甸	铁路附属地	总计
1月（22日出现首个病例）	2	0	0	2
2月	98	110	47	255
3月	597	480	396	1 473
4月	609	426	296	1 331
5月（24日出现最后1个病例）	6	55	3	64
总计	1 312	1 071	742	3 125

（2）入住鼠疫医院的病人总数（单位：人）

月份	来自铁路附属地	来自傅家甸	来自隔离车厢	来自其他地方	总数
1月	0	2	0	0	2
2月	22	57	47	0	126
3月	120	367	118	37	642
4月	133	386	57	117	663
5月	9	13	5	1	28
总计	284	795	227	155	1 461

（3）死于鼠疫的住院人数（单位：人）

月份	来自铁路附属地	来自傅家甸	来自隔离车厢	来自其他地方	总数
1月	0	2	0	0	2
2月	20	44	34	0	98
3月	116	357	92	32	597
4月	129	330	47	103	609
5月	1	0	5	0	6
总计	266	733	178	135	1 312

（4）隔离车厢人数（单位：人）

月份	车厢中之接触者	移送鼠疫医院者	确诊鼠疫病例
1月	0	0	0
2月	547	47	34
3月	911	118	92
4月	485	57	47
5月	78	5	5
总数	3 021	227	178

（5）被感染城市距满洲里的铁路里程数（单位：英里）

至阿巴尕推	向西	5
至达乌利亚	向西	40
至博尔贾	向西	80
至扎赉诺尔	向东	18
至海拉尔	向东	117
至齐齐哈尔	向东	415
至哈尔滨	向东	584
至长春	向东南	730
至吉林	向东南	807
至奉天	向东南	920
至大连	向东南	1 061
至海参崴	向东	1 072
至山海关	向东南	1 181
至天津	向东南	1 357
至德州	向东南	1 470
至桑园	向东南	1 510

6. 1920—1921年的鼠疫流行期间的多方面研究

流行性：抓住暴发流行的机会，详细调查研究了传染发生期间的各个方面。我们可以回想1910年冬季在世界上突然暴发第一次流行，肆虐6个月后至次年4月被扑灭。那次流行在满洲和华北造成60 000人死亡。当时除进行过某些临床观察外，医护人员专注于预防和扑灭疫情的紧迫工作，很少、甚至根本没有机会从事实验研究。1912年，中国政府建立了东三省防疫事务总处，作为常设机构以抵御任何可能再度发生的流行病，并且从此成功地担负着该地区的流行病预防重责。在公共卫生管理，以及其属下多所医院的日常医疗工作方面，该机构的官员也承担着责任。1920—1921年的疫情暴发时，他们早已严阵以待，承蒙行政当局和商界人士合作，得以从容应对突发之疫情。这种准备和合作，带来的部分结果，便是将疫情限制在北满和东西伯利亚，在该地区仅有8 500人丧生，而该地区10年内人口已从2 000万增至2 200万。这个成绩还由于另一原因，即此时正好财政状况亦甚有利，先前用于在愚昧民众中进行教育和宣传的经费，如今更有效地用于临床和科学研究之观察，从而增进了我们有关致命的传染病的知识。

这些研究工作可历数如下：

（1）鼠疫患者痰液的实验

①直接暴露于直射日光和经过漫射的白昼光下。

②暴露于人工制冷的环境中。

③暴露于木材和棉纱上。

④痰液与泥土的实验。

⑤杀菌剂对痰液的影响。液体杀菌剂的作用；消石灰和石灰乳的作用。

⑥鼠疫患者痰液的喂饲实验。

⑦使用鼠疫患者痰液在结膜中进行的接种实验。

（2）鼠疫病房中施行的实验

①咳嗽实验。

②鼠疫患者住过的房屋之传染性和消毒。

③鼠疫患者和尸体之衣物和钱币检验。

④鼠疫患者尿液的动物实验。

⑤接触者与带菌者观察。

⑥防护口罩实验。

（3）混合感染实验：具芽孢的鼠疫杆菌与绿脓杆菌（*B. pyocyaneus*）；疫苗与肾上腺素。

（4）非易感动物实验。

（5）结果总结。

以上实验结果的完整分析发表在1918年到1922年的《东三省防疫事务总处报告大全书》的第3册中。该书中已充分报告，故此处仅从普及知识的立场论述某些更有意义和容易理解之内容。在所有场合，须记录温度和气压，以便对环境之冷热与湿度都有数据可查。

有关日光和散射白昼光线实验共进行36次。首先令鼠疫患者对着灭过菌的多个培养皿咳嗽和吐痰，将其打开置于各种露天环境，阳光直接照射半小时至10小时；另一系列盛有鼠疫患者痰液则暴露在散射的白昼光线下，如放在有人住的房子的窗台上；其他含有痰液的培养皿则置于冰窖中；还有一些放在土壤中或与泥土混合。这些实验的结果，可作以下结论：存在于受感染者痰液中的鼠疫杆菌，较之其在试管中更具抵抗力，当冬天气温为零下3摄氏度时，直接暴露在阳光下9小时内可被杀死。还得知变干的鼠疫患者痰液在任何环境中均不能杀死鼠疫杆菌。在阳光下暴露后的培养皿中接近变干的痰液，有40%可成功培养出鼠疫杆菌，而吐在木材或棉纱上的，有60%可以培养出鼠疫杆菌。

实验得知，有关常用的杀菌剂，即使采用高于通常推荐的浓度，均未获得预期效果。例如浓度为1∶10的石碳酸水溶液，需要5分钟才能抑制鼠疫杆菌的生长。浓酒精（甲基化酒精）在防治鼠疫工作中，是为双手和手套灭菌最安全的杀菌剂。完全杀灭痰液中鼠疫杆菌所需之消毒剂和杀菌剂最低浓度如下表所示：

杀菌剂	最低浓度	灭菌所需的最短时间/分钟
石碳酸	1∶50	5
升汞溶液	1∶500	20
升汞溶液	1∶1 000	30
来苏尔水溶液	1∶50	20
甲基化酒精	不稀释	4
酚类消毒液	1∶50	30分钟后仍未灭菌
高锰酸钾	1∶50	30
过氧化氢	1∶3	30
Izal 消毒液	1∶50	30
安替佛民	1∶10	30
甲基化烧酒	1∶2	30

进行了几次将鼠疫患者痰液混入日常食物中喂饲实验动物的实验。采用了2只豚鼠和2只家兔。只有1只豚鼠和1只家兔死亡，但解剖学和细菌学检验均未见鼠疫之症状。在鼠疫病房中，当病人咳嗽时我们进行了系列实验。让病人自然地手持培养皿，按两种方法进行实验：（1）将培养皿的琼脂表面与病人呼吸方向处于一条线位置；（2）琼脂表面正对病人的口腔前部，两者相距半英尺至6英尺不等。结果相距2英尺的培养皿显示阳性结果；相距分别为3英尺至5英尺者结果未肯定。为检测鼠疫患者居住过的房间的传染效果，我们得到一个意外机会，此时恰遇我们同事苑德懋医师染病，他于2月17日至20日一直住在新医院大楼并在该地死亡。苑医师不幸病故，使得他的同事能在病人死后第一时间立即对他住的房间进行检测，以查明其传染性。该房间有蒸汽式暖气设备，室内温度维持在17摄氏度。实验共使用了12只豚鼠，每2只置于一只马口铁制桶中，桶放

在房间（面积为12英尺×20英尺，有一扇关闭的大窗户）的木地板上，放置的时间从半个小时到4小时不等。从抬走尸体后，除在指定的时刻取出豚鼠外，房内没有任何扰动，房门紧闭。此次有4只暴露于房间中的豚鼠死亡。尸检器官和细菌培养均证明为肺鼠疫阳性结果。3月2日用8只豚鼠继续进行了类似实验（其中1只患病15天后死亡，细菌培养呈阳性）；在4月5日至9日，又用4只豚鼠实验（1只显现肺部感染鼠疫）。3月间，在扎赉诺尔将10只幼兔放置在离地面1英尺至8英尺的高处（全部存活）。于是我们得出的结论是：暴露时间从半小时至96小时的总共55只动物中，其中有5只死于鼠疫（2只暴露了半小时，1只1小时，1只4小时，第5只则暴露了96个小时）。因此，病人住过的房间，即使地板上遍布痰液，似乎并不特别危险。苑医师死亡的房间似乎更具传染性，这是因为室内保持恒温，且有水蒸气暖气设备。但是也不应忘记，实验多次表明，豚鼠较之人类更不易发生呼吸道鼠疫感染，这或许因为它们的鼻腔中有着丰富的成束纤毛之故。对鼠疫病人和尸体的衣物和钱币的观察结果均为阴性。将一些家兔和豚鼠与刚从尸体上脱下之衣物一起放于新棺材中，其检查结果亦为阴性。试图由病死者身上取出的纸币和硬币培养鼠疫杆菌亦告失败，但有记录表明，确实有某些曾盗窃病人衣物和钱财的仆役感染鼠疫的案例。应当记住，在绝大多数这类案例中，被盗窃者并非死人，而是濒临死亡者，这些人不停地咳嗽，此时之感染力最强。

对接触者和鼠疫带菌者的观察

大量接触者来来往往，给我们提供了线索，假如确认的话便是带菌者。为此从2月2日至4月2日两个月中，我们进行了53次检查。其中50次检查痰液，3次检查扁桃体。结果表明除2次外均为负结果。在2个阳性结果中，1次证明痰液中有鼠疫杆菌；另1次病菌被藏在扁桃体中，但都未呈现鼠疫的任何临床症状。

1. 1号张姓接触者：27岁，汽车司机。被发现时与其他18人同宿于某拥挤客栈，其中1人同日（2月2日）死于易感染鼠疫之环境。医务人员前往客栈检查尸体时，除张某外其他接触者均无异样。张某自诉头疼，体温略高于正常，但脉搏并未增快，主要是受到惊吓而不像患重病，痰液检查亦属正常唾液。因为对死者的脾脏穿刺取样已证实为鼠疫，故张某与其他接触者一起被送入隔离医院。在整个留院观察期间他再未发烧，且自我感觉良好。2月2日他的痰液涂片亦未见鼠疫杆菌，痰液培养物亦属正常，但镜检发现类似鼠疫杆菌之细菌。将五分之一的斜面培养物注入豚鼠腹膜腔中，该动物于18小时后死于典型的鼠疫，由腹膜和脾脏取样得到的纯培养物亦予以确认。2月6日又将痰液和扁桃体接种至新鲜琼脂培养基上，均出现典型的培养物。2月7日，张氏出逃而未能被继续观察。然而，不可否认自2月2日至7日处于观察中的全部时间内，张某身体良好。两次取出的痰液均为刻意咳出的。18位接触者中，某王姓出人预料地于2月6日晚，即距在客栈与病人最后接触5日后死亡。肺鼠疫的潜伏期为3至5日，很可能王某受带菌者张某的传染，而后者体内潜藏着鼠疫杆菌至少长达6天。其余17位接触者身体一直健康，被顺利解除观察。

2. 2号张姓接触者：30岁，工人。为3月4日受检查的4位接触者之一。其痰液明显正常，但是在其涂片上，可见有类似鼠疫杆菌的细菌混杂在口腔常见之球菌等之中。细菌培养物不确，将五分之一的斜面培养物皮下接种豚鼠后，该动物于18小时内死亡。从心脏、脾脏和肺脏之涂片上，未检出鼠疫杆菌，但心脏和脾脏的培养物中有可疑的细菌。3月8日，1只豚鼠接受了1:5斜面琼脂培养物腹膜接种，次日即死于鼠疫。3月9

日和 13 日，又用痰液和扁桃体进行了两次实验，但再未得到鼠疫细菌培养物。3 月 18 日实验表明，张某的血清与按 1：50 稀释之鼠疫杆菌并未发生凝集反应。这些是肺炎鼠疫流行时存在健康带菌者的正面证据。在今后之疫情暴发时，有必要通过对痰液和扁桃体的细菌学检验，阐明带菌者在接触者中所占百分比，是否会高于我们在此有限的研究中所提供的数据。

混合感染实验

在研究杀菌剂对含鼠疫病菌痰液作用的实验中，我们有时注意到琼脂斜面培养物被非鼠疫杆菌产生的芽孢的杂菌污染。分离出两种此类细菌，一种是枯草芽孢杆菌（B. subtilis），另一种是迄今未知的奇怪的杆菌。于是将它送往北京协和医院的细菌学家陈医师（Dr. Edgar Tsen）。陈医师报告说这种待鉴定之杆菌似不属于通常认为非致病的生芽孢好氧细菌，认为它是一个未报道过的新种。它被命名为 BH，并将它与毒性甚大的鼠疫杆菌相混合进行了一些动物实验。在第一组实验中，将混合物经腹膜接种在 3 只豚鼠体内，结果 1 只在接种 15 个小时后死亡，显微镜检查与细菌培养均未见阳性结果；另 2 只存活时间特别长，分别为 50 和 144 个小时，从它们的腹膜渗出物中回收到鼠疫杆菌和 BH 两种细菌。第二组实验中，2 只豚鼠接受了枯草芽孢杆菌和 BH 混合物接种，它们存活时间也特别长，分别为 72 小时和 120 小时，其心脏血液培养后证明是无菌的，但在其他器官中回收到这两种细菌。第三组实验中，1 只蒙古旱獭和 13 只家兔接受了 BH 和绿脓杆菌（B. pyocyaneus）一同培养的混合物接种，2 只家兔在接种后存活了一个月，尸检表明发生了鼠疫引起的慢性改变；另有 3 只分别在长达 9 天至 29 天的时期内死去，涂片和培养都表明有鼠疫及其他细菌。

根据以上实验获得了以下结论:

1. 在被处理的 13 只动物身上,5 只在接种后至死亡经过了漫长的间隔;

2. 不同的器官里出现慢性鼠疫引起的慢性改变;

3. 检出极少量鼠疫杆菌,但是心肌培养则通常是无菌的;

4. 这种毒力的明显减弱,可能是绿脓杆菌的影响,也可能由于鼠疫杆菌本身毒性变弱。

后来,在特异青霉(*Penicillium notatum*)与球菌菌落一起生长的培养基上产生过伟大发现,还有其他抗生素的发现。考虑到这一点,我们在此理应提及这些在 1921 年进行的、涉及鼠疫杆菌与其他常见非致病菌共同培养的实验。

非易感动物的实验

多年前即已知悉,猪、牛和各种禽类对鼠疫有强抗病性,而人和豚鼠、家兔和家鼠等小型实验动物则极易感染。1921 年曾进行过感染鼠疫实验,即对两头小猪、三只鸡、三只鸭子进行过皮下注射接种鼠疫杆菌。为两头猪和几只鸡接种的大剂量细菌,是由新近死亡病人取样经琼脂培养基培养后的全部培养物。两周后这些动物安然无恙,于是再从系列号为 No. 27 的尸体内取出鲜血并为每只动物各注射 2 毫升。三只鸭子则均以第三次转接之斜面培养物接种,该菌种系取自一位最近的鼠疫病人。所有实验动物中均未观察到应出现的反应。在第二次接种后 5 日,两头猪出现大小如核桃之局部脓肿,穿刺所得绿色脓液经检查,亦为阴性结果。两头猪经年接受观察,始终无恙。猪和鸡体表之肿块亦逐渐消失。美味的小家禽如鸡与鸭皆能成功地抵御巨大剂量之鼠疫材料,而号称万物之灵之人类,一旦用注射针头取 1 滴鼠疫细菌培养物刺入体内，三五天内必将倒下。此乃自然界咄咄怪事也！

1921 年这些实验的结果可总结如下：

1. 鼠疫杆菌存在于鼠疫病人痰液中，虽然它在试管中具有较强的抵抗力，但在冬季气温为零下 3 摄氏度的阳光直接照射下，9 小时内即被杀死。诸如湿度等其他条件与此无关。

2. 仅使病人的痰液变干，不足以杀死鼠疫杆菌。直接暴露于阳光下后，仍有 40％的实验中显示病菌依然生长，暴露在木材或纱布上之病菌则有 60％的实验显示仍可生长。

3. 无论杀菌剂或消毒剂，即使其浓度高于推荐量，亦不足以杀死鼠疫杆菌。

4. 曾居住过因肺炎鼠疫而死亡病人之房间，并未显示特别危险。一幢有水暖设备并且窗户密不透风的现代建筑，较之当地通风良好的老式房屋似乎更危险。

5. 必须对诸如地板、墙壁等被广泛污染之处进行消毒。室内空气进行烟熏杀菌之效果仍然存疑。

6. 衣物作为肺鼠疫之传染途径不应忽视。

7. 1921 年鼠疫大流行中，已经证实存在鼠疫带菌者。

8. 用棉花和纱布制成的防护口罩，只要佩戴适当，是个人预防通过呼吸感染之最佳手段。经常并直接与病人接触者，不但应戴口罩，还须装备呼吸面罩，这是一种露出眼睛的兜帽。还要在面前缝一层光滑的绸布作为附加防护，因为咳嗽病人的感染危险最大。

9. 发现猪和鸟类对高毒性的新鲜鼠疫材料非易感。

　　某日晚上，演出之后，阿叔背着我回家，我用双手搂着他的脖子，他用双手托着我的大腿。在拥挤的人群中，我感觉有只粗大的手在解我的金脚环。我因害怕而不敢出声。回家发现小偷已将贵重的金饰盗走。从此以后，我决心永不再佩戴任何饰物，并且在以后一直如此，甚至婚礼时也不佩戴任何种类的戒指。

第5章
童年和学生时代

槟榔屿

  东南亚马来半岛西北角,有一个面积不大的四边形岛屿,15英里长,8英里宽,面积108平方英里,人们通常称之槟榔屿。但1786年,弗兰西斯·莱特(Francis Light)船长以英国东印度公司的名义首次占领该岛屿时,被称为威尔士王子岛,这是为了表示对当时的皇储、后来的英国国王乔治四世的敬意。

  此时,荷兰已经将古老的马六甲作为要塞,牢固地将半岛西海岸沿线占领,并虎视眈眈地觊觎着任何可能到手的新的猎物,以便将荷兰的政治和经济影响扩张到整个东印度群岛。因为巴达维亚[现称雅加达]和马六甲已被荷兰人攫取,迫使东印度公司寻求属于自己的港口,供来往于印度的加尔各答和中国的广州之间的商船作为商埠。当指令到达吉打港商埠之前，莱特船长已经在劝诱马六甲苏丹。当时苏丹正为暹罗从北部、荷兰从南部的可能入侵担心，便将槟榔屿这个荒无人烟的小岛割让给大英帝国，换到数百枝毛瑟枪和每年 6 000 元的补偿金。

莱特船长被授权在这个由他管辖的新属地自由开发，他生活于斯，且在 1794 年死亡并埋葬于斯。1800 年，该岛隔海相对的陆地上一块条形的海岸亦并入原先槟榔屿，被命名为维尔斯里省，以表示对英国的印度总督韦尔斯利侯爵（Marquis Wellesley）的敬意。自 1805 年至 1830 年，这两块属地被正式划归为英属印度的第四大管区。马六甲被英国从荷兰手中夺得后，和新建立的新加坡一起于 1826 年受槟榔屿管辖，并在 1830 年命名为海峡殖民地。政府经过改组，由副总督任首脑。由于新加坡重大的战略地位，1836 年新加坡终于成为政府所在地。1867 年，殖民地公署便全面控制了海峡殖民地。至 1949 年，槟榔屿和马六甲被并入了马来亚联邦，而新加坡则依旧是皇家的直辖殖民地。

然而，槟榔屿这个悬挂着东印度公司旗帜的货船小码头能逐渐发展为大英帝国一个繁忙的大港口，并非一帆风顺。因为莱特船长这位受过训练而淳朴的海军军官，在和那些驻守在马德拉斯和加尔各答的上司交往中有欠谨慎，也不善外交手腕，结果便是经常的摩擦和扯皮，而该岛的发展不得不延缓或朝令夕改，但是莱特船长坚守岗位，直到 1794 年 10 月因恶性疟疾复发而过早死去。在遗嘱中，他谈及如何与马丁娜·罗泽莱斯（Martina Rozells），一位在吉打出生的葡萄牙女士同居之事。她为他生育了 5 个孩子，长子名叫威廉（William），在英国受教育，并成长为一名有出息的军人。在整个半岛战争期间，他任惠灵顿公爵（Duke of Wellington）的机要秘书，后来去澳大利亚探险，建立了南澳大利亚首府阿德莱德城。

槟榔屿图书馆至今仍收藏着一些彩色油画，描绘莱特船长在1786年就任总督当日监督升起英国国旗的情景。然而，充分的证据表明，在莱特船长和其他欧洲人来到这里之前很久，已有其他著名人物到访过这些港口。例如在公元4世纪，中国高僧法显从中原出发，穿过戈壁沙漠和兴都库什山脉到达印度。他居留印度研习和收集佛经15年后，乘帆船从加尔各答附近的胡格里河（Hoogly）出发向南航行时，曾两次在马来半岛的西北部的某岛登岸取淡水，这个小岛据说就是槟榔屿。

在7世纪，正是唐朝兴盛时期，当时有学问的高僧以去外国游学为时尚。其中有位名叫义净（I-Ching）者，曾由海路从中国前往印度。在他留下的游记里，有一个港口中文名称为槟榔城。他还述及曾在该地品尝过当地盛产的坚果。毫无疑问，义净在当时中国方言里指的是槟榔屿（槟榔岛）。还应指出，称做槟榔屿，不仅因为该岛盛产这种槟榔，还因为这个岛屿的形状与槟榔颇为相似。

15世纪的前半叶（1405—1427），中国有位名叫郑和的高级宦官，他出生于云南省且是一位穆斯林。遵照明朝永乐皇帝命令，为建立与该地区各国的政治经济联系，他在南部诸海洋中连续航行过7次。这位著名的宦官留下了他每次访问马来半岛各地的大量记录，其中即包括槟榔屿和马六甲。他的旅行范围远达爪哇，锡兰［今斯里兰卡］和马达加斯加。因为他作为上天之子，即皇帝的代表，在各地受到了隆重的接待，甚至被当做半神半人的角色。直到今天，在南洋许多华人长期聚居地，依然有为纪念他而建立的庙宇，他被世代华侨尊称为"三宝公"。

近代还有另一位杰出的中国人到过槟榔屿，这就是孙逸仙博士，后来他成为中华民国的第一任大总统。在他早年的奋斗和流放生涯中，他数次在槟榔屿、新加坡和马来亚的其他地方居留。他在这些地方觅得许多朋友和知音。他终于在 1911 年成功地推翻了满人的统治,主要是由于他受到华侨在物质上和道义上坚定而持久的支持。

今天(1950 年)槟榔屿约有 40 万人口,已发展为马来亚颇具规模的中心城市,也是马来亚的一个商业重镇。但是它的知名度并非来自其商业上的重要性,在这方面它远逊于半岛南端的新加坡,而是由于它那众多的美景,因此赢得一个骄人之雅号:"马来美园"。那铺满晶莹闪光沙粒的仙境般的海滨;岸边那流苏密布的椰子树;还有那海拔高达 2 500 英尺、热带植物葱郁的槟榔山兀立眼前,许多猿猴、飞狐和种类繁多的鸟类均以此地为家。所有这些,都令来自全世界的游客们赞不绝口。在山坡上建有登山缆车,因而劳累的人们要想躲避山下酷暑,不用一个小时即可登上顶峰,享受习习凉风,俯瞰乔治市宽阔的海湾。在那里,一艘艘现代化的豪华远洋游轮,与那饱经风浪而变得斑驳破旧的木帆船,鳞次栉比地锚泊着。假如某人有更多的闲暇,他还可以在著名的山岩旅馆(Crag Hotel)或散布于山顶的其他宾馆过夜,每当金乌沉入浩瀚的印度洋后,即可观赏到城中闪烁的灯光此起彼伏。

对于那些游兴颇浓的观光者,另一个景点不可不去,那便是隐藏于山脚下的佛教寺院极乐寺。寺内花坛、宝塔、佛堂、巨大的佛像、宁静的鱼塘和装饰着传统中国龙的绿色琉璃瓦屋檐……这一切组成了一幅无与伦比美丽而极富艺术成就的图画。这个声名远扬的佛教寺院,不但是旅游者的必游之地,也是虔诚信徒顶礼膜拜的圣地。它离市区 6 英里,有一条修筑得甚好的漂亮公路直达,途中经过许多椰子种植园,最后可到亚依淡(Ayer Itam,黑水村)。槟城的道路确实得到了所有游人的赞赏。不论当地居民,还是外来游客,都把乘车兜风当做一件赏心乐事(如今汽车已完全取代了往日颇为恬适的人力车和敞篷马车)。在凉爽的傍晚,穿过两旁凤凰木和紫檀树的林荫大道，或者沿着蜿蜒40余英里的环岛公路，时而绕过海滩，时而登上陡坡，通过一个又一个小渔村，可以见到晾晒在木柱上的渔网，还有那被拖上沙滩的当地舢板（当地人称为prauws）。

乔治城是该岛上的主要居民聚居地，位于该岛的东部海角上。华人称它为"埠"，意为"市镇"，用马来语说就是Tanjong，而"槟榔屿"则泛指岛上的任何地方。乔治城的街道大多数是笔直的，规划得体。居民主要是华人和马来人，后者大多住在乡下。还有印度人、亚欧混血人和欧洲人（大多是英国人）等种族。后者人数虽然最少，但把持着当地政界高位，包括当地的议员和警察局局长。欧洲银行和商贸公司自然也由白人充当首脑，然而职员则几乎全为亚洲人。体力劳动者均为华人和印度人，而马来人大多以捕鱼为生。在过去的100年中，槟榔屿的人口增长了大约4倍，而人口的种族构成则几乎没有改变，只是马来人的主导地位已经被华人所接替。

家世

早在19世纪的50年代初，一位16岁的来自广东省新宁县（今台山县）的年轻广东移民，要在这个人口密集的地方落脚谋生。他的名字叫伍祺学。按照中国人的习俗，他首先要有一个诨名，大家都喊他"阿金"。当他健壮地成长起来又生意兴盛后，人们就改称他"大金"。阿金离开中国时，身穿一身便服，宽大的短上衣，一条短裤，用料是华南移民喜爱的那种发亮的黑色丝绸。他随身所携的只有一领草席和一个棉枕头而已，但是他信心十足，满怀希望。在他的故乡，村里的朋友告诉他南洋或南海之富足，说在那里终年温暖，大有发财机遇。村里的其他人都前往加利福尼亚和澳洲的金矿，收入颇丰，而在南洋，还有其他可能性。阿金是家里第四个男孩。他的长兄为责任所系，留在家里继承父业，支撑门户；还有3个姊妹留在家里，在一小块田中种甘薯，她们后来嫁给了邻村的农民，一生过着简朴的生活；阿金的二哥和三哥则前往加利福尼亚，为修筑铁路出力，并未去淘金地碰运气，他们收入微薄，很少寄钱回家；五弟是最小的男孩，他决定前往澳洲试试运气，结果运气不佳，直到50岁还要求助于阿金为他提供回家旅费，他在家中和一位村妇结婚并安居一生。因此维持这个由双亲、5个兄弟、3个姐妹组成的大家庭，实际上主要依靠第四个儿子阿金。至于他如何苦苦撑持这个大家庭，可以叙述如后。

阿金身体健壮，心灵手巧。在槟榔屿他开始在一个金匠店中当学徒，最初是学习为当地中国的和马来的儿童制作金锁或银锁。手艺熟练后，就开始设计和制作了成百种手镯和脚镯，并在当地的妇女和女孩中流行起来。富人要求用足赤金叶制作，自然付钱也多，但对于普通的顾客，只需在银器上镀金，在外表上看来与纯金的相同即可。那些并不在意含金量的人都用合金制作的饰物。

戴在手腕上的手镯，通常表面平滑且是实心的，戴在脚踝上的则较大而轻，并且是空心的，表面刻有纹饰，两端膨大并足够柔软，套在脚踝上可上下移动。金匠制作的其他首饰是笔直如钉的金簪，长约3至4英寸，5枚组成1套。在将长发挽成蝴蝶状后，即可用它固定成发髻；耳环或耳坠，是穿过耳朵下端的小孔悬挂于双耳的；梨形的或圆形的胸针马来语叫做krosangs，是用于将马来妇女的短上衣可巴亚（kebaya）的边角连接起来的。还有种类不可胜数的指环，有的为素面，有的则镶着品质与价格各异的钻石。首饰工匠越是有本领，他越能制造出更多种类的黄金首饰，因而便能受到当地妇女的青睐，让她们解开钱袋。

应当指出的是，虽然马来半岛的土著人口源自马来人种，只是最北部留有暹罗族的血缘，但通过与逐渐在该地区定居的中国男性相互通婚，种族之混杂已经发生。亚齐族穆斯林教徒入侵这个国家前，绝大多数当地居民接受了印度征服者的信仰。而宗教观念通常是自由的，他们先是与印度人，后来又与中国移民一起生活并通婚。后来穆斯林教徒统治了这个国家，马来人与中国人和印度人的通婚几乎没有了。然而种族融合和相互容忍的某些秉性已经根深蒂固，所以在当地出生的中国人，血统并不如其祖先那样纯粹，而且他们变更了他们的民族服饰，以适合温暖的气候。妇女也接受了当地马来服装可巴亚上衣和纱笼。她们的发型也依从马来妇女的流行样式，挽成蝴蝶结状，马来语叫做 sang-goey，还做了改造，在发髻上插上了镶有钻石的金簪。

新风尚所致，金匠阿金应接不暇于那些豪门富户。他制作的金饰品供不应求，不久他便经营起自己的店铺，并雇用了几位经他自己培训的工匠。生意兴隆以后，阿金开始寻觅内助。有人介绍了林道启16岁的女儿。林先生是位木匠，也是个小的承包商，来自阿金故乡的邻县广东新会县，早已在槟榔屿定居。林先生的妻子出生于槟榔屿，娘家姓郭，她的父母是客家人——这是坚毅勤奋又富于冒险精神的中华民族的一支，就像1948年未建立自己国家前的犹太人那样。他们没有自己定居的省份，遍布全中国，通称为客家。事实上，在马来亚的锡矿山里，最成功的可以说就是客家人。他们似乎具有与生俱来的才干，能够探寻到并开发出富矿。另一些人，虽没有如此幸运，却也能靠那些曾经是人山人海后来被废弃的尾矿勉强维持生活。

现将林道启的家庭略加介绍。在他58年的生涯中，并不比他同辈的伙伴更得志，但在他身后留下的两代人——他的儿孙辈，却为伍、林两个家族增添了声望。1840年，中国出生的林先生和槟榔屿出生的郭小姐在乔治城举行了一个由朋友们参加的简单婚礼。一年后，第一个孩子——取名为林彩繁的女儿呱呱落地。中国家庭总是希望头生孩子是男孩，因而女孩的到来颇不受欢迎。这个女婴的取名便不甚招人高兴："彩繁"意味着"招惹烦恼"，借以表达了双亲共同的失望。然而，这个不受欢迎的彩繁一生，证明父母的忧虑毫无根据，命中注定她承担着维持这个家庭生计的重担，供养几个兄弟姊妹以及她自己子女的教育和生活。事实上，彩繁未出嫁前的大部分时间内，6个兄弟和2个妹妹都主要由她负责照料。当她16岁时，和时年32岁的金匠伍金（阿金）结婚后，一共生了15个孩子，但只有11个长大成人。详见后述。

林彩繁出生后，林郭夫妇又有6个男孩出世。开始是一对双胞胎，名叫国祯和国祥，三男名国裕，四男名国礼，五男名国湖，六男，即最小的六经。六经长大后很富有，但其貌不扬，因为出天花而终生面部布满麻点。另外还有2个女儿。前5个男孩出落得聪明和漂亮，在槟榔屿受过一些教育后，便被陆续送到中国福州，因为当时中国政府需要懂英语的年轻人，以便培养他们成为帝国海军军官。彩繁作为长女，又有幸福的婚姻，她为两个最大的弟弟提供了足够的旅费。她在有生之年看到了自己的慷慨大方得到了报偿，两个弟弟都在他们各自的事业上有所成就。长男国祯后来回到了槟榔屿，以政府译员为职业，他迎娶了一位福州富裕茶商的女儿为妻，最后荣膺槟榔屿最高法院的首席翻译官。二男国祥继续在中国海军里服役，1884年在福州曾与法国人交战，1894年在悲惨的中日甲午海战中，他的船被日舰击沉，但是他被人救起。1896年，管带林国祥被清政府派往英国购买新船。为了重建中国海军，他在纽卡斯尔的埃尔西克

（Elswick）监督造船。他在那里停留了近三年。①

她的另外4个弟弟中，三弟国裕在1894年中日甲午战争中被炮弹皮击中牺牲；四弟国礼回到家乡以锡矿工的身份定居于马来亚的霹雳州；五弟国湖留福州担任海军军官；小弟六经被人取了一个英国式的绰号"Looking"，在任职政府翻译官长达20年后，在马来亚的怡保市退休，他在该处锡矿赚得了大笔财富。六经舅舅以精明的手段在房地产市场上投资，直到今天，他那价值高达百万美元的钢筋混凝土大楼依然矗立在近打河（Kinta River）畔。这座大楼白天用做饭店、宾馆和婚宴场所，晚上则是广受欢迎的夜总会。这位舅舅在许多方面表现得颇为反常，在他最后40年中，他大量吸鸦片，甚至还在他的同胞中提倡吸鸦片。在本书后面关于麻醉毒品的章节中，还将做更多叙述。

这六个男孩的母亲是很幸运的，儿孙辈称她嬷或是阿婆（祖母）。1879年她死于广州，享年64岁。她的灵柩由长女彩繁出资海运到槟榔屿，安葬在广东义园的一个土丘上。这片墓地原为伍、林两个家族所置，但后来也有外姓占用。绝大多数中国人都非常重视逝去双亲最后安息茔地的选择，为此，风水之说在中国长盛不衰。许多富裕家庭通常会花费大笔金钱

---

① 正是在这个时候（1897年），伍连德是剑桥大学的一年级学生。他见到了舅舅，并在假期中与他共同度过了许多快乐时光。他还碰巧结识了林国祥管带的一些亲密同事。其中有程璧光管带，在民国初年他曾位居海军部总长，后来又任广东省省长。最后他不幸在广州被政敌谋杀。第二位军官是谭学衡将军，他成了伍博士的终身好友，后来他被提拔为海军将军，成了袁世凯大总统的亲信。伍连德在纽卡斯尔时还认识了教授乔治·菲利普森（George Hare Philipson），他当时任相距甚近之杜伦大学医学系的系主任。菲利普森教授是睿智和风雅理想的结合者，仪表堂堂，有其职业风度，对他的学生和病人富有魅力。在英国医学界的其他领袖人物中，人们经常见到这种高贵的品质，诸如克利福德·奥尔伯特爵士（Sir Clifford Allbutt，剑桥大学钦定医学教授）、亚历山大·麦卡莱斯特教授（Prof. Alexander Macalister，剑桥大学解剖学教授）、威廉·奥斯勒爵士（Sir William Osler，麦吉尔大学、霍普金斯大学以及牛津大学）、唐纳德·麦卡莱斯特爵士（Sir Donald Macalister，剑桥大学圣约翰学院资深导师）、医学总会会长沃勒特·奇德尔（Walter Cheadle，伦敦圣玛丽医院资深医师）等人。——作者原注

请风水先生寻找万年吉壤,再向经管茔地的机关定购。然后他们就把棺木寄放在坟场附设的"阴宅"中数月或数年,待黄道吉日到来后才正式安葬。有时这个黄道吉日永远未能到来,由于曾经富裕的家庭财源耗尽,他们的亲戚们就会强烈要求管理机关当局允许将死者草草埋葬。自从共产主义者在中国掌权后,地方政府便指令所有死亡者必须在一定期间内埋葬,否则遗体就要在城市或地区的火葬场火化。

伍连德博士的双亲:父亲伍祺学,晚年时人称伍金伯(金伯伯),1832—1916,享年84岁;母亲林彩繁,1844—1908,享年64岁,一生养育了11个孩子

伍、林两家的坟地位于槟榔屿的埃尔斯金山上。当初最大的坟墓属于第一位当地出生的林姓祖母。现在被至少有20座小一些的坟墓环绕着,其中埋葬着她故去的儿孙。这位林姓祖母坟墓覆盖着从汕头运来的雕刻精美的灰色石灰岩,两侧是顶部雕有石狮的花岗岩。林彩繁和她的丈夫伍祺

学的合葬墓也荣幸地饰有两个高达 16 英尺雕刻精美的华表,其上铭刻着他们一位儿子的显赫地位,这位儿子曾为大清和民国政府服务近 30 年(1907—1937)。

1903 年伍氏家庭三代合影。年轻的伍连德(后排最右边)刚由英国回家。五兄弟站立于父母身后,三个小孙子相随在侧。除伍连德外,所有男性均留有辫子。

伍、林两家联姻起始于 1857 年,至今养育有以下子女:
1. 长子连胜享年 72 岁(1859—1931)
2. 长女月霞享年 88 岁(1862—1950)
3. 二子连兴享年 57 岁(1868—1925)

4. 二女月桂享年 38 岁（1869—1907）

5. 三子连发享年 84 岁（1871—1955）

6. 三女月清 1958 年依然健在，时年 85 岁（1873—　）

7. 四女月明享年 46 岁（1876—1922）

8. 四子连德 1955 年 76 岁（1879—　）

9. 五女月柳死于 1954 年 3 月，享年 74 岁（1880—1954）

10. 六女月心，1955 年时她 72 岁（1883—　）

11. 五子德安死于 1951 年，享年 62 岁（1889—1951）

伍宅坐落在中华街上，离观音古寺不过一箭之遥。广东人称其观音庙，而在福建则称做佛祖庵。阿金多年租住这所房屋并经营他的金匠生意。他用整个第一层开设店铺，经营金器贸易；二层为他那人丁越来越兴旺的家庭所占。生于 1859 年的长子被送到华南台山农村老家，年仅 10 岁便学习中文和继承家族传统，因此他须接受严格的训练，届时去继承父亲成为家长。长女月霞留在家中帮助母亲做家务，照看年幼的弟妹。虽然她从未进过学校，但她依然成长为精明能干的女人。年轻的弟妹上学后，一个接一个证明能够独立之前，对她总是百依百顺的。但总的说来，女孩们对大姐更为尊敬，她们更多地从她那里学会家务、做饭和裁衣，这三项是每个马来亚华人妇女居家的必要条件（sine qua nons）。二男连兴 1868 年出生，在槟城大英义学就读时即已显露他在中文和英文方面的禀赋。二女月桂 11 岁时即能帮助大姐操持家务，因为她天性良善，与弟妹们相处融洽。三男连发比其他孩子更为文静，未强求其进入英语学校而仅学中文。这一决定对他以后的前途影响很大。三女月清颇有一些学者气质，有机会接受了基本中文教育，这对她后来陪同相当富有的丈夫——一位客家书生在 1900 年义和团起事后前往北京大有帮助。她作为一位交通局秘书的体面的夫人，在北京城内生活了多年。四女月明没有上学，性格温顺善良，长大以后成了一个能干的家庭主妇。她在22岁时嫁给一位游手好闲的麻脸丈夫，不久即破产，以至于晚年要依靠一子一女。

童年

我是家中第四个男孩，排行第八。我出生于星期一黎明之前。此日为光绪五年二月十八日，换算为西方的格列高里历法，是1879年的3月10日。当我开始懂事后，我的姐姐和店员告诉我，我呱呱落地时，正是皓月当空，那是阴历一年的第二次月盈的18日，时间是凌晨3时。遮月的云朵四散，黑夜天空中的月亮分外皎洁。显然分娩过程十分顺畅，未留下后遗症。一位马来助产妇（毕丹）在连续4星期中承担照料母婴之职责，洗衣服和看护我们。她的职责之一是用一个名叫tungku的至少3磅重之卵形铸铁块，加热后置于产妇下腹部，1日3次，以助子宫体积复原。助产妇这一个月的职责，赚得共计30元的报酬。多年以后当我在医院中行将结束学生生活时，回想起这些原始技术，认识到妇女分娩时经受的疼痛与苦难，第一胎尤为深重。显然这种疼痛会随着多次生产经历而变得感觉迟钝和可以忍受，但是在出现受到现代科学训练的助产士前，每一个婴儿的降生必然充满风险。

在当时，婴儿通常以母乳喂养。母亲就像在我出生前哺育其他孩子一样，用乳汁哺育了我整整一年。在我缓慢而稳步的成长过程中，先是在光滑的地板上爬行，继而蹒跚学步，跌倒了又爬起来，终于在楼上的几位姐姐和楼下多位友善的店员的扶持下走得更稳。我开始观察周围的世界，与人谈话并开始思考。虽然如今70多年过去了，我依然清晰记得童年时发生的一些事情，包括比我年长的人们告诉我的那些事情。我在很小的时候就被带到街道上，并看到我家大门前匆匆流动的城市生活：穿着短衣短裤的中国人拉着的双轮黄包车、手推车、牛车，小型马拉的四轮出租马车。那里有各种商店，有些出售衣物；有些出售食品；而另一些则出售水果和五彩缤纷的糖果。这里除了中国人，还有印度人。他们中有一些人在腰部缠上一小块布；有些则身穿五颜六色的纱笼，或者配上紧身的上衣。他们的妇女们经常在手腕或脚踝处佩戴金银环饰，宽厚的耳垂部坠着沉重的耳环，另外少数人则在鼻孔处穿着挂着彩色小石子的环。在街道上几乎看不见马来人，他们极少在城中经营商店或从事贸易活动。后来我曾见到一些由人驾驶的供出租或运输的交通工具，它们属于富裕的华人所有。大多数马来人以捕鱼为生，他们居住在海边渔村。印度人只在同胞中行商，他们有自己的货币兑换，并在那里展示金银钱币和装在玻璃盒中的兑换券，如同普通商品。槟城街道中，牛干冬街（Chulia Street，"干冬"，马来语"牛栏"之义）的一端整整一个街区居住着的皆为皮肤黝黑的印度人，头部寸发不留，身缠一块白布，脚穿皮凉鞋。我经常看到他们整日盘腿坐在他们的商店里，埋头于许多大型本册中（后来我才知道是账册），当时我曾怀疑他们如何能经商。有人告诉我，这些人都是来自印度南部的雀替尔族人（chettiars），是放贷人。我甚至在那样幼稚的年龄时，就受到警告绝不可落入他们手中。

除了商店，还有美观清洁的房屋，这些是富人的私宅。我偶尔进入这些房屋内，发现它们的结构和陈设大同小异，时光流逝并未改变它们，即使到今天，依旧基本保持我儿时的状况。前厅和房屋其他部分被一扇木雕屏风分隔。屏风之前安放着神龛，上面安放着一些泥塑或木雕的源自中国神庙中的神像。其中无疑受万民、特别为妇女景仰的是观音，通常是1尊雕刻精细的中国陶瓷像，或站或坐在莲花底座上，怀中还抱着1个天真的孩子。男子则多半崇拜3位战神：关公、张飞和赵云。在许多房屋中，我们都能看到神龛的木屏上悬挂着此3人的画像。在客厅的两侧，挨墙摆着8张红木椅，并配有茶几。这些或为本色，或镶嵌着珍珠母贝。前厅后面为起居室，居家的妇女们日常在此活动而不会被客人窥伺。这里也是全家用餐处。在大厅中央，摆放着长达15至20英尺的长桌，用途多样，诸如举行婚宴或寿宴，可容纳众多客人。穿过起居室则是厨房、盥洗室和浴室，而全部卧室均在楼上。

在父亲所开金店的店员中，有父亲的一位贫苦的本家兄弟。他比父亲小5岁，孩子们都叫他阿叔或小叔。父亲和阿叔一起在新宁农村中度过童年，这两位同姓兄弟中，兄长坚持学习，获得了相当的传统知识，而弟弟则安于家中平淡鄙俗的生活。父亲在槟榔屿发达后，便召唤他渡过"七海"来试试运气。"七海"是当时中国海南部的俗称。阿叔年龄太大，很难学习经商或手艺，而他的文化程度又无法胜任财务管理，因此便请来照看孩子，做点比较轻松的杂务。于是40岁的阿叔和6岁的我成了忠实的朋友，直到今天我依然记得，他个子不高，圆脸，嘴上留有一撮小髭。他将3尺长的发辫盘于头顶，而不像当时绅士将发辫直垂后背。每逢节日，我经常在早晨陪他去市场探听日常生活用品的用途和价格。晚上我们就去椰脚街（Pitt Street）观音庙前看露天戏。这些戏剧由某些人为还愿而出资请戏班为人们免费演出。根据出资者的中国原籍，分别用粤语、潮州话或闽南话演出。在某些节日，比如在7月"安魂"节［盂兰盆会］，据说此时阎罗王将亡灵释放，允许他们返回阳间；再如9月上旬，为纪念九太子［貔貅］的日子，信徒们奉献大笔金钱，请民众免费观看连续演出，时间长达1周甚至更久。某日晚上，演出之后，阿叔背着我回家，我用双手搂着他的脖子，他用双手托着我的大腿。在拥挤的人群中，我感觉有只粗大的手在解我的金脚环。我因害怕而不敢出声。回家发现小偷已将贵重的金饰盗走。从此以后，我决心永不再佩戴任何饰物，并且在以后一直如此，甚至婚礼时也不佩戴任何种类的戒指。

椰脚街的观音庙是槟城被占领后不久建成的。令我幼时印象深刻的，是香客很多，男女老少都来此点着红色蜡烛和线香，下跪祈求健康和财富。为确认祈祷是否灵验，或是观音菩萨应允或拒绝了他们的请求，他们采用了一对月牙形的小木块，一面平一面圆，仿佛是一粒巨大的咖啡豆的两瓣，将这对木块轻轻上抛，并让它们落在神像面前的地板上。神的决定由木块落在地上的状态显示：如果一个圆面朝上，另一个朝下，就表明神应允；如果两个木块朝上面的情形相同，则遭到神的拒绝。如此瞬间作出的决定，事关钱财、婚姻与祈求者日常生活的事务。祈求者获得的是快乐还是灾难，婚姻前景是顺利还是坎坷，仅靠抛掷这两块木头，在坚硬的地面上连续剧烈撞击来决定，而那神像则总是端坐不动，面带慈祥而神秘的笑容，这真令我不胜诧异。这让我们想起了古代罗马人的习俗，他们在祭神的家禽内脏中竟能读出上天的旨意。于是历史的进程完全是由罗马祭司或预言家们的手是否颤抖来主宰。

另一种占卜问卦的形式是求签。在佛像前摇动一个内装竹签的竹筒，直到某根竹签掉出。然后将竹签递给执事僧人，他将竹签换成相应编号的黄纸笺。纸笺上写着神谕文字，它通常是一个谶语，解读其隐含的意义，则须求诸专于此道者之如簧巧舌。

某座寺庙进香者之多少，即其知名度，主要取决于求神问卦的灵验程度。椰脚街的观音庙在这方面据说是最可信的，因此它的信众非常多。在观音诞辰日，这里挤满了数千进香者，无数点燃的香烛所产生的浓烟，使人几乎窒息。寺庙一直保持着甚佳之名声，招来了暗中嫉妒者，庙中僧人之间也发生争执。最后当地华人社区的头领们——他们受华人大会的授权，决定出面干预，并接管了寺庙的管理权，使寺庙的经营为整个社区造福。信徒们大量的捐款和在庙中出售各种物品所得，现在均用于公共需求与社会福利。

我至今仍清楚地记得的另一童年趣事，是中国新年和一年中顺序到来的其他节日。按规矩，中国的劳工和工匠在整个一年的工作中是没有歇息的，只规定在新年期间停工整整两星期。假日一般从旧年结束前两天开始，他们光顾商店置办新衣和食品，特别是猪肉以及从中国进口的形形色色的美味，例如烟熏腊肠、腊鸭、鲍鱼、鱿鱼（墨鱼或章鱼）、白果、菱角、海参以及其他价格不菲的美味食品。此外，他们还要准备祭神用品，因为在过去一年中神保佑他们和他们的家庭平安，也祈祷上天在来年继续保佑他们。

新年前夕，除与欢庆新年有关的必需商品和食品外，全部商店都将闭上门板，门前悬挂起长红色丝带。所有房屋要进行彻底扫除，主要墙壁要粉刷，无论木质或水泥地板要用水擦洗。许多地方也许一年中仅有这一次扫除。一两英尺长的红纸条上写上各路神仙（天上的、家庭的，甚至厨房的）的汉语名字，分别贴在相应地方的墙上。长达10英尺，甚至更长的甘蔗连带着青叶——象征年年兴旺——装饰在门前。在神龛前，供着各色水果，有西瓜、进口的橙子、菠萝和柚子。西瓜子、糕点和甜食装在玻璃容器中，摆放在客厅中央的大桌子上，以供来访亲友随时食用。在大年除夕夜到来之前，处处充满着忙碌和兴奋。蓦然间，一切都妥帖了，所有工作均告就绪。男女老少都尽量穿上了新衣，暂停睡眠，静候子夜开始的新年到来。中国人认为在此时刻全家所有成员，无论贫富贵贱，均必须在家中团聚，不应在公共场所相会或在旅馆中守岁。午夜钟声一经敲响，立刻全城鞭炮齐鸣，声响震天。在这些日子里，人们真是心情欢畅，尽情庆祝。那时马来亚不像战后这样，并无紧急状态，因此并不禁止人们燃放鞭炮烟花，人们可以随意尽兴，只要他们的钱包容许。

烟花爆竹声之余音尚留耳边，三两成群的流浪艺人登场了。他们或吹笛，或用一根尺状木条敲击平钹，如果有第三人，则吹笙合着节拍伴奏。这些人并非正规的艺术家，只是想趁此众人欢乐且友善的时刻，联合起来赚点"红包"。红包（angpow）是福建方言，它在欢庆中国新年以及诸如寿庆或婚礼等喜庆时刻，从过去到今天，都有着重要作用。红包就是以现金作礼物，通常是一块银子外加几枚铜钱，表示"同心"，外包红纸——红色对中国人而言是喜庆幸运的颜色——每逢喜庆之日，将其分送给适当的人，特别是孩子们。这个风俗传布如此之广，以至于在马来亚的各种族中风行，并被作为该地区的英语惯用语表示年终奖励或对忠诚服务者的特别犒赏。

曙光初露，孩子们便穿上最好的丝质新衣，戴上他们最珍贵的首饰。男孩们将头发分成小撮在头顶上编成辫子，并用红色线结扎；女孩子梳理并美化秀发后，还要戴上柔软的可以调整的头饰，金头饰上饰有诸如传说中的"八仙"等。全家黎明即起，父母、祖母和其他长辈要把价值不等的红包发给孩子们。在当时（1885—1895）的槟榔屿，游乐场与康沃利斯城堡（Fort Cornwallis）紧邻，在春节最初5天，那里是孩子们和那些照看他们的仆人的天堂。在那里汇集许多游商小贩，他们叫卖新鲜水果、加香料的露酒、冰糕、杯装果冻、热面条、麦芽糖稀，还有各种酸的、甜的和加有调料的零食点心，令孩子们垂涎欲滴。众多孩子们围绕着这些小贩，许多孩子手上有钱却又难以确定想买之物，小贩们自然满载而归。还处处可见一种形似轮盘的游戏。游戏器具的结构是：一根可以旋转的棒子，一端悬挂着一根指针，垂直指向下面一块被画成不同格子的圆板上。游戏者交费后，拨动指针使其旋转。当指针停下指向某个格子时，格子里的几块糕点或甜品就属其所有。当然，如同绝大多数此类游戏一样，胜算的几率总是不利于投注者的。孩子们虽然极少能得到物有所值的结果，但孩子得其一时之快乐。细心的母亲往往把孩子们的红包留在家里，只让其带上足够的零用钱，若非如此，则所有的红包都将流进那些小贩们的口袋。

新年的开始5天，孩子们要去给长辈拜年，以表示对他们的尊敬，男子在他们的祠堂里相聚，互致问候，然后坐在桌边赌博以消磨时间，有时赌注颇巨。妇女们则愿意留在家里照看子女与准备饭菜，偶尔也花钱去戏园。当时未有电影，只有中国戏剧，每天演出两场，每场三四个小时。剧情则是描绘历史名人或英雄。在主要节目中，有时难免有插科打诨或滑稽剧穿插其中，但不会有今天某些西方影片里常见之血肉横飞场景。

手艺人或劳工在劳累后得以喘息，每人都按自己的意愿享受假日。大多数人借乐器放松，或玩小注的赌博。有一条不成文的规矩，或至少是在警察局与公众之间有此君子协定，即在新年的最初几天，只要不发生暴力行为，也没有人聚赌设局，小注的游戏则受到当局许可或默认。当然，人人酒足饭饱，这对许多人也许是一年中唯一的一次。因为错过了今年的假期，或许就得等下一个新年，况且，对于他们这些远涉重洋数千英里，久别父母妻儿的人，又怎么可能尽情欢乐。

新年假日第八天，子夜带着又一次庆祝高潮来到了。这是新年祝福活动的又一个高潮。流浪艺人再次登门，演奏音乐讨些犒赏。这次的节目是感恩，为过去受到保佑而感谢上苍，同时祈祷未来之庇佑。在此种场合，八仙桌子上摆满了各色供品，有烤乳猪、鸡鸭和时鲜果品，紧靠大门内离地3英尺高处摆放着3小杯黄酒和3小杯清茶，每位家庭成员都须在此向上天祈祷。

正月十五日到来，当地方言叫做 chap-go-meh，这是新年欢庆之尾声。这个节日是为未婚少女而设的。此前多时，各家的女孩都在准备漂亮的衣着和稀见的首饰，以便在元宵夜炫耀一番。要是某家有自己的马车（彼时尚无汽车）当然很好，如果没有，以数倍往常之价雇来一辆尽可能收拾一新的四轮印度式小车使用一夜，也属差强人意。夕阳西下，激动人心的时刻到来了，待字闺中的女孩获准离开家庭的约束，乘车通过灯火通明的大街，让异性一睹芳容和品头论足。这是一年中仅有的一夜，体面家庭的女孩得以外出，随意游览而不必担心责难。马车往往会在海滨或河边停留片刻，让姑娘们试试运气，看看在这个年头结束前是否有机会喜结良缘。她们用碎瓦片或扁平的卵石向水面削掷，做"打水漂"的游戏。如果碎片在水面跳起一次或两次，则预示前景乐观；如果碎片直落水底，就意味姑娘须静候。

还应提及与此有关的是，此时当地出生之华人女孩，多已经接受了严守穆斯林教律的马来原住民的服饰和起居习惯。因为早年到来的中国移民并未携带家眷，因而多与当地马来或泰国妇女结婚。他们的女儿也都按她们自己的方式养育。可是，尽管他们允许这些女孩儿接受当地的服装、发式和某些风俗，但中国人坚守自己的生活准则，即饮食习惯和文化。所以男孩子和部分女孩都须上学，继承着源自孔老夫子时代的民族习惯和传统。

"正月十五"是庆祝活动之最后一天。女孩们已经出去见识过，也被别人一睹芳容。已经见到中意男青年，但并未定主意者，还须等待来自父母和媒人的消息。如有必要，前期的正式谈判即可开始。

此时大多数人已准备次日复工，一年中的最大且最长的假期已经结束。未来12个月中再难遇此良辰。小学生们找出课本，掸去灰尘，削好铅笔，静候复课和认真学习，也许还要被严厉的老师打手心。

启蒙

1886年的中国新年假期过去不久,我上学的日子终于到来了。二哥连兴时年18岁,已经是最高年级的学生,即将离校寻找就业机会。他已经在这个北部殖民地最好的大英义学受过教育。我自然要步其后尘。我首先被领到地处大街且离我家不远的观音庙去叩拜(生活发生重大变化时必做之事),然后被带到负责学籍的办事员面前,这位办事员的中文名字叫甘阴吉(Kam Im-Keat)。这位先生大约45岁,操英语和福建方言,近视眼镜挂在他的鼻尖,颇有些玩世不恭的样子。

在学校的花名册上登记我的姓名时出现了麻烦。用汉字写某个中国人的姓名,只有一种写法,然而要把它读出声来,则可能有一打读法,因为中国语言中方言太多。我的名字可以写成 Ng Leen-Tuck(意思是五种德行合于一身),而按官话发音则是 Wu Lien Teh,可是用我自己的广东方言,应写成 Ng Leen-Tuck,用福建方言来拼写,即正好是这位办事员的乡音,成了 Gnoh Lean-Teik。因此我在学校的注册的姓是 Gnoh,这位办事员先生又折中地把我的名字写成了 Lean-Tuck。真要感谢甘阴吉先生,我的姓名竟拼写为 Gnoh Lean-Tuck 了。这个名字始终伴随着我的求学生涯,在剑桥大学和伦敦医院,后来当我有资格做医师,我的名字出现在官方注册簿上时同样是 G. L. Tuck。在我的英国和欧洲老朋友中间,我就被称做 Tuck,我的儿子 Fred 如今(1954)也正在剑桥的依曼纽学院读书,人们都喊他老 Tuck 的儿子。1908年我到天津陆军军医学堂任职时,发现我的姓名采用官话翻译最方便,此后我签名就写作 Wu Lien-Teh。

现将槟城大英义学（Penang Free school）略加介绍。1786 年弗兰西斯·莱特在槟榔屿建立殖民地后，当地牧师哈钦斯（Rev. R. S. Hutchings）与某些人商酌后，于 1815 年向州长申请建立一所公立学校，并就其管理提出了一些建议。经州长批准后，即开始筹集经费，

槟城大英义学

并在 1816 年至 1824 年间募集到 10 867 英镑。除由政府赠予邻近今日圣公会教堂，当时称做教堂广场的土地外，还允诺每月拨款 200 英镑作为办学经费。办学伊始，即确定"必须小心谨慎，不得干涉家长们反对基督教的偏见"。因此所有儿童，不论其种族和宗教信仰，均可自由入学。所以这所 Free school 并非不收学费，而是指思想信仰自由。1816 年 10 月 21 日，新校舍尚在建设中，一所对所有男孩开放的全日制学校，在情人巷（Love Lane）一所房屋中开学了。1817 年该校有 49 名学生，到 1830 年，学生数增至 90 名，1845 年为 173 名，1860 年为 296 名，1880 年为 573 名，1900 年为 798 名，至 1906 年则为 837 名。新校舍一再增建，最后不得不将高年级迁往新的大楼。这座宏伟的新建筑占据着青草巷（Green Lane）中一大块地方，离市中心 3 英里。此大楼可容纳 1 300 名二年级学生，并配备着近代教学设备，有可开展各项体育运动的大操场。此时教堂广场的学校原址改为赫金斯小学堂，用于纪念学校的创始人，并附设有命名为维斯特兰和弗兰西斯·莱特的学校。这些初级学堂为高年级的大英义学提供生源，该高年级的课程是从标准课本第六级（Standard Ⅵ）开始，现在则称为二年级（Form Ⅱ）。

1886年我入学时,大英义学共约有500个全日制学生,大多数学生每月缴纳一元钱,当然还有为数不少的穷困学生学杂费全部免除。父亲给我两分钱吃午饭。学校校长名叫乔治·格里芬(George Griffin),和他的前任约翰·克拉克(John Clark)一样,都在伦敦的切尔西(Chelsea)圣马可学校(St. Mark's School)受过教育。他是一位高大魁梧躯体笔直的男子,短短的灰头发修剪成士兵发型,胡须浓密。他经常穿着一身容易浆洗的白色军人操练服,挺立的领子,贴身是一件普通的衬衣。在当年,这样的服装花24元即可买到一打。每套服装洗烫一次仅为5分钱(1先令)。格里芬先生的军人风度令我们印象深刻,每天必来几个教室,而那皮靴踏在光滑木地板上颇为沉重的脚步声,会让我们提前知道他的到来。我们的教室一字排开建在从观音庙到红毛学前(Farquhar Street)地区,街的尽头就是新建的赫金斯小学堂。这里是各自独立的楼房,每楼容纳2至3个班级,每幢楼用砖座支撑,高出地面3英尺,再由水泥走廊将楼房彼此相连。卫生间只是相当原始的公共厕所,房顶盖着当地出产的瓦片,而脚下是沥青水泥地面,散发着浓烈难闻的石油和消毒剂气味。

整个运动场内,既无合适的游戏场地,也没有任何体育组织。我们逐渐长大,越来越喜好运动,就要自己想办法。我们用破损的书架制作自己的板球拍,从当地欧洲人俱乐部雇用的淡米尔球童处以一角钱一个的价格收购废弃的网球。为了打网球,或者说我们自己所认为的网球,我们还利用了我们的写字板。写字板在当时是小学生必备的学习用具,因为它能反复利用,特别是演算数学题时更为方便,因而比用纸张更节约。我们就是这样接受了网球和板球的第一次培训。尽管不甚完美,但不少男孩由此而精通了这些运动。假如那时已经引进当代羽毛球运动,无疑会得到普及,许多学校中将会产生世界冠军,像以后那样,为马来亚带来荣誉和国际声誉。足球需要更广阔的空间，通常都在空旷场地练习。后来的校长威廉·哈格里夫斯先生（Mr. W. Hargreaves）对此颇为重视，星期天或是其他时间只要没有正式比赛，他会允许孩子们在运动场练球，因为他曾经是当地欧洲人板球俱乐部的足球队长。

在格里芬先生领导下还有两位英语教师，在低年级还有中国人、淡米尔人和马来人辅助他们。绝大多数课程相应的基础课程，低年级或多或少用马来语讲授。通常是每教一个新英文单词，便将相应马来语单词用罗马化拼写，同时让孩子们用英语、马来语和汉语反复读出这个词。低年级课本由当地印刷，但更高年级的课本则来自印度的马德拉斯或英国。到我们入校时，这一早期的教学体系已经放弃了。不再借助马来语对课文作一般讲解，在年轻学童最易于接受知识的年龄直接用英语讲授。结果在槟榔屿，特别是在马来联邦，成长起来的不止一代当地出生的华人能够流利地讲英语而不懂马来语，但后者却准备作为未来的官方语言。看来有多条理由认为，在初级小学校里应该坚持原来的政策，教授英语的同时附带教授罗马化拼写的马来语，这样所有未来的公民不仅能略通马来语言，还能理解马来民族的思想和心理。荷兰政府看来在几个世纪前建立统治之初即已理解这一点之重要性，因此在培养它的未来公民时采用了易于理解的罗马化拼写方式，而未用扎威（jawi）拼写系统。也许荷兰人并未预料到1950年他们会将政权交给印度尼西亚人民，但是至少使这个国家的统一和独立有了较充分的准备。这当然要比马来联邦更明智，他们曾经希望采用英明的政策，通过把英文与罗马化的马来语结合起来学习，使三个主要民族——马来人、华人和印度人彼此更加了解，这个自治政府便将建立在更稳固和更长久的基础上，就能像已经立国数百年的瑞士联邦那样。

格里芬先生任小学校长20年（1871—1891）。在此期间，教授给男童的知识过于浅显,曾令槟榔屿的人们颇为不满。因为1885年设立了一种高级奖学金(后来称英女皇奖学金),使整个海峡殖民地有培养前途的孩子能前往英国深造,但是只有受到较好培养的新加坡学生入选。于是大英义学的管理委员会决定聘请一位受过大学教育的人出任校长,这样,都柏林三一学院的文学硕士、英国莱瑟黑德(Leatherhead)圣约翰学院的助理学监威廉·哈格里夫斯先生便上任了。

情况立见好转,教学的重点转向户外运动并且更多地学习英国文学、历史、地理和数学。新校长成功引进了某种难以言传的精神,这种精神是优秀的英国公立学校的特色,于是孩子们常常受到一些新词的赞扬,例如"团队精神(esprit de corps)"、"行为正大光明"、"完美的绅士"、"这不公平"等诸如此类的惯用语,表达出希望每个少年应具备的良好品质。

1890到1895年前后,用功的男孩的学校生活是愉快的,尽管他们还颇不通世故。我在家里没有专用于学习或睡眠的房间,店铺后面有个空间让我放一张桌子和一把椅子就很满足。通常我用的是全家吃饭用的餐桌和随便找到的空余凳子。那时晚上还没有电灯和气灯,一盏大型煤油灯挂在天花板下供全家共用。如果我的学习超过了熄灯时间(通常是晚上10点),我便点着一盏简陋的椰油灯照明。这种灯是一个口径约4英寸的陶制浅碟,内盛椰子油,油上漂着一根灯芯。椰油灯所发出的光线微弱且摇曳不定。数年中,夜夜在这种环境下自学。令人不解的是,我的视力尽管需要借助近视眼镜,但70多年一直保持稳定。

如同这个殖民地,乃至全世界任何学校一样,在大英义学也有欺凌男童的情况,但《汤姆·布朗的学生时代》一书中所描述的那种极度恶作剧或高年级学生残暴欺压低年级学生的事件并不存在。这主要因为我们都是走读学生而没有寄宿学生之故。

哈格里夫斯在槟榔屿任校长13年，与大英义学的私人合同期满后，他接受了一个可享受退休金的公职，担任瓜拉江萨（Kuala Kangsar）马来学院院长。这所建立在霹雳州苏丹州府的学院，供马来亚酋长和地方贵族子女接受较高之教育。我童年时代能在大英义学遇上这位校长，是件幸事。1893年我升入最高年级（Standard Ⅶ），开始受到他的影响。那年我已有13岁，但仍然是班级里最年幼的。哈格里夫斯校长因此昵称我为baby，而且特别过问我学业的进步。大约有20名优异的学生被选拔出来，在特别班学习，以便辅导他们参加每年在新加坡举行的政府与英女皇奖学金的选拔考试。哈格里夫斯亲自教英语、文学和历史。他特别注意孩子们的语音，强调英语之所以重要，是不得不使用这种语言说话。尽管哈格里夫斯在都柏林取得学位，但他是一个地道的英格兰人，因此他要我们尽量学习他的同胞的优秀品质。他很少使用教鞭，但对那些狂妄自大、不诚实或欺侮弱小的学生则十分严厉。他每天授课3小时，其余时间则用于校务或监督其他班级，包括与高低年级学生谈心，了解他们的家庭、愿望、抱负和体育活动。

哈格里夫斯先生身材高而体瘦，胡须颇密且已显花白，浅褐色头发日见稀疏。他走路的步态与众不同，头前倾而用脚尖着地。这与格里芬先生专用后跟正好相反。他步行时双臂前后摆动，像受检阅的士兵，举手投足无不像运动员。他常常谈起在莱瑟黑德度过的岁月和在英国受业时的师长，以及后来经他教导的许多出色学生。他的声音悦耳犹如音乐，童年时无疑是唱诗班中的佼佼者。因为我们中的大多数人认为英国人刻板而不易亲近，冷漠而势利，他便以友善的方法亲近我们。他的妻子天性和蔼，来自兰开夏（Lancashire）郡一个富裕家庭，善于绘画。她描绘当地风景和人物的油画和水彩画，备受众人赞赏。夫妻二人相敬如宾。天气好时，人们常见两夫妇驾驭着由一匹白色小马拉着的黑色敞篷马车沿着拥挤的海滨广场信马由缰而行。他们只有一个孩子，名叫托尼。先在印度军队中服役，退役后成为伦敦城中的股票经纪人。

荣获英女皇奖学金

哈格里夫斯在校中曾得到几位英国人的帮助。这些人中，我记得有 W. 汉米尔顿（W. Hamilton，后来成为校长）、艾克瑟尔（J. M. W. Eckersall，优秀的数学教师，教我们初等和高等数学以及化学）、霍金斯父子（Hawkins, Sr. & Jn.，小霍金斯同样精通印度语和马来语）、斯塔尔（H. Starr，一位爱尔兰耶稣会修士）和 R. 巴特勒（R. Butler）先生，其余助手、教师皆为中国人（我记得其中两位是黄财福和郭天进，后一位是位高明的数学家）、马来人和淡米尔人。亚欧混血儿通常坚持进入他们早先建立的圣方济各·沙勿略学院（St. Xavier's Instituttion）。该校坐落在较远的红毛学前。在哈格里夫斯先生关怀下，我们槟城大英义学获得 1893 年两个英女皇奖学金名额中的一个，获奖者名为洪木火。第二年又有大英义学的孩子辜立亭获此殊荣。再过一年（1895 年），我位居第二，本应属于两名中，但我未达规定年龄，只好再等下一年的竞争。但到 1896 年，我以足够高的分数成为唯一的获奖者，必须独自前往英国。

可以在此谈谈该奖学金的来历，以及为获此宝贵奖学金而进行的竞争。1885 年，海峡殖民地的总督塞西尔·克莱门蒂·史密斯爵士（Sir Cecil Clementi Smith）建议设立此英女皇奖学金，每位学生每年 200 英镑，共 4 年，外加往来伦敦的旅费。设立此奖学金的目的是：

1. 帮助学业优异的男童有机会去英国深造。
2. 鼓励一定数量的男童留校，并接受确实有用的教育。

海峡殖民地之任何一所学校均可提名奖学金候选人，但往返新加坡应试之费用由提名学校担负。在最后确定中选者时，还须考虑申请者在校的历年记录、性格和天赋。事实上，应选者除个别人外，都表现极佳，由此足见其选拔过程之高标准和授奖决定之极度慎重。

幸运的是，来自槟榔屿的孩子们得到中国富商的大力帮助，他们为土生土长的子弟取得的成绩骄傲，乐于为这些离家的孩子作出奉献。在该地经营鸦片和酒坊者，多为来自槟榔屿的商人。他们在公开竞争中打败新加坡对手获得了专卖权。当孩子们在新加坡应试时，他们在牛车水街（Teluk Ayer）的办公室楼上的起居室里，为这些小客人安排住宿，鼓励他们用心应考，为他们准备可口的饭食，令人大有宾至如归的感觉。应考少年在宠爱的氛围中度过了7至10天。这些孩子看到过熟土（加工好供吸用的鸦片）如何在大锅中炼制，以及如何分装进小袋或金属小管。他们还闻到酿酒作坊内浓烈的烧酒气味。不过他们从未想过要去尝试它们。唯有那些富商的名字令我们终生难忘：谢增煜（Cheah Cheng-Eok）、谢德泰（Cheah Teik-Thye）、谢自友（Cheah Choo-Yew）、谢琦意（Cheah Ke-Eee）、林克全（Lim Khek-Chuan）、陈谦福（Tan Kheam-Hock）、何长远（Ho Tiang-Wan）、颜五美（Gan Ngoh-Bee）和邱汉炎（Khoo Hun-Yeam）。

试卷由剑桥大学的考试管理会发下，候选者答卷则海运送回。当时尚无航空邮政，按今天的标准，邮船速度也不快。一般要等4个月，因此须用电报通知这两位成功的优胜者。当1896年5月我们得知好消息时，我的亲戚朋友们真是高兴万分。我一共参加过4次考试：1893年我14岁，名列第八；1894年获第五名，获政府颁发的奖金50元；第三次在1895

年，我虽位居第二，但年龄太小，不能领取奖学金，不过得到政府180元奖金；最后一次考试在1896年，我夺得第一，必须独自乘船前往英国，因为另一个候选者未达到奖学金的分数线。

我为我的家庭赢得了非凡的荣耀，然而某些冒失且顽固的远亲却来劝我父母，要我留在本岛，求得一个政府职位即可。因为如果我脱离了家庭的影响，很可能会失去自己的社会身份并丢掉那宝贵的辫子。更有甚者，我也许会在英国娶一位英国姑娘，再也不顾自己的老家和祖先了。然而家中有一人特别支持我去英国，这便是二哥连兴。他年长我10岁，当时正在槟城地方法院任副翻译官。他全然不理睬那些无知的亲戚的游说，坚持要看到我成为一名医师。他认为，已经出色地得到一份丰厚的奖学金，则应该允许我前往英国求学以从事一项高尚的职业。

在哈格里夫斯校长的英明领导下，槟城大英义学声名鹊起。来自马来亚各邦，甚至来自遥远的新加坡的优秀学童，慕名来到殖民地北部继续他们的学业，希望赢得英女皇奖学金。自1885年创立奖学金至1910年暂停，一共资助了45位年轻学子。到1939年则共资助了88名学生。其中有21位出自槟城大英义学，11位来自罗马天主教的圣方济各学院，1位来自槟城卫理公会的英中学堂。在哈格里夫斯任职期间，他亲手培养过9名获此殊荣的学生。因此，他为继任者提供了良好的发展基础。在哈格里夫斯校长离校以后，由来自牛津基布尔学院（Keble College）的文学硕士皮霍恩（R. H. Pinhorn）先生继任，并在大英义学主政长达21年（1904—1925）。事实证明他是哈格里夫斯的称职继任者。他不但继承了英国公立学校的传统，在1924年英女皇奖学金恢复以后，又培育出了3名获奖者。另一位杰出的校长是在二次大战以前任命的来自伦敦的文学学士和理学学士阿诺德（L. M. Arnold）。他接受过我的建议，在讲授动物学时，用解剖真正的动物取代并不可靠的挂图。这几位当地有名的教育家都已故去，他们健在时，经常被人调侃：老校长眇一目，皮霍恩跛一腿，阿诺德则失一肾。据我亲见亲闻，确实如此。三位校长中，哈格里夫斯享年最长，1915年他们退休后，他们夫妇在位于西肯辛顿的朗瑞吉大街上的家中度过了20多年。后来，我作为中国政府和国联的代表前往欧洲参加医学或其他会议，使我得便探望这几位敬爱的老人。我今日之学术成就，大部分应归功于他们。凡遇此机会，我即尽可能邀请他们前往附近安静的餐馆用餐，然后再请他们看戏。遗憾的是，他们夫妇俩从不喜好中国餐，虽然许多英国朋友都爱好中国佳肴。我仍记得和他们一同观看由埃德加·华莱士（Edgar Wallace）的恐怖小说改编的歌剧《冒名顶替》（*The Ringer*），所有演员的表演都非常出色。

远赴英伦

按照1896年颁布的新规章，英女皇奖学金获得者必须进入英国的大学学习，而不能仅仅在某个教育机构或工程学院学习。我便想到剑桥，于是哈格里夫斯先生将我介绍给他的朋友、槟城的首席行政长官威尔金森先生（Mr. R. J. Wilkinson）。后者很不像通常白皙的英国人，他肤色黝黑，长着浓密的黑色小胡子。他是位学者型官员，是包罗万象的《马来语-英语综合大字典》的编纂者。这部字典出版多年后仍被认为是权威性著作，堪与赫伯特·贾尔斯（Herbert Giles）编撰的多卷本《中英大字典》媲美。他为人颇为冷漠与严肃，说话慢条斯理但不失友善。威尔金森先生建议我选择剑桥大学中某个较小、花费不大的学院，比如依曼纽学院，而不要选择他本人和富有的学生就读的三一学院。这样我可以得到学院里导师更多的关照，也不会结交那些花天酒地的朋友。他说，如果我愿意接受他的建议，他可以立刻写信给该学院领导，并申报我的名字请求批准。我还须通过一次入学考试和学院本身设置的考试，即通常所谓的"小考"。根据我过去的学业成绩，他毫不怀疑我会顺利通过。他警告我不要企图找捷径，不然会带来无穷的麻烦。他又说，新的学习生活总的来说将会顺心和趣味盎然的。据他说，要在医学上取得高学位，绝非易事，但是只要我热爱这种职业，功夫将会不负有心人。他确信我会好好学习。当年，本地政府中的高级职位都被欧洲人占据，亚裔人升迁的途径只能是从医、当律师或从事工程技术工作。

我认真听取了威尔金森这位当地有影响人物的教导。他平易近人，对下属和善慈祥。很难想象，不幸的命运竟会降临于他身上，使他在海峡殖民地的民政官员的位置上下台。他本人是混血儿，父亲是英国人，母亲是土耳其人。但是他在海峡殖民地的民政系统里官运亨通，很快被提拔而登上殖民当局最高职位。恰好在1914—1918年的第一次世界大战爆发前夕，他升任海峡殖民地代理总督。不幸的是，他的夫人是德国人。因为欧战爆发，英国反德情绪高涨，迫使当时英国海军大臣巴顿堡亲王，即今天蒙巴顿伯爵的父亲，辞去大臣职位。这一事态延及新加坡，威尔金森被迫辞职，随后即从政界提前退休了。

我决定向依曼纽学院提出申请，而全部有关旅行手续则由新加坡教育部办理。他们为我买好了半岛和东方公司（P. & O.）的"北京"号（Pekin，总吨位为3 957吨）轮船的船票。这艘船将在8月7日停靠槟榔屿，并在8月11日到达科伦坡。当时P. & O.公司有一艘穿梭于香港和科伦坡之间的小船，前往欧洲的旅客则需换乘定期航行于澳洲诸港口和伦敦之间更快速的海船。我们乘坐的是"巴拉拉特"号（Ballarat，总吨位为4 752吨）。它在科伦坡迎接我们，然后在8月12日，载着我们和我们的行李经过印度洋、红海、苏伊士运河、地中海，穿过直布罗陀海峡进入大西洋，再北上比斯开湾，穿过英吉利海峡，进入泰晤士河口。9月7日，我们在伦敦的繁忙码头登岸。

时过境迁，早年的往事都已淡忘。然而60多年前，年幼无知而又孑然一身的我第一次独自远航的经历，却深深地印在我的脑海里。直到今日，我甚至还记得某些在船舱中为我们服务的来自伦敦的乘务员的面孔。"北京"号和"巴拉拉特"号都是燃煤产生蒸汽作动力的。当停靠在一些港口时，由当地工人轮番背负沉重的煤篓攀登舷梯，将这些肮脏但必不可少的燃料运上船来。运煤上船时，旅客则被劝告登岸，或留在关闭的船舱和休息室里。也许正因为如此，P. & O. 公司和英属印度的船只均被油漆成黑色，而上层甲板和烟囱则被漆成单调的土黄色，唯有客舱、餐厅和旅客休息室的内部被漆为白色。

在"北京"号上，二等舱里照料我们的服务员生长在印度南部葡萄牙殖民地果阿，他们世代信奉天主教。水手们则是穆斯林，他们身着束以红腰带的蓝色长袍。在"巴拉拉特"号船上，一等舱和二等舱的乘务员都是英国人，多操伦敦土话。船上的所有职员，包括水手长、木工、电工，以及其他技术人员，无一不是英国人。随处可见秩序和效率。甲板上一尘不染，每天旅客起床前，他们已经用砂子和椰子壳擦洗干净。早茶送到每间客舱，然后是全套英式早餐：麦片粥、鱼、熏猪肉、鸡蛋、面包和橘酱，以及茶、咖啡和可可。在热带地区航行时，在11时整供应冰激凌或牛肉汁。午餐是在中午12时半，下午4时半有茶和糕点，7时用晚餐。在头等舱用餐，必须穿晚礼服；在二等舱则只需身着常服并在硬领上结领带即可。船上的食品充足，但对我辈东方人，则饭菜显得单调和欠可口，然而一切都新鲜和干净。在这 31 天的远航中，我通过观察别人学到许多东西。船停靠意大利港口布林迪西时，会通知那些准备乘火车穿过欧洲大陆去伦敦的客人下船，在这里我平生中第一次品尝到美味的葡萄。

船舶进入直布罗陀海峡前，我决定剪去我那累赘的辫子。因为在船上有些旅客和小孩拿它取乐。我付给理发师 5 先令剪掉长发，把它保存在一个纸盒中，后来我在英国将它寄给了我的母亲。在剪去辫子的开始几天，我感到茫然若失，犹如我头颅的一部分丢失了。因为从襁褓中在头顶留下一小撮头发开始，这条辫子几乎是我身体的一部分而不可分离了。从孩提时代起，长辈们就教育我们说这是一个真正中国人的标志。实际上他们忘记了这不过是当年汉人被满人征服时无可奈何的印记。

9 月初，我在后来称为艾伯特码头的地方登陆。接待我的是我们学校的副校长艾克瑟尔先生，他负责教我初等数学和化学。他的家境不富裕，他和全家住在刘易舍姆一所小房屋中。但对我来说，能找到一间房间便心满意足了。我还发现，寒冷季节临近后，在床上睡觉时要想保暖，身上得用白床单包着毯子盖住，再也不能像我在热带习惯的那样，床上无需任何被盖。有人领我前往繁忙的泰晤士河观光，那里停满了好几百艘大小不一的船舶，它们来自世界的各个角落。我看到大小船舶进进出出，那是只有在这个当今世界最大的海港才会有的。我还参观了附近的格林尼治天文台和海军博物馆。在博物馆里陈列着许多文物，包括霍雷肖·纳尔逊（Horatio Nelson）和他的情妇汉密尔顿（Hamilton）女公爵的遗物，还有为这个古老国家建立海上霸权和建成大不列颠王国立有功勋的战舰模型，以及所有著名的英国海军将领和船长的画像，甚至还有他们曾经穿着去战斗并战死时的制服。这些文物给我很深的印象，让我回忆起那些曾经在中学历史课本中读过的人物和事件。

　　首途剑桥。眼前那碧绿的草地美景远比与人闲谈更令我感兴趣。我们穿越平坦低洼的田野,未见任何山峦与丘陵。英格兰的这一地区似乎人口本就不多。乘火车前往剑桥,沿途所见,实在乏善可陈,既无高耸的教堂尖顶,亦无引人注意的学院建筑。

第6章 剑桥和圣玛丽医院岁月

剑桥印象

9月初,我到达伦敦南部的刘易舍姆。艾克瑟尔先生亲切地领着我沿伦敦的地区铁路,从格林尼治前往利物浦大街车站,途经一段幽暗而烟雾腾腾的铁路(通常人们把这段肮脏的烧煤驱动的铁路称之为"地道",当时尚不知"电气化"为何物),最后到达为英国东部服务的那个喧闹的大车站。这座巨大的全覆盖火车站,昼夜不停的车水马龙令我震惊,从东海岸各个城镇而来的无数铁路线汇集于此。铁路管理者、警卫和站长均身着黑色长袍式外套,头戴威严的尖顶硬壳帽。但照看行李的普通搬运工则只穿短上衣和戴尖顶帽。我的钢制旅行箱和其他旅客的笨重行李一起放在一辆矮轮手推车上,从列车尾部的行李车上给运送过来。凡须前往沿线的剑桥或附近城镇者,均被引导到一个专门站台,那里正有一列快车等候着。我在这里与艾克瑟尔先生告别。他要乘半岛和东方(P. & O.)公司的下一班轮船回槟榔屿，并在槟城大英义学继续他的教学工作，而我却要在未来几年中独自面对一切。

从利物浦大街到剑桥的三等车票在那时的票价为 4 先令 7.5 便士，57 英里路程需运行 2 小时。为我搬运行李的那位满脸笑容的搬运工得到我 6 便士的酬谢。在车厢里，我得知权贵们乘头等车旅行，他们的跟班和仆从乘二等车，而大学生和一般先生们则只配乘三等车了。三等车车厢数量确实不少，每个车厢分隔成若干小间，每间内设两列铺有软垫的 8 个座位，乘客们相向而坐。有的小间有"吸烟间"标志，专门收容吸烟者。吸烟者多用烟斗，1896 年时卷烟尚未如今日之普及。女士们多选择"非吸烟间"，彼时妇女吸烟尚被视为不雅。不少男子亦宁愿与女士们同处"非吸烟间"中。喜好新鲜空气彼时已成风尚，甚至在寒冷的冬天，某些乘客仍坚持敞开窗户。坚持开窗和关窗的人们之间无声的争斗屡见不鲜，如果妇女在场，最终的结局往往为她们左右。无论结局如何，那些未达愿望者只好另择他处。吸烟间的窗户通常是关闭的，似乎吸烟和密闭的氛围有着某种关联。我留居英国初期即发现一般英国男女旅行时不与他人搭讪，只有他或她赏脸递给你一张报纸时，才有机会交谈数语。当然谈的多为天气，而英国的 10 月天气，既潮湿又寒冷。

首途剑桥，眼前那碧绿的草地美景远比与人闲谈更令我感兴趣。我们穿越平坦低洼的田野，未见任何山峦与丘陵。英格兰的这一地区似乎人口本就不多。乘火车前往剑桥，沿途所见，实在乏善可陈，既无高耸的教堂尖顶，亦无引人注意的学院建筑。火车站亦仅为一个加顶棚的长站台，火车由此进进出出。后来我才得知，这个特别站台主要为英国大东铁路公司使用，干线后面还有一个属于大北铁路公司所有的更小的站台。火车到达时，并无搬运工趋前照料旅客，因为秋季学期（Michaelmas Term）还要

10天后才开始，此时几乎不会有大学生到来。当时汽车和机动公交车尚未问世，只有为英国所特有的有轨马拉车或双座马车（hansom）供人乘用。后一种交通工具真令我喜出望外。这是一种颇为高大的双轮马车，前部有双门，并备有高梯，供体格健壮的乘客攀登入内，内部设两个座位。驭者高踞车后，挥舞马鞭，靠越过车顶系于马腰的绳索驾驭着一匹辕马。这些马车的出现令我脑海中浮现出童年印象，我在槟榔屿上学时，也曾看到过这类马车，那是属于一位年迈的苏格兰医师布朗（W. C. Brown）博士个人的。他退休以后曾任伦敦皇家热带病学会荣誉秘书。我下车后，有好几辆此种马车停在车站外。为我搬运行李的搬运工大喊一声："Cab!"立即驶来一辆。我费力爬进车厢，搬运工将我的旅行箱放在我身边，我付给他一先令小费，马车启动了。车夫揭开顶棚一条缝问我："去哪儿？"我答道："依曼纽学院"。他立刻明白目的地。

我因激动和好奇而怦然心动，前方一切尽收眼底。马车直下站台路，右转入丘陵路，迎面左侧是座现代的罗马天主教堂，塔楼高达216英尺。随后经摄政大街，往前至圣安德鲁斯大街，进入该城的商业中心。此时，映入眼帘的是左侧一大片开阔地和高大的树木，周围被铁栏杆围着，中央是唐宁学院（Downing College，建于1800年）修建不久的大楼。建立这座学院，主要为学习医学和法律的穷学生提供帮助。后来菲茨威廉·霍尔（Fitzwilliam Hall）收容了那些找不到学院就读的人们（因而被称做"无校可读者"），于是在剑桥的大学生中，唐宁学院的学生被看成了灰姑娘。距离唐宁学院大门不到200码，在圣安德鲁斯大街右侧，即可看到高大整齐的依曼纽学院大楼正面，它被一长列诱人的花坛簇拥着。进入正门是片方形草地，围着草地的是中央面对大街的小教堂、左边的餐厅，以及供作教室、办公室和教职工及大学生宿舍之建筑。依曼纽，学生们简称Emma，是

1584年由沃尔特·迈尔德梅爵士（Sir Walter Mildmay）创建的。爵士是一个富有的清教徒团体的领袖，而他本人还是距此一个街区的西德尼大街上剑桥大学基督学院的成员。出自依曼纽学院的约翰·哈佛（John Harvard，1607—1638）后来移居美国，事业有成并在1636年于麻省波士顿附近的小镇剑桥创建了美国最早的大学。他最初的捐赠是780英镑和260本书。

剑桥大学依曼纽学院，伍连德博士曾作为大学生和研究生就读于此

到达门房我方得知，高级导师、皇家学会会员威廉·内皮尔·肖先生（Mr. William Napier Shaw）正在依曼纽住宅楼他的家里等候我。这是一座最近建成的红砖建筑，靠近学院后围墙。我对这求学殿堂的第一印象非常适意。它有古老的历史和艺术本色，一切都显得优雅与整洁。我先沿着卵石小路穿过前院，再顺着回廊穿过拱门进入左边的天鹅池，右侧是一个网球场。这里临近新建的红砖建筑，是公费学生和贫困生的寄宿舍。依曼纽住宅楼位于左边，有自己的围栏和花园。一按门铃，便出来一位风度娴雅身着黑衣围着白围裙的女仆。她领我进入书房，并通报道："先生，德先

生来了。"我于是看到一位气宇不凡，身材高大，年约50，微显弓背的绅士。他的头发微红，已显稀疏，蓄着相同颜色的长须。身着黑色晨制服，方格裤。亚麻布衬衣圆形袖口笔挺，在低翻领上系着布满小点的领带，并结在一个环状金夹上。肖先生尽量使我不觉拘束，问及从槟榔屿到伦敦如此漫长的海上航途是否愉快，但愿我没有晕船，还说他得知我在学校的成绩，希望我在剑桥一如既往。谈话临结束时，他告知我已在依曼纽大街9号古尔丁（Goulding）小姐处觅得一处临时住所，她将会照看我的生活起居，同时又告诫我遇事要从容对待。

学院后院一座三层楼房有一小门直通我的新住所。当时每个学生，无论寄宿在学院中，还是自寻住所，都应有一间起居室和一间卧室。院外的住处家具齐全，而学院里的套间（除非在旅馆中）一般只出租无家具的房间，不过新来客人通常会廉价接收原房客的全部沉重的家具和室内陈设。

安顿下来后，我便开始准备10月初学校的预考，即小考了。在新学科中，要选修杰文（Jevon）的《逻辑学》或帕莱（Paley）的《基督行迹》，而这两门课程此前我闻所未闻。后一门课程为急需的学生准备了一本近100页的简短提要。于是我选了帕莱的课程，在随后10天中，我便尽力死记硬背那本《提要》。以便当考试来临，我能够回答所有问题。

如今已成为其中一分子的我，稍有闲暇，我便试图对这座小城和学校有所了解。剑桥位于英格兰东部剑桥郡的芬恩区，地势低洼，空气湿润。市镇里有座市政厅，同时也是谷物交易市场，定期由剑桥大学租用以举行期末考试。如果没有那19所男子学院和2所女子学院的古老而美丽的建筑，这座小镇可能会无人知晓。另外，这些位于英王大道和特兰平顿大街沿途的学院，无一不拥有美丽的花园，狭窄蜿蜒的剑河在其间流淌，这就是被人们称为"后院"的地方。行文至此，将剑桥与更古老却更小的牛津大学作一比较，别有兴味。牛津大学在称为伊西斯（Isis）的一条大河边，这条河可直通泰晤士河。牛津最古老的学院是三一学院，该院创建于1249年；剑桥则是圣彼得学院（"小酒馆"）最古老，创建于1284年。牛津最大的学院是贝利奥尔（Balliol）；而在剑桥是三一学院。剑桥的两座女子学院中，格顿（Girton）学院建于1869年，纽那姆（Newnham）建于1871年；而在牛津的5所女子学院里，最古老的是玛格丽特·霍尔女士（Lady Margaret Hall）学院，建于1878年。在居民人数方面，剑桥总是超过牛津，1952年分别为10 000人（包括1 000名女性）和7 000人。我在此就读时，女生可以听课，参加形形色色的考试，但是并不授予她们学位。第一次世界大战结束后不久的1920年，牛津将所有的学位向女生开放；剑桥则在1921年也极不情愿地照办了，但只授予女生非正式的学位资格证书。学法律的学生和怀有进入议会或内阁抱负的那些学生通常会加入学会联合会，这个组织拥有藏书丰富的图书馆，并为其成员提供价格合理而讲究的膳食。最令我倾倒的两座教堂，第一座是建于1130年的古代圆形教堂（或圣墓教堂），第二座是圣玛丽英女皇教堂（或大学教堂）。当年最杰出的牧师都会在每学期被邀请到这两座教堂来作晨间布道。我曾不时回想起1896—1899年我在此就读时，里彭的博伊德·卡佩特主教（Bishop Boyd Carpenter of Ripon）在那庄严的地方显示出的非凡口才。此地的书店总是挤满了大学的老师和学生。我还记得新开张的皮蒂·柯里（Petty Curry）公司举行的大型促销活动，每本书按出厂价优惠25%。书商们的减价战那时持续不断，直到采取书籍净价格制度并得以坚持下去后方告终结。然而，这家公司却独占鳌头，并在后来的60年里，成为大文具经销商和著名出版公司。

每周逢星期六举办集市，颇具规模。广场布满小摊，出售农副产品，还有廉价书、厨具。那儿有两家最有名的杂货店——惠布利和利普顿，后者比前者更被新到者关心，价格稍便宜。店铺过去是，如今也是，在星期四而不是星期六关门休息，这在绝大多数英国殖民地已成惯例。实际上在这个大学城里，星期六乃是生意最忙的日子。那时没有机动车辆，在剑桥狭窄的街道上可以畅行无阻，甚至可以遍游周六集市广场每个角落。最近，1953年我又一次访问剑桥，我发现私家车、超长公共汽车以及无数的自行车，充塞在每条大街上。旧时的规章是许可自行车停靠在邮政局、学院大楼和商店等建筑墙边，显然无助于缓解繁忙的交通。环保主义者也许过激，市政当局也要与时俱进，但也不可忘记，1896年以来，剑桥的人口已经增加一倍多了。

清苦的第一学年

随着10月初的临近，越来越多的大学生到校，有一年级新生，也有二、三年级的。我也从依曼纽大街迁进附近的伯爵街固定住所。我的起居室在前面而卧室紧接其后。因为没有专用浴室，每天早晨，房东安德鲁斯太太或她的女仆萨拉便会在我卧室中放进一个圆形白铁澡盆，我起床时便注入冷水和热水。女房东的丈夫有一辆双轮马车载客，以贴补家用。然而夫妻两人都贪杯，经常大声争吵，确实使我无法静心学习。我还需自备早餐和午餐，前者通常是面包、黄油、果酱以及茶和牛奶，偶尔还有麦片粥；后者不过是冷火腿肉，肉饼和土豆。学院的晚餐则必须在学院餐厅里用膳，每人须穿上黑色的依曼纽短袍。日落以后学生们则各守身份，没有学士学位者，在大街上必须戴帽子并着袍服，否则就可能被巡视的学监拦截和盘问。学监由两位被学生称做"哈巴狗"的凶狠随从陪同,他们先记下该学生的姓名和所属学院,然后罚款6先令8便士。如果重犯,就可能遭"禁闭",即在规定期限内禁止天黑后外出。更为严重的犯规,诸如午夜后未回宿舍,被人在不应该去的地方发现,或被人发现与身份不明的妇女在一起等,则将勒令其停止该学期学业,甚至从大学除名。如遇小过失,例如未参加例行的小教堂晨课,就会被系主任唤来当面予以警告。第一次世界大战结束后,这一套不受欢迎的学院清规戒律已被废除,我们熟悉的小教堂中央拱顶下那口大钟现在也很少使用了。幸运的是,我并非基督教徒,没有义务参加这些活动,清晨几个小时可用于学习。

当时,每学期的第一期《剑桥评论》(Cambridge Review,周刊)都刊载着在校大学生、硕士生以及更高学历的学生的完整名单,并列出其所在学院及住所的地址。还有一张创刊于1889年的学生报纸,名叫Granta,其知名度直逼伦敦之《重拳》(Punch),刊载着幽默的素描和卡通画,以及对学校领导机智的批评。这份报纸存在了50多年,是份有声有色的学生报纸。它更多地被那些业余爱好者所喜好,并且由于追求的目的复杂多样而使编辑时失之于言论偏颇。为此曾招来种种是非,不止一次因歪曲事实而被勒令停刊。最后在1953年停刊。然而不管它有多少错误,对于那些当日尚未成才的艺术家和幽默大师而言,Granta是一个实习园地,那些人后来得以声名远扬。

1896年的秋季学期开始不久,学生们在各自的导师指导下,前去接受学院内或学院间的课程。其中相当一部分学生都被分派到唐宁街右侧剑桥大学的讲堂和实验室里,不久他们就占据了唐宁学院院内一大片空闲地方。此时剑桥开始从世界各地吸引优秀的学生和研究工作者,尤其在生理学、物理学和人类学等系科更为积极。作为学习科学和医学的学生,为获得自然科学的荣誉学位，我选修了4门课程：化学、动物学、人体解剖学和生理学。在这里有一个名词 Tripos（三足凳），专指荣誉学位考试。其典故出自剑桥15世纪举行这种学位考试时监考人坐的三足凳子。在牛津，三足凳就称为 schools 了。为了通过第一次医学考试，除了化学和动物学外，我还另选了初等物理和植物学的课程。当年在槟榔屿那个小实验室里，在艾克瑟尔先生的指导下，我在化学课的理论和实验方面都已受过一些训练，如今我在剑桥这宽大实验室里，颇觉轻松。当时该实验室由两位皇家学会的会员掌管。一位是雷因（G. E. Liveing）教授，他个子矮小，灰色胡须，戴着厚厚的眼镜；另一位是芬顿（H. J. Fenton）讲师，他则身材高大，黑黑的头发中分两边。在化学实验室里我找到了第一位终生的朋友莱德沃德（H. D. Ledward）。他是曼彻斯特一个生意兴隆的纺织厂厂主的次子。开始时，莱德沃德在用硫酸和锌制造氢气的实验中遇到了麻烦，我帮助他放置好玻璃器皿，只是这举手之劳，从此开始了我们长达50年的亲密交往，直到1938年他离开人世。在实验室里我还结交了其他朋友，如化学实验室的努恩（L. Noon）和加德纳·梅德温（Gardner Medwin），生理实验室的埃利奥特（T. R. Elliot）。他们都是三一学院的学生。前两位过世较早，他们在我取得学士学位后也毕业并获得了学位。埃利奥特后来成为卓越的生理学家，因研究肾上腺而成为皇家学会会员，后来在伦敦领导大学学院医院的一个医疗单位，并担任威康基金会的董事。

在动物学课程中，皇家学会会员亚当·塞奇威克（Adam Sedgwick）是我的首席授课人。还有主管课堂演示的格兰哈姆·克尔（Graham Kerr），他的卷发乌黑，留有精心修饰的军人胡须。植物学方面，我们有基督学院的皇家学会的会员苏厄德（A. C. Seward），他后来升任该学院院长。塞奇威克和克尔两位老师本人对我这位来自热带地区的学生特别感兴趣。克尔曾是爱丁堡大学的林文庆博士的同学，林文庆是早我 10 年来自新加坡的英女皇奖学金获得者。我纤细的手指能在解剖时轻易地固定和移动蚯蚓的卵巢，这令两位老师也很满意，因此鼓励我延长动物学的学习。我的物理学成绩欠佳，也许是因为我不喜欢数学，但是那些一般性考查中必须进行的简单实验，我尚可应付。1897 年 6 月，我通过第一次职业医学士考试时曾遇到过些许困难，所以当我的名字（Tuck Gnoh Lean）出现在及格者名单上时，真是扬扬得意。

用英文拼写我的姓名，此时遇到不曾预料之误用。除在上一章中所述拼写错误外，我的姓 Gnoh，在入学后被放到次要位置，竟被"德"（Tuck）所取代。实际上"德"字是父母取名时名字的一部分，与"连"字是不可分割的。这两个字大致相当于西方孩子受洗时的教名。我那时太年轻，并未注意到这个错误的重要性，因而亦未进行更正。于是我就成了 Tuck，在剑桥和伦敦的那些日子，便一直被人称做 Tuck。这个错误的出现是可以解释的，因为给我注册的人和那些教授们都是欧洲人，自然将姓放在姓名的后边，想当然地以为这就是我的姓，却根本忘记了中国人和欧洲人在生活习惯的许多方面都是相反的。他们更愿意称我为 Tuck，或许因为这是个广为人知的名字。幸亏当时学院里还没有哪个调皮的人把我称做"塔克修士"（Friar Tuck）。

我不知道一位英女皇奖学金获得者在到达伦敦或是爱丁堡后，这每年 200 英镑在第一年该如何花费，因为我是这所大学接受的英女皇奖学金获得者中第一个理科学生，因而亦无先例可循。我发现我必须十分注意自己的每一项开支。我的奖学金从 1896 年 10 月开始，在每季度提前发放。我净得 49 英镑 10 先令，而不是整 50 英镑。这是因为本国政府扣除了 10 先令个人所得税。我每年有 160 英镑个人收入可免税，因此应纳税收入是 40

英镑，税率为5%，每年应交税2英镑，每季度为10先令。当然我可以请我父亲每年从槟榔屿再汇给我50英镑，但是我决心自力更生，试着靠这198英镑在剑桥度过一整年的求学生活。我只花了2英镑10先令购买二手的学生帽和长袍，而买新的须花4英镑。我的服装都找那些无名小裁缝制作，买书则在Heffer's。只参加十分必要的俱乐部，不进餐馆和剧院，只食用简单的食品，购物必定付现款。这种窘况，只有后来成为我在伦敦最尊敬朋友的肖先生了解。在他给代表海峡殖民地政府驻伦敦的英联邦代办提供的年度报告里，对此表达了适当的同情。后来从1904年开始，奖学金从难以维持生活的200英镑提高到了每年250英镑，并可享受免费医疗。应该记住，能够做到这样，在很大程度上是由于这位心地善良的科学家和他精力充沛的妻子萨拉·肖（Sarah Shaw）持久的努力。从此这些在英国的学子得以免除担忧与贫困而安心完成学业。这项奖学金一直维持着，1927年后，这笔津贴又提升到最高限度为每年500英镑。

我在剑桥就读的第一年，结识了来自新加坡的年轻中国律师黄添筹和槟榔屿富有的鸦片种植商谢尘越的儿子谢达道。他们来剑桥只是短暂访问，出手阔绰。当时在剑桥还有另一位像我一样的中国人，名叫安东尼·阿罗（Antony Ahlo），其实他姓李，在三一大厅学院的法学院就读，当时这个学院几乎全部与法律有关。阿罗来自夏威夷群岛，祖籍是客家人，都是些富有的百货店主。阿罗除了前往课堂听课外，其他时间似乎都在弹奏他的曼陀铃，他的弹奏十分出色。我们在剑桥分手后，1908—1910年满清王朝的最后几年中，我们在北京重逢，当时我们两人都在清政府里任职。我在剑桥认识的另一位亚裔学生是赛裕（Saiyut，音译），他出身于众多暹罗王族之一，学习机械工程课程。当时这里已有20多位来自印度和2位来自锡兰[今斯里兰卡]的学生。印度学生大多学习法律和数学，其中有一位名叫帕兰杰佩（R. P. Paranjpye），他后来在该学科中很有名气，两年后他轻而易举地获得数学荣誉学位考试甲等第一名（在剑桥称为 Senior Wrangler），而且不久就被遴选为该学院的教师。后来在 1927 年，我有幸又与这位数学天才重逢，那是在孟买，他已经荣任当地一家大型教育机构的领导人。看来绝大多数印度学生在剑桥都表现不俗，归国后都在官场觅得高位。剑桥大学的印度毕业生中，最著名的当然是现任印度总理贾瓦哈拉尔·尼赫鲁（Jawaharlal Nehru），他是大律师莫提拉尔·尼赫鲁（Motilal Nehru）的儿子。他走出哈罗公学后于 1905 年进入剑桥三一学院。在为印度独立的奋斗过程中，他的名字总是和圣雄甘地联系在一起。

当今某些东方新建的大学中一些高年级学生过分作弄新生，每当我从报刊上读到有关消息时，脑海中就会回想到 1896 年秋天那些甚为孤寂的日子。那时各个学院中出现了一些破衣烂衫的新生，这种毫无"新"之可言的模样，要不是自己所为，就是那些喜好恶作剧的高年级同学造成的。确实偶尔有人会登上学院的墙头，甚至攀上教堂塔的尖顶那样高大建筑，在神圣的建筑物顶端展示英国国旗以表现血气方刚的年轻人无穷的旺盛精力，但是这种旺盛的青春活力绝不应该向那些无助的新生宣泄。在牛津和剑桥，则几乎没有听到过这种暴虐残忍的行为。我在依曼纽学院经历的唯一一次恶作剧（如果这也可以称为恶作剧的话），发生在第一学期第二个月的一个星期天。那天清晨我收到一张三年级学生唐纳德·霍尔（Donald G. Hall）用铅笔写的便条，约我在 9 时去邻近的院子里与他共进早餐。我准时赴约，那里早已安放着供 4 人使用的桌椅，但并无一人在场。一直等到 11 时，我的苏格兰东道主才匆匆从他的卧室赶来，他自称就是霍尔，是学医的同学。不久后，又有一位来自英吉利海峡群岛的 3 年级学生凯里（Carey）来到。他刚爬上了嘎嘎作响的破旧楼梯，身后又跟来了一位脸色红润的运动员，此人身高 6 英尺 4 英寸，自称安德鲁·鲍尔弗（Andrew Balfour），是爱丁堡大学医学博士，国际知名的橄榄球运动员，现正在剑桥进修高级医学课程。此时我已饥肠辘辘，坐下与这三位资格远高于我的医学学长一起用餐。他们告诉我这在英文里叫做"早午合餐"（brunch），即把早餐和午餐并作一顿。这通常是在星期日，为适应安息日学院生活而作的安排。他们在开始时婉转提醒我是"新生"后，便款待我一顿丰盛的大餐：有加盐的苏格兰燕麦粥、大块的剑桥香肠、油煎腊肉，最后是大家一起在壁炉前品尝各自烘烤的奶油吐司。

安德鲁·鲍尔弗在剑桥取得了文学硕士学位，后来在喀土穆的苏丹医学院任院长，最后位居伦敦卫生和热带病研究所所长，并被封为初级勋位爵士（knight bachelor）。唐纳德·霍尔毕业时获医学学士学位，后在剑桥获得博士学位，在英国海边旅游胜地布赖斯通行医，最后任布赖斯通总医院的主任医师。1935 年他和妻子作环球旅游，曾在槟榔屿访问过我。我有幸向他们表达了中国人的好客传统，带领他们在这美丽的岛屿上观光。当时他已经 60 多岁了，临别时，霍尔说他们夫妇从未享用过比在我家里品尝到的中国佳肴更美味的大餐。他还提起了 40 多年前他和他的同学在剑桥跟一个年轻的中国学生玩弄的小花招。提起这件往事，我们都开心地笑了。那次出名的"早午餐"聚会中最后一位是康拉德·凯里（Conrad Carey），他和我同一年进入了圣玛丽医院。当我任戴维·利斯（David Lees）博士的秘书时，他在沃尔特·奇德尔（Walter Cheadle）博士领导下工作。我在 1903 年通过医学学士的最后考试的第二年，他也通过了考试。

在美国男女同校的大学校园里，校园生活中的恶作剧屡见不鲜，在剑桥则不曾有过类似情况。剑桥的两个女子学院格顿和纽那姆与男子学院相距很远，闯进女生宿舍对女生闹恶作剧的情况绝不会发生。开展的任何社交活动，仅限于在一般朋友家中举行露天茶会或是聚餐。因为女生只被允许听课和参加大学考试而不能获得学位，通常理科教室前两排座位为那些女生们保留着。我上学第一年，并不知道自己是近视眼，因而没有戴眼镜。每当去听植物学、动物学和化学等讲课时，我只好在紧接前两排之后找个座位，于是男生们经常用力跺脚起哄。然而女生们似乎并不介意我和她们挨得那么近。事实上我在剑桥的3年里，与她们很少或没有什么瓜葛。至于体育，我曾想做一名学院赛艇的舵手，但我的视力不好，而且大多数的午后时间都被实验室的工作占用，所以没有如愿。我打网球水平一般，第一学年后就放弃了。中学时，我是个不赖的足球左前锋，进大学后却无能为力了。我不参加社团会议，我当时认为那更应该是学法律的或未来的从政者，而不是学科学的人的事。在以后的岁月中，我为这早年的疏忽深感后悔，因为受过在公共场合发表讲演的适当训练，在生活和社交活动中都是有必要的。多数美国高校似乎比英国校园更注重公众演说。在日常的业务活动中，在公共行政事务中，在国际扶轮社，以及诸如发表讲演或参加法院的审讯活动，都非常需要卓越的口才和对听众的影响力。在我后来的生活中，我在讲台上或课堂上所表现的演说能力，是通过参加英国各地教堂，特别是在剑桥的圣玛丽英女皇教堂和赫勒伯恩圣殿（1940年被纳粹德国炸毁）的活动学习到的，我曾有幸聆听著名演说家，例如洛克菲勒基金会主席乔治·文森特（George Vincent）、华盛顿的美国公共卫生部的爱德华·弗朗西斯（Edward Francis）等的演说。我愿向未来的父母们提个忠告，你们的孩子在从事任何一种项职业培训时，都需要学习有关向公众发表演说的课程。

对大多数海外留学生而言，第一学期往往是最孤独的，第二学期是交朋友的最佳时期，第三学期（包括"五月周"和赛艇比赛）则是最快乐的时期。尽管天气恶劣，而且每天下午实验室里大都有事，我还是要抽时间在茶室会见朋友，有时是在依曼纽学院里，有时就去其他地方比如三一学院、基督学院、圣约翰学院、卡尤斯学院等等。作为答谢，我就在"寒舍"款待他们。英国的学院生活的确使我这样的年轻人眼界大开，在家乡槟城，我很少与英国男人或女人平等相处，因而从未真正了解英国文化以及他们的家庭生活。我发现这些人都开朗、友好，举止毫不做作，完全没有种族偏见。我是靠着我自己的成绩与品格被他们接受的，通过观察和交往，我很快就学会了他们那种淳朴而谦恭的生活作风。

如果说有某些令我感到窘困的情况，那就是某些过分虔诚的教徒对非基督教徒所表现的相当不宽容的态度。幸运的是，此类误入歧途，本意也许并不坏的人极少，否则日子还真不好过。我在佛教和道教的氛围中长大，古老东方的各种仪式平日常见，并未想过其深层之意义，也从未想过干预别人信仰。我们只是相信上天，祈求最后进入天堂。但某些自以为是的人坚持认为他们的信仰是唯一正途，任何不持与其相同信仰者则注定要永远堕入地狱，所以这些人认为必须尽可能拯救我们。因此，甚至我这样十几岁的人在学院中也会遇到某些人，他们虽然有教养，也受过良好的艺术和经典的教育，唯独在宗教问题上心胸极其狭隘。当我应邀前往他们家中饮茶，或与他们一起沿后院散步时，他们就警告我有堕入地狱的危险，除非我忏悔并受洗。而我则思想单纯，认为只要我品行端正，不伤害他人，在剑桥刻苦攻读，我便无愧于送我前来学习的政府和哺育我成长的父母，其他事情则是他们自己的事。凭借伟大的中国哲学家孔夫子教导的这套简单的生活哲学，在那些过分热心的朋友看来，竟是对真正的宗教的歪曲。最后注定的结局，便是我开始弃绝他们的说教，并且婉拒去他们家中饮茶的邀请。我宁愿断绝与他们交往与拒绝他们的盛情，绝不愿再忍受那永无休止的关于我那错误道路悲惨结局的说教。正如已说过的,幸好这样的人只是个别的。我的大多数朋友都尊重我的个人信仰,从未试图在这方面对我施加影响。与此同时,在英国的整整 6 年里,给我深刻印象的是基督教在现实生活中的作用,基督徒家庭教育的正直和清廉,培养了人民卓越的爱国主义精神,在多少世纪连绵不断的战争中,在全世界的开拓殖民地和商业竞争中所取得的成就中,我们都能看到这种精神。

光阴似箭,六月来临,我和一年级其他医学生一同参加了第一次职业医学士考试,考试科目有化学、物理学、动物学和植物学的理论和实验操作。试卷是由其他大学的主考老师出题,考试结果贴在剑桥大学理事会大楼前的布告栏里。我和我的朋友莱德沃德的名字都列于通过考试学生的名

用 1898 年剑桥"五月周"聚会时伍连德拍摄的河上风光制成的 1900 年贺年卡

单里。为了庆祝我们的成功,我们在三一学院订购了特制的蛋糕和茶。莱德沃德还告诉我,他的三个妹妹梅布尔、克拉拉和玛丽将在"五月周"来剑桥,并希望我去会见她们。这当然挺好,自从我们在化学实验室因为制氢气而第一次结识以来,已成为好朋友了。我们两人都不抽烟不喝酒,他的津贴远比我多,但他从未有过任何"出格"行为,和我一样刻苦学习,这表明他在剑桥品行端正,能与他的家人结识自然很好。

在"五月周"期间(通常延至6月初),校园中游人如织,盛况空前。在此期间,花园、包括那些僻静的研究工作区都向公众开放。鲜花怒放,草地和庭院尽展风姿。此时剑桥最美丽的地方,也许就是"后院"。那里是一个丰富多彩的开放园地,有古树和私人的游乐场,它介于剑河和英女皇大道之间,与该两处地方几乎成一直线,由英女皇学院、国王学院、三一学院、三一大厅学院和圣约翰学院共有。这5个学院都有自己的桥,其中最有名的是建于1826年的圣约翰学院的叹息桥,是按意大利威尼斯城中连接大公宫和监狱的那座同名桥仿造的。有趣的是,威尼斯那座桥又是按中国南方苏州的一座更古老的桥仿造的,在马可·波罗的游记中即有记述。它们都沿河而筑,小河沿岸垂柳依依。在这些学院范围内,随处可见平底船和小赛艇,里面坐着悠闲的大学生,他们和姊妹们或情人,或者两者兼而有之,正在那里享受美好时光。国王大道沿途的古老建筑物中,独具一格的是建于15世纪的大学图书馆。这座建筑如今大部分已经改建成巨大的现代化并有中央塔的建筑了,建筑用地是由克莱尔学院和国王学院两方提供的,而建筑经费主要是1934年洛克菲勒基金会支付的。

在侬曼纽学院,高低年级的大学生都一起忙于装饰餐厅。处处张灯结彩,还从硕士生宿舍和研究员的花园中借来盆花。获准在这庄严的大厅里举办舞会,一年仅此一次,大厅内沿着墙壁,悬挂着学院创始人和学术大师的画像。19个男子学院和2个女子学院各有自己的男女主持人。男子学院邀请的大多是女客人；而女子学院受邀请的客人主要是年轻的兄弟或较亲密的男性朋友。借助这罕有的集会，常常会萌生出非常牢固的友情，甚至结成终身伴侣。男人的舞会礼服为黑色燕尾服白领结，以及有黑色蝴蝶结装饰的短外套。这套服装在60年后亦鲜有改变，或许亚麻硬领稍低了，变成了蝴蝶形，或是成为翻领了，不过也使颈部活动更加自如和透气了。须知那是1897年，只有煤气灯而没有电风扇或空调，妇女们只得优雅地挥动着她们的扇子。女士们当时的服装既笨重又过长，适合翩翩起舞的只是旧式的华尔兹和波尔卡。至于踢踏舞，狐步舞，探戈，那些超现代的舞蹈，如癫狂的伦巴、激动的查尔斯顿黑人舞和吉特巴舞则尚未发明。此一时，彼一时，穿着笨重且过长服装远难胜任现代这无拘无束的动作。大学教师和其他高级员工也来同乐，然而他们并未完全放弃矜持犹如今日。值此狂欢之际，学院的规矩被置之脑后，还备有丰盛的晚餐和种类繁多的诱人美酒，众人无不尽情欢乐毫无倦意，直至凌晨。每个学院无不如此，而且越大的学院，助兴者越多，尽管参加者之多少并不必然决定人们兴高采烈的程度。

学年随着六月份的狂欢而宣告结束。校中各色人等，包括高级教师均打道回府。校园顿觉空空如也，无人再着校服戴制帽。小镇仿佛又成了典型的集市中心。每到下午，街上即有报童叫卖声："买《剑桥每日新闻》啦！！""买《剑桥每日新闻》啦！！"然而此时其销量与开学期间已不可同日而语。只有像我这样来自海外无家可归的学生，以及某些印度学生，经校方允准而留在校园里。幸运的是通过第一次考试的一年级医科学生，可以参加有关伤口包扎的特别讲习班。这个讲习班7月开始，8月底结束，是由阿登布鲁克医院（Addenbrook's Hospital）的两位外科医生主持。其中一位是格里菲斯（J. S. Griffiths），身材不高，仅5英尺2英寸，是一位留着胡须的威尔士人，他成日穿着晨礼服，为人颇显粗鲁，但是个高明的手术专家；另一位是道顿（E. Doughton），个子高大，温文尔雅，善于言谈，对每一位学生都十分友善，他甚至在七八月也穿着那入时的灰色双排扣大衣。我们跟随这两位差别十分明显的先生学习外科的第一课。这两位老师在技术上精益求精，不放过任何细节，即使显然简单的工作也一丝不苟。在下午我们则去参加药物化学讲座和配药，教师是位于国王大道的最有名的佩克父子配药公司的经理佩克先生（Mr. Peck）。长假结束时，我们就按对每个医学生的要求，取得了包扎和配药两个额外科目的结业证书。

时光荏苒，一年所余时日已然不多了。我的用度颇感拮据，医学课程费用甚高，尚需缴纳化学、植物学和动物学等系中实验室工作之费用，此外还有学院的保证金、学杂费，以及学习包扎和药物学的额外开销。不过凭借精打细算，购物，特别是买书和添置衣物上从不赊账，一年来入可敷出，无任何欠债。事实上我积攒了足够的钱，用于定制了一身学校制服诺福克套装。这身服装当年非常流行，除下方通常的两个口袋外，还在两侧另开了口袋。套装以结实的褐色英格兰花呢缝制，耗资4基尼，我穿了十几年。后来我又在我的服饰中添加了一条肥大的灰色法兰绒裤子。在暑期长假中，我留在剑桥，闲暇时游览于各学院中。国王学院的小礼拜堂、小巧玲珑的内维尔庭院、雷恩图书馆、三一学院的新庭院、迷人的圣约翰学院的正门等古老的学府，其内部情景都珍藏于我记忆宝库之中。打开耶稣学院奇特的大门走进的是一条窄巷而不是通向大街，甚至还有一条从艺术学校通往彭布罗克大街的自由学校路（Free School Lane），令我想起可爱的故乡槟榔屿。我经常光顾贸易广场的星期六集市，因为那里的廉价书吸引着我，在那些书中逡巡流连并选购已经变成我的一个嗜好。而在夏秋两季,后院景色极佳,真令人百游不厌。

顺利的大学二年级

新学年的秋季学期到来了,又有一批两千多名的新生入学。现在轮到他们来寻求建议与窍门了,而有些糊涂的学生会撕破制服长袍,故意弄脏他们的学士帽,冒充高年级学生,然而这些小伎俩毫无作用,他们的外表和举止中总会流露出他们的真实身份。二年级的学生有义务去指点他们,而最合适的时机是他们出去上课时。如果他们愿意,就可以请他们去喝茶,于是便开始相识了。从海峡殖民地来了两位英女皇奖学金的新获得者,一位是在彭布罗克学院学习历史的扎尔兹曼(F. Salzmann),另一位是在基督学院学医的印度人霍伊辛顿(R. Hoisington)。前一位三年后获得二级荣誉学位,回国后是一位当地法官的私人秘书;后者不幸于第二年患肺结核病,被遣送回国并在1899年去世。我第一年在依曼纽学院内外结交的朋友,此时友情更深了。我记得第一个朋友是学法律的塞缪尔·波特(Samuel L. Porter)。他在1905年获律师资格,1938年被封为男爵,晋升为高等法院法官。1949年我在战后重访剑桥时,曾最后一次相会。我们在高级人员专用餐桌上共进早餐和午餐,都带着自己那份定量配给的食糖和黄油。看到一位年逾七旬的杰出英国法官,年薪6 000英镑,在学院自己房间内进餐时,还需每次带着自己那份少得可怜的食糖和黄油定量,真有点滑稽,但这是英国推行民主公平的真实写照。那时还有一位朋友韦斯特·沃森(C. W. West Watson),他是伯肯黑德学院(Birkenhead School)的入院学者(Entrance scholar),在古代经典和神学荣誉学位考试中获得第一名，后被任命为我们学院的牧师和院长，以后他在新西兰被擢升为克赖斯特彻奇（Christchurch）市的主教，最后于1940年成为该领地的大主教。他死于1953年。遗憾的是，他1906—1909年在学院工作时与当时的学院院长威廉·乔纳（William Chawner）不和。乔纳院长在某些宗教事务上是所谓"异教徒"的领袖人物，然而在其他方面，这位依曼纽学院的院长是位非常友善的人。他常邀请我去他的住所共进早餐，显然因为我来自海外举目无亲。其三，我还与一位同年级的同学韦利·科恩（Waley Cohen）颇为相知。他来自一个非常富裕的犹太家庭。他是基金会资助的学生，在前院占有一大套房间。如果没有款待朋友一起喝茶或便餐时，他大部分时间在那里演奏他的大提琴。第二学年结束时，科恩便去环游世界，因而没有完成学业。但后来他成了壳牌运输和商贸公司的首领，并被授以爵位。他于1953年75岁时去世。

学校为二年级医学生已编订好一套新的课堂讲授和实验操作的教学方案。因为我们要准备自然科学荣誉学位考试，还要通过第二次医学士（M. B.）考试，所以必须去听初级和高级人体解剖学和生理学课程，并做实验。亚历山大·麦卡莱斯特教授（Prof. Alexander Macalister），是医学博士、皇家学会会员，生于苏格兰。他讲课极为生动有趣，他手中不时摆弄的那套人骨标本在我们眼前竟像活了一样，竟让我全神贯注，毫无倦意。辅助他工作的是巴克利·史密斯博士（Dr. Barclay Smith），他是人体解剖学高级讲师，颇有艺术天赋。总是在他讲课前用彩色粉笔在黑板上画好图。上课时间一到，他便由侧门走上讲台，时间准确到1分钟之内。他滔滔不绝地讲授那枯燥的内容50分钟而绝不看任何教案。麦卡莱斯特身材矮小，不太像位教授，蓄有红色山羊胡须，黑色双排扣的长礼服上套以博士袍。史密斯博士则身材颇为高大，灰白胡须，当他要特别强调某一点时，他总是习惯于把头转向那一边。我们的第三位老师是达克沃斯（W. L. H. Duckworth），他是耶稣学院的院士，有时会来讲授人类学课程。他又高又瘦，身高至少 6 英尺 3 英寸，浅色胡子。后来我和他通信多年。达克沃斯后来被选为耶稣学院的院长，退休后于 1956 年以 86 岁高龄逝世。1954 年时，他和妻子分别是 84 岁和 90 岁，仍住在剑桥。按照规定，选修解剖学的学生在上完课后即刻可以前往教室楼的顶层，在那里有一位胖胖的牧师打扮的实习教师（肯普逊）指导我们，他教我们如何解剖人体的各个部分。而那些保存在福尔马林溶液中的尸体，其动脉血管中都已注入了红色液体。整个人体要花 4 个学期才能解剖完：开始是上肢，然后是下肢，再是躯干，最后是头部和颈部。我们采用的教科书，理论方面是格雷（Gray）的多卷本或麦卡莱斯特的简写本《解剖学》，而解剖实习则采用坎宁安（Cunningham）的两卷本《实用解剖学》。

每隔一天的早晨，我们去听迈克尔·福斯特（Michael Foster）教授的生理学课。和教解剖学的麦卡莱斯特教授正相反，福斯特是位迟钝且不善言辞的老师，然而由于他在该学科的领先地位和很有价值的贡献，他和伯登·桑德森（Burdon Sanderson）、谢灵顿（C. S. Sherrington）和爱德华·谢弗（Edward A. S. Schafer）等，都是英国生理学界名声最响的人物，甚至今天依然如此。正因如此，福斯特教授在剑桥助手如云，如兰利（J. N. Langley）、哈登（A. C. Haddon）、刘易斯·肖尔（Lewis Shore）、哈迪·巴克罗夫特（Hardy Barcroft）、安德森（H. K. Anderson，后任卡尤斯学院院长）、亚历山大·希尔（Alexander Hill，后来执掌唐宁学院）、亨利·戴尔（Henry Dale），等等。最后一位亨利·戴尔在医学科学方面达到登峰造极的地位。在学习生理学课程的过程中，我有幸能与这些出类拔萃的老师和前辈交往。我们依曼纽学院后来又起用一位新当选的院士，艾尔弗雷德·艾豪茨博士（Dr. Alfred Eicholz）出任医科学生的学监。他是位矮个子，言谈彬彬有礼，对生理学比解剖学更精通。然而他没有继续指导，1899年辞去教职，成为卫生部的督察官。他于1933年逝世，而他的遗孀逝世于1953年，夫妇二人留下一笔可观的遗产给学院。我的第二学年远比第一学年顺利得多。尽管我要准备4项课程的荣誉学位考试，而这些课程都有实习课，但我对这4门课程极有兴趣，从未缺席过一堂课，包括示范课。星期天我常去马丁里大街的托里斯代尔（Torrisdale）与麦卡莱斯特教授家人一起饮茶。教授家里有老教授及其夫人、两个儿子和两个女儿。教授的大儿子后来成为著名的埃及考古学家，但是受严重的慢性风湿折磨而死于1950年；次子休·麦卡莱斯特（G. Hugh Macalister）是医学博士，1918年至1930年出任新加坡英王爱德华七世医学校的校长；他的长女爱迪斯在1895年下嫁一位远房表兄唐纳德·麦卡莱斯特博士。这位表兄表现不俗，在1877年获剑桥数学学位考试第一名（Senior Wrangler），1884年获得医学博士学位。后来被选为圣约翰学院的院士和高级导师。这对夫妇在老麦卡莱斯特教授住宅旁建立了自己的新居，取名Barrmore。唐纳德于1908年被封为高级巴思爵士（Knight Commander of the Bath），1930年被封为准男爵。从1904年到1929年，他任医学总会会长。从1907年至他1929年退休任格拉斯哥大学校长，1933年逝世。老教授的次女杰西终身未嫁。我在剑桥的第二和第三年，是这两个麦卡莱斯特家，尤其是老教授家的常客，我了解了许多英国人的传统和德行。我还受老人的熏陶，钟情于形态解剖学和人类学，在这两个学科中，他确实名不虚传。在那几年中，我还认识了守寡的惠布利夫人（Mrs. Whibley），她是小镇数一数二的食品杂货店的店主。老人当时已经70岁，只要我登门，她立刻用她那诱人的抹黄油烤饼和茶点款待。在这些体面人家，每家都有两三位女仆，她们穿着整洁的黑色连衣裙，并围有浆洗过的雪白围裙，随时准备伺候客人。我有时不禁设想，是否今天的年轻大学生也能有像我那时一样的好日子，而更可能的是，他们彼此都要盼望何时被邀请到私人家中去，或许还像在美国通常那样，饭后还要帮着主人清洗杯子和碟子！

圣诞节即将来临，三一学院的好友莱德沃德邀请我去曼彻斯特附近柴郡的鲍登，在他家里小住一周。他父亲是60多岁的孤身老人，从事着他那繁忙的商务，他将他在曼彻斯特的大工厂中生产出的棉纺织品销售给东方一些国家。他的长子哈罗德，未婚，是那些工厂的总经理。我的挚友名达文波特（Davenport），排行第二。三个姐妹均未出阁。他们快乐富足的生活对我很有吸引力。尽管他们一家都是信奉国教教义的虔诚教徒，但他们从未在言行上使我这个不信教者感到尴尬。事实上，他们曾耐心劝我随他们全家去教堂，使我得以有机会从享受牧师简单的服务中获得快乐。圣诞节的早晨，我们每人在早餐桌上得到一个小包。在这个节日到来前，我事先准备了一些价廉的中国小物品分赠给我的朋友们，他们似乎都十分乐于接受这些礼物。早餐以后，我们在这个乡村里散步一小时，访问了邻居们的农庄。那里没有剧院和影院，于是我们就彼此述说自己家乡的风土人情。如此之个人交往是多么好啊，不但可以让我们的思想更加开放，还有助于消除那些浅薄的书籍散布的偏见和误导。莱德沃德一家人后来还将我介绍给他们当地的朋友，比如吉布斯一家。吉布斯的一位女儿莉莲，在达文波特毕业后嫁给了他，后来他在花园城市莱奇沃斯（Letchworth）定居开业行医时，莉莲是他的贤内助。我的朋友还带我去曼彻斯特和利物浦，带我去参观过几个棉纺厂，以及利物浦的巨大码头，在那里停泊着开往纽约的华丽轮船。

寒冷潮湿的气候随第二学期一同来。入乡随俗，我也学会了穿上厚毛衣，厚棉袜子，外面是冬季套装。如遇刮风下雪，再添一件大衣。如去听课，有时还须按要求穿上校服。晚上独处起居室中，尽管有煤火，要保暖亦颇不容易。最不好受的是临睡时更换薄睡衣。我的卧室紧连起居间，按卫生机构的建议，应打开一扇窗户，因此整个夜晚都觉寒冷，尽管有时在床上靠一个盛热水的瓶子颇感舒适。早晨起床真是痛苦的经历，总是期待着女房东安德鲁斯太太那声叫喊："热水来啦，先生！"因为这表示可以洗热水浴了，尽管这只是放在门外。以后的岁月中，我曾出访过其他寒带国家，我不禁惊讶我们的英国朋友，他们为何如此长期地沿袭古代陈规，采用如此浪费、不经济而且低效的煤火取暖。在美国的城市里，人们取暖借助装于地下室的锅炉，用管道将热风送进所有的房间。在更大的建筑物里，美国人早已采取了集中供热的方法，这不但意味着无处不温暖，且清洁与省时。在哈尔滨和一些俄国城市里，他们建造高达七英尺的砖砌火炉，在三四间房间里筑成火墙。在整个冬天，用添加木材和劣质煤即可维持室温不变。而绝大多数英国百姓，穿着厚衣，依然难免种种感冒或伤风的不断侵扰，而俄国人，特别是那些时髦的女士们，冬天在他们的住宅里活动自如，而在户外走动时，也只是穿上较厚的或毛皮衣服，在单鞋外加一双套鞋而已。英国人中间流行的伤风感冒，风湿关节炎等疾病，除了自然气候外，是否也部分地与他们住在保暖不足的房屋中有关呢？我的两位朋友，内皮尔·肖（他是我在学院中的导师，后来是伦敦的国家气象局的领导）和唐纳德·麦卡莱斯特（Donald Macalister，约翰学院的高级导师，后任医学总会会长）经常受感冒和支气管炎折磨。如果把他们住处的老式火炉换成蒸汽加热，或许他们的健康状况会更好些。这两位先生依然健在，年逾古稀。

　　书归正传，现在叙述我的学业。在生理课中，我喜好用青蛙做一些简单实验,也热衷于解剖人类尸体的各个部分。虽然我是中度近视(屈光度为-300°),但戴眼镜后我能做最复杂的解剖,毫不费力地辨认最细微的神经。由我们的医学士(M. B.)办公室领导的示范教师特别宽容和耐心,对提问题也不厌其烦。我对高等化学和高等动物学也深感兴趣,这是另外两门荣誉学位考试必需的课程。我甚至想过,是否有可能将来专门从事这方面研究,在这个热门学科,查理士·达尔文(Charles Darwin)、艾尔弗雷德·华莱士(Alfred Wallace)、哈登,以及其他剑桥的科学家校友,曾经作出过那样光辉的业绩。确实有无数的机遇在等待那些为了知识进步和人类幸福而工作的人们。

剑桥大学评议会大楼,伍连德在此被授予学位

1898年6月,我发现我会有更多的闲暇,因为只剩下学院中的竞争而再无大学考试需要通过了。于是我决定在评议会全体会议开会那天去评议会大楼亲眼看看当年各主要学位的授予仪式。我随着一、二年级生,进入

楼上的廊柱大厅里，在那里我看到了接连不断进行的仪式，并且可以尽情地欢呼。仪式由学校的副校长主持，两位学监及其他办事人员协助。每个独立的学院由各自的院长和指导青年学子攻读学士学位（B. A.）的导师所代表。除了来访者，出席者均在台下，身着配有各色披肩的学位服。诸如医学博士、法学博士、神学博士和理学博士等都是猩红色的长袍，再根据不同学科而披以五颜六色的垂布。文艺硕士身穿黑色长袍，半长的衣袖，鲜明的黑白相间垂布，而等待接受文科学士学位的数百名学生，在他们的白色蝶形领带上，连缀着一对形同围嘴的饰物，披在黑色长袍和制服上的垂布是用白色兔皮制作的。首先登场的是为数不多的接受高等级学位的人，他们由院长或是导师介绍给端坐着的副校长。随后是通过了各种荣誉学位考试的学生，他们接受的是与近代大学相适应的各种荣誉。这些由四位或更少的人组成的学生小组由导师引领，每人握着副校长的一根手指。诸如三一学院、圣约翰学院、基督学院、卡尤斯学院和依曼纽学院这些较大的学院，来的学生最多。轮到宣布数学组时，当年数学荣誉学位考试甲等第一名获得者（这是数学上的最高荣誉）由他的导师带到副校长的面前，副校长握住他的双手，用拉丁语向他说了几句话，这时全场的激动情绪达到最高潮。然后榜上有名的其他人按学位高低列队入场，直至入场完毕。在这全场欢声雷动的时刻，一个长达3英尺的大木匙，从天花板上缓缓降下，恰好落在跪于副校长膝下的该学生面前。木匙上镌刻着这人所在学院的纹章和他获得学位的纪年。因为这个非正式的仪式传自遥远的年代，因此最后获得数学荣誉考试第一名的人就被称做"大木匙"，通常他都会将这个天赐的荣誉纪念品珍藏，视同与数学荣誉学位考试一等合格者称号一样重要。那一年获得此项殊荣的是印度孟买的R. P. 帕兰杰佩先生，这是第一次也是唯一一次由印度人享此殊荣。后来这个称号被废除了。从1913年起，数学荣誉考试就并入其他科目的同等考试中，而现在获此荣誉者分成一、二和三等按字母顺序排列。

复活节学期即将结束前，我发现依曼纽学院颁布的奖励名单中，我作为自然科学奖学金获得者而名列其中，每年为40英镑。这令我感到惊喜。这笔英女皇奖学金之外追加的经费对我确实大有裨益，我将有能力对学院内外一些朋友对我的热情款待作些答谢了。当年初夏，莱德沃德一家又邀请我与他们一起共度长假中的部分时光。这一次是在约克郡名叫英格丽顿的村庄中一座他们新承租的宽敞别墅。这位三一学院的朋友对我如此非同一般的关切，使我大有宾至如归之感。他们家中的二女儿克拉拉也确实令我迷恋，似乎她亦对我的感情有所回应。然而，我们之间的差异非常巨大，她出自英国富商家庭，我只是一个初出茅庐的外国穷学生，正在为取得医师资格艰苦奋斗。我决定以后再考虑。

暑假剩下的时间，我参加了由皇家学会会员亚历山大·希尔博士领导的组织学实习班，在生理学实验室里度过了假期。尽管希尔博士当时已是唐宁学院的院长，他仍不遗余力地教学生，他教大家用石蜡包埋组织，用切片机切片并用各种标准染料染色，以便在显微镜下观察。我发现这些工作极令我着迷，这为我以后怀着更大兴趣跟随西姆斯·伍德海德教授学习病理学和细菌学铺平了道路。

通过医学士考试

我的第三学年从1898年10月开始。这时我已自命为高年级的大学生，终于在学院的古老庭院里的底层觅得一套房间，面对着池塘和红砖寄宿舍，又花了一笔力所能及的费用从前脚搬出的房客那里接收了笨重的家具、地毯、碗碟餐具，我只买了新的床单、枕头和毯子。有一位满脸胡须的勤杂工在清早为我擦鞋，晚餐时则在餐厅侍候；另有一位女仆（英语称 bedder）管理内务，除日常打扫外，她在早上给我准备热水，为我准备早餐、午餐和茶。女仆通常都是心地善良的老妇人，只是她们爱唠叨，她有说不完的故事给你讲，如有机会，她便会向你表功而不管真假，她会告诉你在这同一层楼里以前她曾服侍过的大学生如何受到她的保护，使他们在一年级时免除了因为恶作剧和淘气而受到的惩处。有时她还会向你介绍其他楼层的老姐妹，那些老太太们也会谈起她们的英雄事迹。经过她们之手，那些开始一窍不通的新生，最后竟成了严厉的学监或饱学的教授，有些人甚至成了教堂里受人尊敬的显要人物。这些老妇人的陈年旧事简直可以写出一部厚书。我有了这位老妇人的帮助，这时我可以款待我的朋友来"用早茶"、午餐或饮下午茶，并且可以在学院厨房里选购那些收费合理的饭菜。大学生活如今成了惬意的事情，不再仅仅是苦读和听课了。事实上，临近第三学期结束前我将要离开时，尽管我的学位已经到手，依旧深有惜别之感。

艾豪茨博士离开剑桥任公务员后，依曼纽学院为理科学生任命了一位新导师，他是医学博士弗雷德里克·高兰·霍普金斯（Frederick Gowland Hopkins，1861—1947），来自伦敦中心区的盖伊医院（Guy's Hospital）。他的头颅异常巨大，并略显狭，足见其智力过人。他身材不高，却显颀长，在大多数学生眼中，他有些头重脚轻，但他一直健硕并得享高寿。当时，霍普金斯作为新兴的生物化学领域的研究工作者正逐渐崭露头角，剑桥大学以该学科的高级讲师身份聘请了他。因为薪水颇少，我们依曼纽学院就又再增加了津贴。他的部分职责就是指导学生学习生理学和解剖学。霍普金斯在生理学方面学问精深，但却几乎把解剖学全部忘记了。所以为我们这些高年级学生讲课时，常感困窘并且毫不掩饰，但是我们大多数同学对他的专长更感兴趣，要求他多讲他熟悉的内容。解剖学完全可以从教科书上和解剖室里面学到，如果必要，我们还可以彼此互帮互学。所以老师不必为准备那颇不喜欢的课程而烦恼，将大部分课时放心地用来讲授他宠爱的生物化学。而那些人体解剖中的肌肉、血管和神经则或多或少让我们自己去应付了。不久以后，霍普金斯终于成功地取得了剑桥大学评议会的信任，说服他们建立了第一流的生物化学系，他自任教授，并成立了一个称职的助手班子。科学界的各个学科初出茅庐的生物化学家纷纷投奔到霍普金斯旗下，从此剑桥学派名声远扬。我们感谢霍普金斯及其同事，这些饱学勤奋之士的许多发现。他天性谦逊，操伦敦口音，使生物化学在欧美成为最前沿的学科。他为此获得了最高奖赏：皇家学会会长、功勋奖章获得者、诺贝尔生理学或医学奖，以及其他许多荣誉学位。后来成为爵士的霍普金斯所享有的一切荣誉确实是名归实至，他对增进人类幸福贡献良多。在其他方面的学术成就中，他在肌肉能量的来源、组织的氧化作用等方面，使人们的概念发生了革命性改变，他还在我们有关维生素、生理学和营养学的知识方面确定了许多重要的事实。他于1947年逝世，享年86岁。

在我们第三学年的秋季学期结束时，举行了关键性的第二次医学士考试。我们当中雄心勃勃的同学都和四年级生一起试试运气。非常幸运，我名列通过者名单中。这样我便能将剩下的两个学期系统学习动物学和化学，同时还学习生理学和解剖学的理论和形态学内容。在这些课程中，尤其在后二门学科，我受到老师们的额外关怀，他们督促我必须

弗雷德里克·高兰·霍普金斯（1861—1947），1929年诺贝尔生理学或医学奖获得者

参加第二级荣誉学位考试，以便取得将来的奖学金。每周三个下午我自愿在解剖室里当示范教师的助手，这样教授既无需另请助手，我又温习了功课，为学年结束时参加严格的考试做准备。

五月末，我们在不同的大楼里参加荣誉学位考试的笔试，而实习考查则在公共实验室里进行。所有的考生自然都担心他们的命运，我也紧捧着书本直到最后时刻，以免忘记各学科中的每个细节，这种临时抱佛脚的做法真是愚蠢，此后为此付出了代价。因为考试者一般是要了解我们已经知道了什么，并非指望我们的答案天衣无缝，也不会去计较那些细枝末节。我们三个好朋友——努恩、莱德沃德和我，全都名列一等，而天分最高的埃利奥特却不走运，临考前他被急性阑尾炎袭击而不得不在地区医院动手术，因此他的考试推迟了一年。但是他笑到了最后，因为在第一、二两部分荣誉考试中，他都是第一名，于是他在去伦敦的圣巴塞洛缪医院工作以前，即被选为克莱尔学院的教员。最后他担任了剑桥大学学院医院医疗部的教授和主任。

1899年6月举行评议会全体会议，我们前去参加授予文科学士学位的典礼，这样的典礼我们在一年前都亲眼目睹过了。大学评议会大楼内挤满了毕业生与来宾，为的是亲临现场目睹自己的亲戚朋友登上中心讲台领受学位。像去年一样，女生可以参加并通过她们的课程考试，但这种努力并不能获得学位。由于我通过了依曼纽学院的最后考试，我被确定为基金会资助的学者,获得津贴 60 英镑。好运又一次眷顾了我这困窘的钱袋,使我能够享受一点超出日常消费的奢侈。

实习医师

第 3 个暑期长假从 7 月开始,我再度留校。全部时间均用于在西姆斯·伍德海德教授和他的高级助手斯特兰奇韦·皮格(Strangeways Pigg)先生指导下的病理学系工作。除了学习基础细菌学及其实习外,还在阿登布鲁克医院参与了一些尸检工作,观看斯特兰奇韦先生(结婚以后,他就不愿再用他那易被人作弄的姓了)制备整体和显微标本的精巧技术。我们在病理学实验室中的两个月课程,似乎更像游戏,每当 4 点的钟声响起,我们就有热茶喝,不过不用杯碟,而是用那些实验室常用的在烤箱里灭过菌的硬质玻璃量筒和烧杯,它们全都在实验室的烘干炉里经过消毒。在整个夏天,我获准保留依曼纽学院中的那个套间,当最后离开学院的日子到来,我必须前往伦敦参加帕丁顿的圣玛丽医院举行的考试,争夺两个大学奖学金名额中的一个,此时我深感依依不舍。这种大学奖学金,每份 150 英镑,面向来自不列颠群岛的所有取得文科学士学位的人,但只有两个名额。考试内容主要是解剖学和生理学,再加上一篇英文作文。为得到这笔奖学金,确有一番颇为激烈的竞争,因为这笔经费可提供 3 年内全部学费,以及被接受进入医院时在医院的费用。考试后一周公布结果,来自威尔士某大学学院的托马斯(A. H. Thomas)和剑桥的伍连德两人为成功者。

于是我带着可以缴纳未来 3 年中全部培训费的这份新奖学金,以及可领取一年的英女皇奖学金,迈进了圣玛丽医院,我竟是这个医院中的第一

伦敦圣玛丽医院

个中国学生,因此我必须有优秀的表现。1899年的圣玛丽医院尚未享有她20年后那些世界性的声誉,后来阿尔姆罗斯·赖特(Almroth Wright),亚历山大·弗莱明(Alexander Fleming)和莫兰爵士(Lord Moran,他是温斯顿·丘吉尔爵士的私人医师)在细菌学、青霉素和医学方面登上了很高的学术地位。不过,在这些名人出现之前,在圣玛丽医院曾出现过一些著名人物使圣玛丽医院扬名。其中有外科医生埃德蒙·欧文(Edmund Owen)、赫伯特·佩奇(Herbert Page)和奥古斯塔斯·佩珀(Augustus Pepper),内科医生威廉·布罗德本特爵士(Sir William Broadbent)、沃尔特·奇德尔和戴维·利斯,生理学家奥古斯塔斯·瓦勒(Augustus Waller),解剖学家欧内斯特·莱恩(Earnest Lane),病理学家和细菌学家普利姆(H. G. Plimmer)、佩因(Pain)和波因顿(Poynton),政府毒物学专家阿瑟·勒夫(Arthur Luff)、威廉·威尔科克斯爵士(Sir William Wilcox)和伯纳德·斯皮尔斯布吕爵士(Sir Bernard Spilsbury)。

我首先在帕丁顿的布鲁姆费尔德大街148号找到了一个住处,女房东靠看手相贴补家用。后来我和年轻的不动产经纪人弗兰克·尼克松(Frank Nixon)成为朋友,我们两人每周花一个基尼在庄园地21号(21 Manor Place)合租了一处不大的房间,此处面对着帕丁顿公园,我们有各自的卧室,共用起居室、浴室和厨房,我们在厨房中准备早餐和热晚饭。

我和尼克松共同在这些房间内度过了两年多时间，后来我在中国又和他保持了 20 年的联系。他只受过公立中等学校教育，每周从他的房地产雇主处领得 25 先令薪金。就靠这有限的收入，他要开支自己的膳食和住宿，以及日常穿戴。他身着普通的黑色礼服大衣和一条灰色裤子，内穿自己洗的带硬领和可替换袖口的白亚麻衬衫。他的父母是不信国教的中产阶级，住在米德兰（Midlands）。他的哥哥克里斯托弗是一位电气工程师，住在伍尔弗汉普顿。他娶了一位出生在广州有一半中国血统的漂亮夫人。我和尼克松一家在海边共度过两次假期，相处极为愉快。

在伦敦市中心生活，弗兰克·尼克松设法将日常开支维持在适当水平。中饭我们通常不在一起，他在城里，我在医院附近某处用餐，但是我们都绝不光顾像 Lyons 或 Aerated 等著名点心店，那里的牛排布丁要花 6 便士，面包和黄油要 2 便士，一杯热茶要 3 便士。我们乐于享受当时那偶一为之的奢华享受，身旁站着穿戴整齐的女侍者，不像今天，每位顾客要自己排队取盘子和餐具，然后依次前移到食品柜台，挑选那价格颇高的份菜，最后还需在那喧闹的餐厅里找个无人的角落坐下用餐。周六下午，我们通常是去公园，如海德公园、肯星顿公园等等。尼克松来伦敦比我更早，他是个理想的伙伴，他精打细算的生活方式也很称我的意，因为我们都必须谨慎花钱。冬天几个月中，我们采用精致的煤气壁炉，这在当时是个新发明。虽然为此我们必须多花些取暖费用，但它十分方便，室内空气更清洁，还能自己烤面包和泡茶。星期天我们则去乡村廉价旅游，偶尔也去摄政公园里那个著名的动物园。这个动物园是由一些热衷科学研究的个人组成的团体创建和经营的。该团体往日由新加坡的开拓者斯坦福德·莱佛士（Stamford Raffles）领导，他为了充实动物园，曾从东方引进了数百头野生动物。人们可以在宽阔的野地里徜徉，观赏嬉戏或进食中的各种动物,并享用平价的美餐。令我享用不尽的源泉是艺术画廊,特别是位于查灵十字街(Charing Cross)国家美术馆的国家画廊,以及华莱士收藏中心,那里收藏着珍贵的古画,还有位于布卢姆斯伯里的大英博物馆(包括一个巨大的图书馆和许多艺术收藏品,其中的中国馆是最著名的)、自然史博物馆、维多利亚和艾伯特博物馆、地质博物馆以及其他分布在南肯星顿一带的专门博物馆等等。每逢假日,我们便去伦敦那些奇妙的角落,例如伦敦水产集市(Billingsgate)中心地带的鲜鱼批发市场,也常光顾遍布贫民区的那些连带出售炸鱼和炸薯条的小店。只要经济上可以承受,每个月也许会上一次剧院,买一张顶层楼座或正厅后座票。我们有机会在剧场舞台上见到著名的男女演员,例如亨利·欧文爵士(Sir Henry Irving,在《里昂邮车》和《钟声》剧中)、艾伦·特里小姐(Miss Ellen Terry,在《温莎的风流娘们儿》剧中)、帕特里克·坎贝尔夫人(Mrs. Patrick Campbell,在《第二个坦克里夫人》剧中)、比尔博姆·特里〔Beerbohm Tree,在《威尼斯商人》剧中,还在"Trilby"(软毡帽)一剧中扮演斯文加利〕。我们还更像比我们年幼的儿童戏迷那样爱好哑剧表演。还有一次,我们积攒了足够的钱,从伦敦登上三等火车,横渡海峡到了巴黎,在那法国京城度过了兴奋的一周。在那些日子里,我懂得了谚语所说的:"两人同心,三人不成!"在伦敦那个花花世界里,我能愉快生活,好友尼克松的帮助良多。

那年初秋,我曾参加英国医学界戒酒联盟在伦敦的一家高级旅馆中召开的年会。在早餐招待会上,该联盟主席西姆斯·伍德海德教授强调在医务人员中戒酒的重要性。我也申请入会了,作为其中一分子,我一直对此目的坚守不渝。

在圣玛丽医院及其附属医学校,我几乎未能在其他学生中结交朋友。

因为在那里除了一个体育俱乐部外,实际上从无社交生活。各自散住在医院附近,而医院即紧邻大西铁路上繁忙的帕丁顿车站。有些学生住在家里,乘坐大都会铁路线的火车往来方便。只有一位莫里什(W. J. Morrish)成了我在伦敦的最好的朋友之一。他是一位生意兴隆的文具商的长子,住在伦敦郊区丹麦高地(Danmark Hill)。无论冬夏,他每天早上八时离家,九点前到达医院,上课直到下午一时,然后在学校餐馆用午餐,再接着上课或是在实验室实习,直到下午6时(其间有片刻喝茶时间),再按原路回家。如此年复一年,他从一年级新生开始,6年后毕业而成为伦敦大学医学士。他属于一个不常见的基督教宗派社团,称为普利茅斯兄弟会(Plymouth Brethren)。每天起床时做晨祷,餐前餐后要祷告,睡前也要照做不误。莫里什和我相处融洽,我们经常交换听课笔记,一同做奥古斯塔斯·佩珀先生的外科助手,在戴维·利斯博士手下任临床见习医师。当我们去参加一个月必修的助产实习时,我们决定只要可能,就一起工作,遇到困难便相互帮助。这是医院中实习的学生困难重重的时期。在整整一个月里面,必须轮流去照顾在帕丁顿城区各处的产妇分娩。其通常的工作程序是:某处某家妇女临产信息报告到达医院门房的看门人,他便可从当月轮值名单中得知4个学生中第一位的住址,即能按地址找到学生。于是该学生便手提出诊袋,或许心中还因想到责任重大而心情紧张,与报信者一起迈着沉重的脚步,沿着寂静的街道或小巷来到目的地附近,然后找到那栋有产妇的家,并进入室内。等候"医师"已久的产妇在致谢后,即开始检查和处理。通常胎位正常,即胎儿头部先露出,如遇胎位不正,先露一足,或是脸面先露甚至是横胎位,则那位不知所措的学生就得报告医院求助于其上级,那是一位任期半年并容许留驻医院的产科助理医师。这位助理医师将赶往病人家中,完成分娩过程。此时如果出现过多并发症,例如大出血，医院就会出动急救车，将病人接进医院病房。

一个人从未目睹19世纪末那异常穷苦人家窄小肮脏的房屋，就不会对居住在伦敦的那些穷人的真实处境有一个正确的概念。家具很少，可能连放置医疗器械的桌子也没有，热水不足，缺少脸盆。有些夫妇实际上没有从地面支起来的床，因此分娩只能在无所遮蔽的干草上完成，而这些干草早已被沾满泥污或雪水的靴子践踏过无数次了。我作为一个来自海外的学生，过去只见过生活在与此完全不同条件下的白人，他们享有豪华的马车、成群东方仆人和富足的生活，而眼前的情景真令我耳目一新。有时到达晚了，孩子已经出生。此时我的工作就是剪断新生儿的脐带，等着胎盘娩出，然后帮助当地助产士把周围的东西清理停当，而这些助产士有时也像她们的东方同行一样愚昧无知。这些过程完成后，我就要设法独自回到医院，在登记簿上签字，再回到住处，日夜等候那3位同学依次完成他们的工作后再去值勤。就这样度过了在伦敦的第4个月，完成了28位产妇的助产，这比签约每月最低限额20名多出8个。这时正好是元月隆冬天气，但室内通常是供暖的。深夜回到医院，我这位疲惫不堪的学生，会得到值夜班姊妹一杯热咖啡的犒赏。

有了这一个月的经历，我自己不得不考虑到，如果病人和前去助产的学生双方事先都有所准备，情况将会好些。如果产妇事先有机会去一趟产前门诊部，能检查其妊娠状况并记录在案，即可在分娩开始前预防或减少任何可能出现的意外。我深信自国家卫生署成立后，这种改革已经进行，其结果势在降低母子的死亡率。

因为医院邻近铁路和诸如哈罗路、爱基威尔大街、普莱德大街等几条大街，我们也参与处置过日夜任何时间均可发生的大量交通事故。那些能够坚守到最后的学生由此获得了更多的经验。那里终日车水马龙，熙熙攘攘，一天到晚交通事故频繁发生。

和我一起在1899年10月进入圣玛丽医院工作的同学中，有一位是在剑桥比我高两级的康拉德·凯里，另一位是格雷厄姆·纳吉亚尔（Graham Naggiar），他头脑灵敏，姜黄色头发，淡茶色胡须。虽然我和他们在不同的导师手下见习和担任助手，但我们相处极佳。后一位因为姓名古怪，毛发颜色又少见，因此常受同级其他同学的戏弄而烦恼，于是他决定将名和姓加以颠倒，改称纳吉亚尔·格雷厄姆。在我们的后半生彼此互有来往。1956年我最后一次访问英国时，曾趁便在贝德福德的莎士比亚大街他家中与他相聚。那时我们两人都已到了年逾古稀的75岁，但是身体都还很好。虽然我被正式分派在戴维·利斯博士手下当外科手术助手，并且给奥古斯塔斯·佩珀先生当见习医师，但我还是尽可能去听齐德尔、西德尼·菲利普斯（Sidney Philips）和当时名声渐起的神经学家威尔弗雷德·哈里斯（Wilfred Harris）的许多手术演示和讲课。我还有机会去观看首席外科医生埃德蒙·欧文做手术。他经常命令他的住院医师用双手将皮肤提起，让他用锋利的手术刀从当中一刀切开，然后立即用许多把止血钳在各个出血部位止血。许多人都去观摩欧文医师的手术。每次手术完毕，他会坐在一个小凳上向刚观摩过手术的学生讲解这次手术，并经常会向学生提问手术过程中的每个步骤。此公虽然脾气粗暴尖刻，在必要时，他也会笑脸待人，甚至邀请他的下属和学生到他家里享受一顿美餐。我自己的外科手术导师是佩珀先生，他们两人颇不相同，他身材矮小，严厉而文静。他的双手很大，但是技术精巧，能进行大部分困难的手术。每一位见习医师都被分派在病房里，要照看一定数量的病人，还要求他们逐日写出详细的笔记。

为便于病人求医，大伦敦的医院作为公益性事业机构，大多建于该市的各个关键地区，圣巴塞洛缪医院和伦敦医院位于东区，而圣托马斯医院则雄踞于泰晤士河的南岸，隔河与北面壮观的国会大厦建筑群相望。我们圣玛丽医院紧邻帕丁顿车站，占据着一个完整的街区。当我在医院工作时，该院有300张病床，50年后的今天，经过多次扩建，现有近500张病床，内有9个内科病房、10个外科病房、2个儿科病房、1个妇科专科病房、1个产科病房、2个眼科病房、2个免疫接种和隔离病房，还有一些较小病室用于处置事故伤害、皮肤病、耳科和整形外科病人。各种门诊部门设在底层。大的普通病房通常可以容纳24至30张病床，并附设有护士长值班室和各种准备间及小厨房。一经分配停当，那些临床见习医师或是外科医师助手就会被介绍给指定的病房护士长，而这些护士长都是工作娴熟且富有经验的，她们对这些新手帮助极大，耐心且适当地提醒他们如何履行职责，还训诫他们对待医院护士的言谈举止，因为一些护士身着每天浆洗的护士服，显得十分妩媚动人。尽管如此，我在圣玛丽医院期间也目睹过一件严重的事件。其诱因是一位住院外科医师和两位医学生争夺一个漂亮的白肤金发碧眼的护士，那位其貌不扬且已秃顶的外科医生竟稳操胜券，因为他眼前即有好前途，而两个年轻的学生还须苦等审定资格。

和其他学生一样，我发现大多数医学院的课程枯燥而乏味，上课时间不是极早，就是过晚。而且这些事业有成的会诊医师或外科医师，讲课未必就好，学生也极少能认真听课，特别是在手术室，在充满难闻气味的实验室里，或在尸体解剖室里忙碌一天后，更不愿去听课。一位从印度医务署退休的年迈上校讲授热带病，在谈及疟疾时，他便难免强调印度土壤中腐殖质在该传染病传播中的作用，而与他同在一处工作的罗纳德·罗斯（Ronald Ross）曾经多年以来即试图说服他的同事相信按蚊在人与人之间传播疟原虫方面所起的实际作用。圣玛丽医院病理系的领导是 H. G. 普利姆先生。此君虽然是纯种英国人（Englishman 英格兰人），衣着却是欧洲大陆的流行样式：鲜亮的蓝衬衫，罩以黄色灯芯绒夹克，打着猩红色的宽松的领带。更为令人侧目的是满头后梳的长长黑发和修剪精致的尖须。他家境富裕，拿出许多自己的金钱为他的实验室奠定现代化基础，并设立了一个克斯莱克奖学金，以鼓励更多的学生投身于他的课题研究。他退休后，由著名的阿尔姆罗斯·赖特由内特利前来继任。赖特凭借他在抗伤寒疫苗、调理素和其他一些发明的突出成就，使得圣玛丽医院作为研究中心的科学地位日益提高。正是在这个实验室里，亚历山大·弗莱明首先发现了青霉素，并首先测试到它的多种有益性质。

比起其他学生来，或许我更习惯于更多地留在病房中，我对许多事物颇为好奇，而值班的护士长似乎并不介意我待在那里。门诊部很受欢迎，那里由资历较浅的内外科会诊医师主持，他们都期待提升更高的职位，即使等待10年或更久也无所谓。在较小的部门，如皮肤科、眼科、耳鼻喉科每周只于放一次。我们的皮肤病教师是马尔科姆·莫里斯（Malcolm Morris）先生，一位高大年迈不留胡须的男子，他总是一进房间便喋喋不休，直到最后一位病人看完病才不再说话。当时梅毒被归类到皮肤病，因为它的二期和三期症状中出现皮疹。虽然从社会危害观点看，这是最常见且危险的疾病，但当时并不认为应受到专门关注。1900年7月，大多数学生还有需要完成的选修课，我则准备乘火车去剑桥参加药物学和病理学考试，结果我轻易通过了。我剩下需要考试的科目还有产科、妇科、外科、内科以及有关的分支学科。在翌年（1901年6月），我通过了前两科的考试，而最后的内科考试也在来年（1902年）4月通过。1896年秋季学期在剑桥入学的133位医科学生中，我是唯一在5年3个月内通过第三次，即最后一次医学士考试的学生。这个成功确实令我欢欣鼓舞，我受到来自各方的祝贺。海峡殖民地伦敦的办事处起初拒绝将我的英女皇奖学金延续到第五年，最后由于我在剑桥的导师内皮尔·肖先生有力荐举，终于勉强同意了。我的三一学院的朋友，包括莱德沃德、努恩和加德纳·梅德温都到了伦敦，进入了圣巴塞洛缪医院，等待着来年参加并通过最后一次考试。在此期间，我在圣玛丽医院多次获得奖章和奖学金，例如齐德尔临床内科金质奖章（1902）、临床外科特别奖（1901）、临床内科特别奖（1901）、还有克斯莱克病理学奖学金（1901）。为了申报这些奖项，我需要提供有关我在病房内处置过的各种病例的笔记和文章，最后还要在奖项创建人亲自指导下，进行原创性的工作和观察。我的许多竞争对手日后都成了医学界的杰出人才，其中有：伯纳德·斯皮尔斯布吕爵士（1877—1947），他成了政府的著名法医专家，在25年中帮助法庭破获了许多刑事案件；皇家内科医师学会会员兰米德博士（Dr. F. S. Langmead），他是圣玛丽医院的教授和内科主任；皇家内科医师学会会员戈登·布赖恩（C. W. Gordon Bryan），他是圣玛丽医院的会诊外科医师；还有属于普利茅斯兄弟会的莫里什等等。

在结束我在伦敦的学生生活这个话题前，我必须谈到当年令我颇为狼狈的体验。那是在1900年的夏天，许多有关义和团事件的令人不愉快的消息通过电报从北京传来，报道了狂热分子在华北杀害基督教传教士的消息。刚刚面世的《每日邮报》（*Daily Mail*）特别刊登了将欧洲传教士下油锅的令人毛骨悚然的故事，在伦敦各阶层人士中引起了极大愤慨，而任何东方面孔的人都成了众矢之的。虽然后来证明《每日邮报》的故事不过是那些新闻记者为了增加发行量而发挥其丰富想象力无中生有的伎俩，但我在帕丁顿却确实见到少数狂暴之徒无视法律，多次冲着我狂喊："瞧呀，这儿有个中国拳匪，咱们用石头砸他，看他疼不疼！"当然在大街上也有理智的心地善良者,他们保护我免于受到严重伤害,使我及时侥幸脱险。

当我在圣玛丽医院工作时,恰逢1899—1902年的南非布尔战争。那是个令人激动的时刻,战争的进展成为街谈巷议和所有报纸的头条。我依旧记得当年因战争初期的挫折而弥漫着的沮丧情绪,后来又为节节胜利而兴奋,直至马弗京(Mafeking)解围达到高潮。消息传到了伦敦,民众之喜悦简直到了发狂的程度。还应指出,扬·史末资(Jan Smuts)将军是剑桥的法学毕业生,英国政府结束战争的宽厚条件,赢得了他终生不渝的友谊和亲密合作,这一点也会令人感兴趣。

我初到伦敦时,有关妇女选举权的争论已酝酿多年。此时已到紧要关头,涌现了不少妇女领袖和她们的追随者,她们激烈地鼓吹女权,被起诉和遭受逮捕及监禁之辱。这些人是潘克赫斯特夫人(Mrs. Pankhurst)和她的两个女儿克里斯特贝尔(Christabel)与西尔维娅(Sylvia)、德帕尔夫人(Mrs. Despart)、德拉蒙德夫人(Mrs. Drummond)和佩西克·劳伦斯夫人(Mrs. Pethick Lawrence)等。直到第一次世界大战(1914—1918)结束后的1918年,由于有了国会法案,妇女选举权才最后取得。这个改变影响了某些大学当局对待女生的方针。1920年牛津大学决定授予女生学位,而剑桥一开始投票反对任何改变,但是没几年之后他们决定顺应潮流,于是连那古老的最高学府也让历史翻开新的一页。

我在剑桥就读第一学期之初,广东人反对满清王朝的首要策划者孙逸仙博士被诱进位于波特兰大街49号的中国公使馆并被就地监禁的新闻,震惊了世界。试图在广州发动起义的计划失败后,孙博士在1896年10月1日秘密到达伦敦。他拜访了早年在香港学生时代(1887—1892)结识的康德黎(Cantlie)夫妇。10月11日星期日早晨,孙博士和康德黎夫妇一起(当时他们住在附近的德文夏大街)沿韦茅斯大街(正好围着波特兰的一角）步行去教堂做礼拜，此时有两个中国人前来搭讪，他们用粤语邀请他去他们的住处。孙正在犹豫，而此时他们正靠近一座房屋，孙博士被拉进门内，此时他发现自己已成为公使馆的俘虏。使馆中一位英国仆人及其妻子很同情他，应孙的请求，将写好的一张便条交给康德黎博士，康德黎在10月17日午夜收到便条，便立刻前往苏格兰场（伦敦警察厅）请求帮助，但是负责的官员似乎不相信，甚至经多次恳求亦拒绝插手。最后康德黎去外交部（当时是索尔兹伯里伯爵任外交大臣）请求帮助，还去伦敦泰晤士报编辑部，将此轰动的消息发表。在使馆被监禁了12天以后（10月11日至23日），孙博士终被释放。当时清朝的使英大臣是福建人罗丰禄（1850—1903），他的顾问是哈利迪·麦卡特尼爵士（Sir Halliday Mac-Cartney，一位退休的英国总领事，时为清使馆雇用）。如果没有康德黎博士坚持不懈的努力，孙博士很有可能在年轻（29岁）时便被装进木囚笼里，用货船运回中国并被处决，中国的历史也将被改写。民国成立后，我的老朋友施肇基先生被任命为驻英公使，我曾作为客人在那宽大的使馆里盘桓。我曾乘此机会，前去探访那个当年囚禁孙博士的三楼上一个小房间，房中那有铁栏栅的窗户对着后院。此处已作为历史文物加以保护，以纪念当年孙大总统在伦敦的蒙难时刻。

  我打算获取内科和外科双学士，经申请，成功地在伦敦西南部一所治疗结核及胸科疾病的布朗普顿医院获得一个内科住院医师的职位，6个月的固定津贴仅60英镑，但是在这个岗位上，使我得以深入研究在马来半岛和海峡殖民地最为常见的这种传染病。每个住院医师都有一个专用的兼备卧室和起居室的宽敞房间，还有一个公用客厅。我们这个部门中，有部门主管马克·佩特森博士（Mark Paterson）和三个住院内科医生。在这6个月里，我的同事是牛津的医学士贝丁顿（Beddington）和即将毕业于伦敦大学学院、后来专攻心理学的欧内斯特·琼斯（Ernest Jones），我们的上级是伦敦医院的会诊外科医师、皇家外科医师协会会员本杰明·基德（Benjamin Kidd），以及3位内科医师罗伯特·马规尔（Robert Maguire）、哈伯逊（S. Habershon）和巴蒂·肖（Batty Shaw），他们都是皇家内科医师协会会员。每人都有自己的治疗理念，全凭经验而难收肯定的疗效。外科医生的任务多半是切除部分肋骨及排出积脓，而在1950年前之此时，尚无肺切除手术。在布朗普顿，住院医师有许多空闲时间，可以用来收集文献以备撰写论文之用。那里食品丰盛，可以邀请外来的朋友共进午餐或聚餐。我这两位同事，不仅具备医学知识，还是饱学之士，我们经常一起讨论文学艺术，获益良多。

利物浦热带病研究所

正在此时，我收到依曼纽学院来信，通知我已经获准每年150英镑的研究奖学金，以便在毕业后在英国或欧洲大陆上任何一个研究机构从事研究工作。经过一番咨询与了解后，我决定利用1902年的最后4个月在利物浦的热带病研究所中，在罗纳德·罗斯少校指导下作研究；1903年的前8个月去萨勒河畔的哈勒（Halle-an-der-Salle），在卡尔·弗兰克尔教授（Prof. Karl Fraenkel）指导下工作；然后去巴黎的巴斯德研究所师从伊利亚·梅奇尼科夫。利物浦的研究机构刚刚建立。这要感谢罗伯特·琼斯爵士的赞助。他在西印度群岛拥有大片香蕉种植园，还有一个快速蒸汽轮船航线，往来于利物浦港和西印度诸岛之间，将这种珍贵水果批发到欧洲市场。能够将创造财富和慈善事业结合起来为受苦受难的人类造福，这是多么美好的行为啊！琼斯在这两方面都赢得了声誉。在利物浦，除了罗斯，还有其他前途无量的科学家，例如该研究所的休伯特·博伊斯（Hubert Boyce）、城市医院的亚伯拉罕（C. Abraham），在我的同学之中还有印度医务署的班纳曼少将（Major General Bannerman）、来自加拿大麦基尔大学的理查德·托德（Richard Todd）、多伦多大学的埃德加·库茨（Edgar N. Coutts）和巴尔的摩的约翰·霍普金斯大学医学博士爱德华·胡美（Dr. Edward H. Hume）①。胡美博士出生在印度，母亲是美国传教士。他也选定在利物浦这个新成立的研究所从事研究生的工作。我们两人同住在由研究所提供的位于上国会街44号的学生旅馆中。命运让我和胡美后来在中国多个地方重聚，他成了中国内地湖南省城长沙的一位传教士医师，后来又创建了湘雅医学院，并用中国语言培训中国医师。在中国多方面的医疗改革中，我和胡美亲密合作。他善于在公众中用英语或中国官话发表演说。他在中国25年，为这个保守的国家的医学卫生事业进步作出了很大贡献。虽然如今已经退休而不再从事社会活动，但在1955年我们依然通信，而且都在为后代撰写自己的回忆录。

在利物浦时，我每天要在医院或实验室耗费几个小时，制备数百份采自疟疾患者的血液标本，以便开展深入研究。这些研究结果都汇总在提交给剑桥大学之钦定医学讲座教授克利福德·奥尔伯特爵士（Sir Clifford Allbutt）的学士论文里。正当圣诞节前夕，我作为申请学位的考生，站到了这位杰出的主考人面前。奥尔伯特爵士对我的劳动成果表现得十分满意，当他得知我将在德国和法国度过来年时，便鼓励我利用我研究的最终著述，把在那里的研究结果送去发表，并最后去申请医学博士学位。遵照

---

① 胡美博士在1957年死于美国纽约。——作者原注

他的建议，我在哈勒和巴黎时，对所有观察结果都作了详细的笔记。

我求学生涯的各时期里，在剑桥一共获得了5个学位。向剑桥大学和依曼纽学院缴纳的费用分别记载如下：

学位	年代	缴给剑桥的费用	缴给依曼纽学院的费用
文科学士	1899	3英镑	2英镑
文学硕士	1903	3英镑	2英镑
医学士	1903	6英镑	4英镑
外科学士	1903	4英镑	4英镑
医学博士	1905	25英镑	2英镑

医学博士考试：有两位钦定讲座教授担任主考官，须向每人缴纳两个英镑。除此以外，在注册、入学考试和每次考试时须缴纳以下费用：

新生注册费	3英镑
入学考试费	2英镑
预备考试（分两部分）	2英镑
一级荣誉学位考试（自然科学）	5英镑

医学考试

一级（第一、二部分）	2英镑2便士
一级（第三部分）	2英镑2便士
一级（第四阶段）	2英镑2便士
每次医学资格考试	1英镑1便士
最后医学考试	6英镑6便士

每一次补考也要缴费，金额高达普通考试收费的80%。幸运的是，我任何考试从未失败过。

　　我来到哈勒大学后，就一直试图去看看该大学的决斗俱乐部。我先问过斯特拉斯曼，他劝我去找私人讲师索贝恩海姆，因为从他那布满伤疤的脸上就可知他当年定是个著名的决斗手。

第7章 欧陆初识

德国哈勒大学卫生学研究所

我通过旅行社买妥从伦敦（大东铁路）至萨勒河上之哈勒（Halle-ander-Salle）的二等联运车票，先乘夜车到哈里奇（Harwich），由此乘带卧铺的舒适轮渡到达荷兰的弗利辛根（Vlissingen），护照检验和入境手续不过例行公事。次日清晨，旅客由几位身着鲜艳制服的铁路管理人员带领着登上他们各自的火车车厢。德国站长和搬运工人给我的印象很特别，他们看来像军人一样刻板，然而和蔼可亲又乐于助人。我不断翻看手头的《贝尔利茨（Berlitz）英德会话手册》，以便明白一些。我发现德国话和荷兰话很相似，德语的发音也不困难，甚至能凭其发音或拼写猜出某些单词的意思。英国的 shilling 用德语拼写是 schilling，币值也差不多。英语中的 water 德语是 Wasser；男女厕所的标志 Gentlemen 和 Ladies，相对应的则分别代之以 Manner 和 Frauen。

整个列车由过道贯通,只在每节车厢两端开门,座位均标有号码。显然这里执行规章比英国更严格,列车员会提醒那些在标有 Nicht Rauchen［德语"禁止吸烟"］处的吸烟者,他们自己也以身作则。座位总是一尘不染。在途中大站上可以买到 Kaffee und Brötchen（咖啡和奶油蛋卷）,价格公道合理。小贩多是满面笑容欢快的年轻人,他们推着轻便小货车或是挎着柳条篮子。离开荷兰边境以后,接连通过奥斯纳布吕克、汉诺威和不伦瑞克,最后到达马格德堡,此时我们听到到处有喊声"Umsteigen, Umsteigen",意思是该换车了。于是我们从头顶的行李架上取下手提行李,而我那沉重的大皮箱早已在伦敦挂号托运到目的地。

马格德堡车站早在1903年已经是座高大的建筑,拥挤着各阶层的人们。处处可见军官,他们大都模仿德皇威廉二世留着上翘的胡子,华丽的军装上缀有各种饰物,头戴威风凛凛的军帽,配带长及地面的军刀。像其他车站一样,喧闹的人群中还有许多年轻的和年老的妇女,她们彬彬有礼地向管理人或服务员问询。报亭中摆满了供大众阅读的报纸、周刊或其他画报和杂志,各种茶点小吃可在轻便货车或固定摊点上买到。我们在马格德堡逗留了近半小时,然后向着东南方,直奔哈勒。我一直有些迷茫,因为这是初来德国,声音和人群都很陌生。不过我那本贝尔利茨的会话帮了大忙,同样的单词和句子经反复用过多遍,不用多久与人交谈时便感到比较容易了。在哈勒车站,得一位搬运工的帮助,我登上一辆四轮马车,找到了在离开伦敦前预定好的家庭旅馆。我得到一个大小适中的房间,有两扇窗户朝向大街。此时是1月,正值隆冬季节,但房内很暖和,它由一个封闭的火炉供暖,由外面的通道添加焦炭。女房东优雅和善,尽管语音奇特,但我们还是多少可以互相交流。我终于找到了这座住宅中单独的浴室,洗了一个热水澡。大皮箱在我到达后一小时便送到了,只需付给送行李者 3 先令。晚饭有 schinken（德式冷火腿）、奶酪、黑面包、热牛奶和咖啡。在德国很难找得到英国人习惯喝的那种茶，也不主张饮用普通的冷水。

德国人不像英国人那样敞开窗户，主张冬天室内整夜保暖。第二天早晨起床后我感到暖和和神清气爽。在英国那样浑身发抖着跑去打开炉子的事，在德国是再也没有了。

9 点刚过，我步行前往距离我住处不到 1 英里的卫生学研究所。在大门前，我向门卫递上了名片，请求会见所长卡尔·弗兰克尔教授。在伦敦时我与他联系过，他同意在他的研究所接待我。教授本人立刻就在他那与私人实验室毗邻的办公室里接待了我。我惊讶教授说一口非常流利的英语，他问及来时旅途是否愉快。教授未留胡须，有一条 3 英寸长的伤疤斜穿过左脸颊，这显然是早年学生时代决斗所致。他的头颅较小，短发，灰眼睛。他问我对研究工作是否有特定的打算，我回应说想学习德国细菌学方法，因此希望除进行教授为我安排的任何专题研究外，还能在研究所听几门课程。教授考虑片刻后说，目前在医学出版物中正在开展关于住院病人破伤风感染的令人关注的讨论。这些接受治疗的大动脉或腘动脉瘤患者曾被施用了大量的明胶液体，探讨引起他们感染的原因或许是个好课题。他建议我在周末查找有关文献，然后告知他我的决定。在这次令人鼓舞的谈话后，弗兰克尔教授领我在他的研究所参观。他首先将我介绍给他的主要助手、他私人雇用的临时教员（privat-docent）索贝恩海姆（Sobernheim），此人身材矮小，不蓄须，脸上疤痕累累但对人友好，如今他已在细菌学界颇有声誉。另一位是助手希尔德布兰特博士（Dr. Hildebrandt），柏林人，身材高大，仪表堂堂，蓄有八字胡须，他负责非专业的人事工作。另外还有 3 位志愿工作者：第一位是个高大金发的姑娘，来自斯德哥尔摩；第二位名叫绍尔堡（Sholberg），是位友善的英国人，由加的夫的市立实验室派来进修有关欧洲卫生学方法的知识。我能在这里遇上来自英国的人，特别高兴。在哈勒这个德国大学城的4个月里，我和绍尔堡交往甚密。第三位志愿者是斯特拉斯曼（Strassmann），来自布莱斯劳［现属波兰］的研究生，是个娇生惯养无忧无虑的公子哥儿。他经常在实验室外闲聊几个小时，无论他所居何处，总能设法勾引几个 hubshes Madchen（漂亮姑娘）。这位仁兄刚过30岁，已是大腹便便。他喝大杯德国啤酒的海量，非眼见难以置信。他天性乐观，胸无城府，显然他不会去加入 Verbindung（学生决斗会），所以他脸上光洁无瘢痕。我们经常在星期天一同去乡村的小旅店小憩几个小时，在那里非用德语不可，我只能讲德语，讲错了就能够及时得到纠正。

我的新房东是研究所介绍给我的弗劳·凯勒太太，她也是一位正派的好人，还急于让我掌握她的语言。因而她每周花几个小时教我德语的写作和会话，而只是象征性地收点学费。

20世纪之初，德国是科学家，特别是那些热衷细菌学的男女们倾心向往的国家。在德国多所大学里，有罗伯特·科赫（Robert Koch，在柏林）、保罗·艾尔利希（Paul Ehrlich，在梅因河畔法兰克福）、马克斯·奈塞尔（Max Neisser，在布莱斯劳）、勒夫勒（F. Loeffler，在格赖夫斯瓦尔德）、科勒（W. Koller，在梅因河畔法兰克福，是艾尔利希接班人）、冯·瓦色曼（von Wassermann，在柏林）等一批著名人物。他们已经为这个国家在传染病方面的诸多发现铺平了道路，因而争相与这些德国专家合作几乎成了风尚。科赫在1881年解决了细菌纯培养难题后，于1882年发现了结核杆菌，1883年又发现了霍乱弧菌。他还是第一个传染病研究所的创始人，此后许多先进国家即群起仿效。科赫的得意外国门生是日本的北里柴三郎，他在柏林随科赫工作时，曾设法在厌氧条件下培养破伤风杆菌。1894年北里又首先宣布从香港染病患者血液中发现了鼠疫杆菌，不过他对这种细菌的形态学描述不尽准确。

这些德国细菌学家中，最为人所称道的也许是保罗·艾尔利希（1854—1915），他的双亲都是犹太人。他的研究工作涉猎甚广，可以分为三个领域：1. 探讨各种菌株对不同细胞和组织的作用；2. 免疫性研究；3. 发明化学疗法。艾尔利希是血液学、免疫学和化学疗法这三个学科的真正奠基人，又是侧链理论的权威阐述者。他有一位得意门生是日本人秦佐八郎（Sahachiro Hata），和他的老师共同发现胂凡钠明（又称"606"）可以治疗梅毒。我的导师卡尔·弗兰克尔在1885年是科赫的助手，他和普法伊费尔（R. Pfeiffer）一起出版了一套《细菌学图谱》，并多次再版。他在哈勒任教授长达20年，于1915年逝世。他的夫人是一位迷人而又阔绰的女士，经常在哈勒她华丽的住宅中款待我们。

为了探明某些病人感染破伤风之病因，而这些病人都曾肌肉注射过黏性的明胶溶液，因而必须查明制备和灭菌方法，以及加工之前的肮脏的动物皮和骨头等原材料。在工厂里，这些废弃物可能堆放在地面感染源中长达数周甚至数月。因此我决定尽可能去看看这些工厂，并去分销店购买一些出厂的明胶产品，以便在实验室里进行研究。在研究所顶楼（3层）为我安排了足够的空间，那里有朝北的窗户。我的邻桌就是那位从瑞典来的女科学家，她正在全力研究肺炎，和我一样，必须一窝窝繁殖小白鼠用于实验。我们实际上在进行友好的竞赛，看1周里谁的小鼠产仔多。

尽管德国科学家已经在细菌学领域取得了伟大的长足进展，但是在某些细节上，他们却又不愿与时俱进。例如我们志愿研究者制备牛肉汁和培养基，都要求用购自市场的大块鲜肉，剥离掉脂肪，将瘦肉切成小片，煮沸，然后过滤，将滤液分成若干份，最后是连续3天用旧式科赫灭菌器灭菌。这个灭菌器是一个锥形的用毡子覆盖的设计精巧的装置，由一个普通的加压煤油炉加热。那时我们的德国老师都不乐意去试试采用法国人发明的高压釜的优点，那种高压釜通过加压产生 110 摄氏度的水蒸气而使加热效率大为提高，因而能在一次操作中完成连续 3 天煮沸数小时的任务。然而我依旧埋头苦干，并且发现我的工作和周围的环境越来越有意思了。

不同明胶样品培养的细菌大不相同，既有好氧菌也有厌氧菌，表示它们有些需要氧气，有些则不需要氧气。后一类中即包括破伤风病菌，它们通常都含有芽孢，而这些芽孢即使连续煮沸几小时也难杀死它们。大多数有芽孢的厌氧菌并无害处，而破伤风病菌呈鼓槌状——一端为圆形突起的短棒，因而能够辨认出来。这种病菌可以通过在无氧的环境中培养而与其他细菌分离。它的菌落外观呈绒毛状，菌落中央不透明或呈絮状。当某位病人受到这种疾病攻击时，他的随意肌就会发生强直性的痉挛，特别是下颌和颈部，因此将此症状称为"牙关紧闭"。但在实验小鼠身上，这种症状表现的程度较轻。破伤风使人类和动物死亡是由于感染或接种部位产生的毒素造成某种中毒，而不是如同炭疽病和淋巴腺鼠疫那样由于细菌经血流侵入。

日复一日，我努力搜寻各种市售明胶样品中的破伤风杆菌，且干劲与日俱增。应该关注的是，样品中能鉴定出特定芽孢的频度有多大。有时外观干净并且价格昂贵的明胶片要比那些色深价廉的薄片产品更易培养出破伤风菌，而用后一种明胶培养时可能大量出现能产生芽孢却没有毒力的其他种类的细菌。

每周星期一清早，正式工作人员和志愿助手都在所长办公室中集合，各自汇报自己的工作进展，并接受所长的有关技术建议。此类集会远非正式会议，但却能体现出实验室中某些工作人员的智慧和反应能力。通常我们在住处早餐时只有一大杯 café au lait（加奶咖啡）和一个面包圈，再带上两块夹肉的三明治（夹有肝、香肠和生火腿）以备 11 时享用。休息时间一到，我们并排站在一张空的实验台旁边休息一刻钟，有时也谈论一些当天发生的事情。到一点钟，我们便离开研究所找个合适的餐馆用餐。在那里9个先令就可以买10张午餐券（预定）。如此价格公道的饭食在德国所有的大学城里几乎都有，一部分原因是为帮助个别大学生，还有一部分原因是为赢得那些有势力的学生社团的支持，能如约来此集会并痛饮啤酒。除了廉价的午餐，每位顾客还可以要 ein Glas Bier（一杯啤酒）。实际上，惯例是只要你一就座，kellner（侍者）就会端上一个带把的玻璃杯或瓷杯，里面盛满刚从后面冷藏室大酒桶里汲取的甚至泡沫溢出杯沿的啤酒。我是一个滴酒不沾的人，所以早年我在哈勒总是只要一杯苏打水而不是啤酒。这需花50个芬尼（相当于6便士），而一大杯啤酒才需40个芬尼（5便士）。我的德国朋友劝我要一杯啤酒留给kellner喝，就算是犒赏他一件液体点心，当然另外还要再照常给他10芬尼的小费。

中午正餐相当丰盛，通常有鱼、肉食和一份诸如布丁或煮熟的水果等甜食。最常见的是大量的 Kartoffel（土豆）捣成泥状，或烤，或炸。在星期天，我们可以自选烤鸭，如果更好的话，甚至可以选用浇上大量肉卤的烤鹅。除非是晚上，很少供应汤，无疑是因为汤的低热值与其价格不相称。在白天里，斯特拉斯曼总是与我形影不离，他打算离开哈勒后在布莱斯劳大学谋个固定职位。他为人豁达开朗，笑话连篇，妙语如珠，常常专注于修剪他那德皇恺撒式的胡须，或是小心地梳理他那金黄色的长发。到了晚上，他则专注于那位白天在妇女用品商店当雇员的胖姑娘。

1902年我在哈勒时，该城人口约15万，相当于牛津和剑桥人口的总和。哈勒位于德国引以为荣的萨克森州内萨勒河右岸的一个沙洲上。该处历来以盐卤泉著称，出产褐煤。有精制白糖工厂，生产糖果、油、纸张和印刷材料。著名作曲家 G. F. 亨德尔（Handel，1685—1759）出生于此。著名城市莱比锡距此仅21英里，该城以历史悠久、大学宏大（建于1409年）、景色绮丽和建筑精致而闻名于世，尤以信誉卓著的书籍出版机构而使哈勒黯然失色。哈勒大学建于1694年，水平仅属中流，它的教授中，除了卡尔·弗兰克尔，在1902年时，只有妇科学的名家恩斯特·冯·布姆（Ernst von Bumm）。布姆原先是细菌学家，他首先成功培养了难于培养的淋病双球菌。

然而，在大学生活动中，哈勒大学有一个自己坚守的特色项目，这就是决斗。在全德意志，哈勒在"决斗三雄"中仅次于柏林大学和慕尼黑大学而居第三。尽管决斗名义上受到国家禁止，然而某所大学如果没有一支决斗团队，就会无人理睬。实际上，高等学府中把决斗作为一种特色，犹如美国大学里讲求勇猛的棒球和橄榄球，或英国牛津和剑桥讲求板球技巧一般。

我来到哈勒大学后，就一直试图去看看该大学的决斗俱乐部。我先问过斯特拉斯曼，他劝我去找私人讲师索贝恩海姆，因为从他那布满伤疤的脸上就可知他当年定是个著名的决斗手。于是他便安排我在某日访问这些决斗俱乐部。那个下午终于到来，我目击了那难忘的一幕。

简略介绍这种竞赛也许是必要的。德国大学生的决斗称为Mensuren，各种决斗社团称为Verbindungen。这些社团在一定程度上属于专业性俱乐部，任何大学生只有这方面的才能被认可后才能加入。各俱乐部提供定期进行击剑运动的大厅，德语称为Fechtsaal，除用于练习，还用于正式决斗。新加入者或新手称为Fuchs，他们戴着以钢骨为支架，严密镶嵌着护目镜的厚实头盔，用以保护头部和颜面的上部。还有厚胄保护身体，并且在握长剑的上肢一侧套以护臂。新手开始用未开刃的钝剑练习。决斗时，双足站稳，在规定距离内面对对手并举起握剑的手臂。按规则，只能活动手腕，因此剑只能在一定范围内上下或旋转运动而不能前刺，因此即使刀尖造成的伤害也只是伤及表面，且仅局限于面颊侧面。两个决斗者旁边总有一位高技术的学生作为裁判，德语称之为Zweiter Chargierter，专门监督规则的执行。一旦犯规，裁判便会走进两人之间，张开臂膀将他们分开，这类似于拳击比赛。新手通过初级阶段后，即升为正式的决斗手，德语称为 Bursch。此时所用的便是锋利的剑。在定期举行的校际或俱乐部间的比赛中，自然要选用那些有经验的决斗手，此时可能会出现较长的伤口，便总会有高年级医学院学生手持消毒棉签为其擦拭并用药棉和胶布裹敷，但很少需要缝合。

看过这些决斗后，我便发现，这些业余击剑的医师们竟甘愿在脸上留下几道狭窄的伤口，以作为勇敢的光荣标记，博取他人的羡慕和赞美。决斗留下的疤痕，被公认为将是在某个行业或产业中得到一个好职位的记号。的确，对于一位职业军人，他就多半靠这个疤痕而获得快速升迁，而他的名声在女性中也可能会更响亮。还应指出，判定学生决斗质量的优劣，并非是否将对方击倒或将其重创，而是在其进攻与防守时的技巧〔这得由他团队的各位 Korpsbruder（弟兄）在现场评判〕，以及决斗时所表现的心态和风格。

在此期间，幸亏有导师密集的讲课和经常出入大学周围的啤酒屋，我的德语取得了长足的进步。不久以后，我就能听懂绝大部分研究所中的讲演，还能阅读某些医学期刊，特别是 Centralblatt für Bakteriologie（细菌学总览），在其中刊登了大部分有关细菌学研究的文章。由于坚持阅读和反复使用会话中的常用句子和单词，进步可想而知。判断某人的某种外语水平，可以看他是否张口就能骂人，我确实可以说已经善于讲德语。

尽管哈勒城内和周围有许多军官趾高气扬，当地一般德国大学生、农民或工人对外来人都是友善的。只要你学会了文雅地使用诸如 Bitte sehr（请）、Besten danken（多谢）、Guten morgen（早上好）、Kolossal（棒极了）、Sehr freundlich（真够朋友）等单词或常用语，他们便容易和你交谈起来。德国人喜好用冗长且恭维的单词。例如一般通信中，仅仅一个医生称谓,就要用 Herrn Doktor c. Medizin Geheimrat(医师大人兼医学枢密顾问)。在我收到的一些德国人来信中,在以上头衔上还常加上 Hochvollgeboren(出身高贵的)。在科赫教授的声誉如日中天之时,除了他通常的医学头衔外,还要加上 Sein Excellenz, Direktor, Professor, Doktor, Geheimrat(阁下,所长,教授,博士和枢密大臣)……而在英国,那些当代非常受人尊敬的英国医师也只有简单的头衔,例如亨利·戴尔爵士,他生前曾获得长长一串荣誉头衔,比如 K. B. E.(高级大英帝国勋爵士)、G. B. E.(大英帝国大十字勋章获得者)、O. M.(英国功绩勋章获得者)、F. R. C. P.(皇家内科医师学会会员)、F. R. G. S.(皇家外科医师学会会员)、P. R. S.(皇家学会会长)、M. D.(医学博士),等等。戴尔在剑桥以一个生理学家的身份开始其一生事业,以后被政府和各种医学学会授予多种荣誉称号,在此之前,他曾受雇于著名的生产片剂药的宝威公司。

哈勒的四个月转瞬即逝。离开该城前,我乘坐 Schnellzug(铁路快车)访问了向往已久的名城莱比锡。当时还没有机动的交通工具,但火车既干净又快捷。这一次出游极为愉快,并买到一套旧书,其中有少见的钢板印刷的附图。

在去巴黎途中,我在柏林逗留了几天,那是德意志民族的骄傲。这个著名的首都,规划与管理的确都非常出色。只是有一个声名狼藉的胜利大道(Sieges Allee)与此不和谐,在这条路上的蒂尔加腾公园,其中心有一长排大理石的雕像,用以纪念那些战争"英雄",但它们不能代表德国人民的艺术才能。后来我多次访问柏林,才对这个城市了解得更多。

啤酒乃德国不可或缺之尤物也。倘若我学会了喝啤酒,也许能在那里与他们的人民一起享受更高品位的生活。然而无论慕尼黑的黑啤酒或皮尔森的淡啤酒,都不如一杯白水更能让我满意。当时柏林的日常生活费用较低,1个德国先令比在伦敦花一英国先令可买更多物品。正如在哈勒,大学生餐厅供应的 mittagessen（午餐）便宜极了，Ganzebraten（烤鹅）或烤鸭，再配以酸泡菜，其味道也鲜美无比！

巴斯德研究所

1903年5月初我到达巴黎，那是全城最妩媚的时节，果树正开始绽放花朵。这里没有德国那无数的军服马刀和连绵的工厂，到达这个大城市前，极目所见是绿色田野，朴实而怡然自得的农民正在那里平静地劳作。法国首都的面积约为柏林之半却更古老。该城早期即布局甚佳。1789年法国大革命以后，拿破仑一世和拿破仑三世雇用了法国最好的建筑师和设计专家，将巴黎打扮成了欧洲最美丽的首都。世界上几乎没有在如此有限空间中能被装扮得如此美丽的城市，这足以让他们自豪。弯曲的塞纳河上，许多亮丽的桥梁更为这美丽典雅的城市大为增色。

巴斯德研究所，我将在此后的几个月中工作的地方，它位于塞纳河南岸名为蒂托路的一条狭窄街道上，这条路本是壮丽的巴斯德林荫大道的支路。巴斯德这位伟大的科学家在1895年逝世时，受到法国、欧洲和美洲各阶层人士的哀悼。虽然他并非一个严格意义上的医学毕业生，但他在医学科学领域为人类作出的贡献，远高于古往今来之任何有资格的医师。他的成就广及发酵业，还发现家蚕疾病之病原，发现用于抢救羊群、牛群和人类中炭疽病的抗血清，免疫法防治鸡霍乱、猪丹毒，以及在实际上未探明病原微生物的情况下，找出应对神秘难测的狂犬病（恐水症）的治疗方法等。他的功绩惠及全球的酿酒业、动物育种业、养蚕业，令人类社会永世不忘。曾经有个说法，说巴斯德平生的许多发现，给他的同胞带来的福利和为他们挽回的财富，实际上足以抵偿1870—1871年战争中法国战败后付给德国的巨额赔款。他的同胞为感谢他，自发捐款建造了这座以他的姓氏命名的研究院。开始的投入即达10万英镑。这一科学研究殿堂终于在1888年落成，许多最杰出的法国人都来此工作。巴斯德亦曾在内工作，但此时已濒风烛残年的他半身不遂，十分虚弱，终于在1895年9月28日辞世，享年73岁。他的遗体被安葬在研究院下面的一个专用地下室的坟墓中，经年受到来自世界各地的科学家和普通民众的凭吊。这座庄严美丽的墓地，设计师也只能是天才的法国艺术家。它还让人们联想到荣军院里的那座更大更宏伟的拿破仑墓，它也是位于塞纳河南岸。

巴斯德研究所（右下角为与狂犬搏斗的牧童雕塑）（马会勤摄）

在巴斯德研究所的正门前，立着一座法国牧童与疯狗搏斗的青铜塑像，那只疯狗咬伤了牧童并撕裂了他的衣服。这座雕像表现的是巴斯德的第二个病人，因患狂犬病而由乡村医生送来治疗。这位病人和名叫约瑟夫·迈斯特（Joseph Meister）的第一位狂犬病患者一样，在1885年经采用巴斯德的治疗方法而痊愈。

我在第一时间拜会了伊利亚·梅奇尼科夫。他出生在俄国，但已取得法国国籍，现任副院长，位居第二。院长是埃米尔·鲁博士。两位先生都蓄有胡须，像大多数法国人一样，鲁博士的胡须经过精心修剪，而梅奇尼科夫的却听之任之。梅教授戴着近视眼镜，英语不错。在更熟识后，他愿

伊利亚·伊里奇·梅奇尼科夫（1845—1916），1908年诺贝尔生理学或医学奖获得者

意和我讨论孔夫子的哲学，似乎他知之甚详。他问及我的工作方向，我答复道，既然我已经开始研究市售明胶样品与破伤风的关系，我想在巴黎继续下去，但只用在法国能得到的样品。梅奇尼科夫教授对我的研究结果颇有兴趣，而且他命令一位名叫皮埃尔（也蓄有胡须）的首席实验助手尽力为我提供方便。然后又把我介绍给一位罗马尼亚人康斯坦丁·莱瓦迪蒂博士（Dr. Constantin Levaditi）。他和我共用一个房间，不过他的研究工作与我无关，是血清双受体及有关的课题。莱瓦迪蒂身材不高，瘦弱且肤色黝黑，留着浓密的胡须，他不会讲英语，因而我们多用德语交谈，而他的德语和法语一样精通。在同一层楼上还有其他同事，包括一位非常风趣的兽医，他专攻炭疽病。另一位是有胡须的魏因贝格博士（Dr. Weinberg），他从事牛结核病的研究。

实验助手皮埃尔教我用细长的玻璃管吹制球形滴管，这是实验室中最常用的用具。在此我顺便提及，在那些非专业作者写的有关牧童和疯狗的许多文章和书籍里，说巴斯德是在他的助手捉住疯狗后，通过一根管子将狗嘴中的有毒唾液用自己的嘴吸出来的。带泡沫的唾液确实是用一根玻璃管抽取出来的，但唾液是被吸进了玻璃管的球形部分并被收集在那里，以供注射家兔之需。对于巴斯德这样娴熟的专家，这类技术理应不存在危险。那两个巴斯德亲手治疗狂犬病的最早经典病例，连同他那高尚的镇定自若的工作作风，将会深深铭刻在那些立志以这位巨人为楷模的未来科学家心中。

感谢研究所的引荐,我在离研究所仅一箭之遥的同一条街上觅得人称"微生物"的膳宿公寓。它由一位矮胖的法国女士经营,每天早上为我提供一杯加奶咖啡和两个形如弯月、松脆可口的牛角面包,因为其中掺有鲜奶而带有甜味。午饭有用气味浓烈的奶酪调制过的浓汤、小牛肉或牛肉、土豆和绿色蔬菜,还有炖熟的时鲜水果,也许每周还能有鸡吃。在法国,饮食习俗不如英国那么拘泥,衣领下塞一条有时连用一周的大餐巾。当地出产的价廉的红葡萄酒免费供应,但从不喝水。每次餐后,都须耐心等待那一小杯不加奶的浓咖啡,以便解除吃下去的油腻。我很少在"微生物"中用晚餐,莱瓦迪蒂现在是我的亲密同伴,我们经常光顾拉丁区、索邦(大学区)、圣米歇尔林荫大道、圣日耳曼大街一带随处可见的大学生餐厅,偶尔也去这座拥挤城市北部的高档餐厅解馋。我很是想念我的英国朋友,但是绝大部分时间,我都讲德语和法语,这使我得以更深地融进欧洲大陆的生活中。那时莱瓦迪蒂尚未成家,因而毫无拘束,他能随时陪我到处游逛。他说话的喉音颇强,生活习惯几乎完全法国化了。他是一位极为细心与严谨的研究工作者,刻意遵奉德国学派,特别是艾尔利希的治学之道。有时他同一时刻要处理二三个问题而不管时间多迟。人们会经常见到他在工作台前工作,甚至一直干到第二天早上八点钟。我甚为钦佩这位瘦弱的罗马尼亚人,他就像梅奇尼科夫一样宁愿以巴黎为家,后来被提升为研究所的一个部门的负责人。莱瓦迪蒂是位多产作者,在欧洲大陆的多种科学杂志上发表过大量有价值的文章,特别是有关免疫性、梅毒以及其他传染性疾病方面的论文。

康斯坦丁·莱瓦迪蒂博士

就在那时,已经有些中国的官费留学生在巴黎学习法律和艺术,个别人准备混个文凭便回国，而实际上从未遇见过来自南洋说英语的华人。显然大多数人更想在英国的院校学习。法国人通常没有，或很少有肤色偏见。在公共场合，比如旅馆、饭店、剧院和舞厅等类场所，只要你付钱，不论你是来自北欧拉普兰冰原还是黑非洲的黑人，都一视同仁。而且在舞台上也是根据才艺付酬，全无歧视。黑白混血的艺术家克里奥·梅罗德（Cleo Merode），以毫无顾忌的近乎全裸的脱衣舞而闻名，也领取和同台演出的白人舞伴相同的高薪。那里的娱乐场所，诸如 The Bal Bullier（比利耶舞厅）、Olympia（奥林匹亚）、Casino de Paris（巴黎赌场）和 Moulin Rouge（红磨坊）等，对外国游客特别有吸引力。但是囊中羞涩的年轻大学生只能观摩拉丁区那些较小和廉价的表演。而巴斯德研究所从事研究工作的学者们，从早八点工作到下午五六点，下班后更乐意找个安静地方吃饭，然后休息。我则还要挤时间学法语。比起德语来，至少我觉得法语更易于阅读和讲话，但写作和理解其含意则比较困难。我们这些早年学过英语的人，能大致读出法文单词，并且在坚持应用中能得知正确重音所在，然而法国人却习惯于坚守语法规则，而且强调每个单词最后一个音节都要重读，可是要想把本无规则可循的各种英语单词的重音都弄正确是颇为麻烦的。在绝大多数情况下，从讲英语的方式，即可猜出其法国国籍。同样，喜好嘲讽的法国人也可以猜出那些尝试讲法语的来自英国的盎格鲁人。

日复一日，我的实验台上，已积攒了十多种法国制造的明胶样品，有几种较脏且色泽黯淡，与在德国的实验情况相同。我发现法国工厂比德国的还要脏乱，尽管制作明胶的原材料都相同，都是腐烂的动物的皮、骨、角等，异味浓烈，而且经常连带着混有泥土的油脂类物质。这就难怪可耐受几小时的加热与煮沸的破伤风细菌芽孢可在许多样品中找到。

除了在德国采用的那些厌氧培养破伤风病菌的方法外，我还在巴斯德研究所里试着将它与对人无害的产芽孢的枯草杆菌一起培养。因为这种枯草杆菌在普通的肉汤培养基中大量生长，并在肉汤表面生成一层薄膜，于是它下面便形成了一个缺氧的空间，从而使膜之下的破伤风杆菌迅速增殖。将这种混合培养物接种在小白鼠的背部，数日后即可出现典型的破伤风感染，并死于全身麻痹和心力衰竭。从接种部位可分离出破伤风细菌的纯培养物。因此，为了我的实验，就要像在哈勒做过的那样，繁殖相当数量的小白鼠。我们实验室的主要助手皮埃尔，非常主动地帮我刷洗用具和制作某些培养基。而法国人发明的使用蒸汽压力灭菌的高压釜在这里十分有效，节省了大量时间和劳力。这就让我在巴黎的研究进展远快于在哈勒时，得以试验大量且品种多样的明胶样品。

某日下午，一个事故降临于我，如果没有在同一实验室工作的莱瓦迪蒂及时救援，就可能发生某种不幸。在打开一支厚玻璃管时，一块碎玻璃割伤了我的手指，而玻璃管中密封着用葡萄糖琼脂培养基培养的破伤风杆菌，我有可能被这种危险的细菌感染。莱瓦迪蒂刚意识到这一事故的可能后果，便立刻赶往负责管理血清的医师处，取来大量研究所储备的抗破伤风血清，在我腹部肌肉注射了至少10毫升。我觉得很疼，因为针头很粗且剂量相当大。这令我非常同情那些受白喉袭击的孩子，因为他们那时要接受大量相应抗血清的注射。人们建议我暂停工作，每天观察反应。幸运的是，在1至12天的破伤风病菌潜伏期过去后，未见任何不良反应。于是我在该事故一周后重新开始工作。研究所的同事们都来祝贺，其中包括梅奇尼科夫教授和院长鲁博士。除了莱瓦迪蒂，我还结识了1位有趣的同事马莫雷克博士（Dr. Marmorek）。他是来自波兰的科学家，当时正在研究结核杆菌，目标是寻找某种用于防治这种传播广泛的疾病的有效血清。他是1位勤奋的人，有1双引人注意的蓝眼睛，蓬松的红色浓发，戴1副厚

镜片的高度近视镜。他爱讲英语,而且非常流畅,我们相互访问彼此的实验室,交谈有关亚洲的文化和哲学的看法以及实验结果。

在研究所,有暇时我常喜欢走访狂犬病研究部。那时它的负责人是维亚拉(Viala)先生,他出身寒微,刚来研究所时是个实验室杂役。但是很快便被院长巴斯德提拔为他信赖的技术助手,专门从事涉及狂犬病毒的精细实验。维亚拉体胖无须,除了他的法国话,并不像法国人。他向我谈到他的老院长早年的艰困,他的烦恼和神经过敏,以及后来的许多成就。这都是维亚拉与其共同经历的。在发现病毒不仅存在于疯狗的唾液中,还存在于它的中枢神经系统之后,他们便通过接种病毒到硬脑膜而使潜伏期被缩减为1~2周,再通过连续接种家兔,病毒的毒力便会增强,直至不再增强的某个点,并保持不变或被固定。此阶段的病毒被称为固定病毒,可以无限期保存。同样的病毒也可以通过接种一系列的猴子而使其对犬、家兔和豚鼠的毒力减弱。最后发现通过适当的过程,可使一条健康犬受到保护而不被狂犬所传染。用于生产这种免疫物质的方法如下:首先将因在硬膜内注射了固定病毒而死亡的家兔解剖,由背部脊柱完整取出脊髓,然后将它切成3段。每段置于1个1磅大小的细颈瓶中,在瓶的上部系一绳将其悬挂着。第二天再用另一同样死去的家兔同样处置,如此进行若干天。于是发现延续两周的过程中风干的脊髓毒力发生了变异,虽然第一天处理的脊髓毒性很强,但到这个周期临近结束时,其毒性就几乎不存在了。由这些脊髓连续制备的相应乳浊液,也表现出不同程度的毒力,因而可以通过连续接种而被安全地应用。即用毒力最小的开始,连续进行直到最后(第13天),此时甚至固定病毒也不会致病了。巴斯德的第1位狂犬病病人是一位来自阿尔萨斯的男孩,名叫约瑟夫·迈斯特。他在1885年被疯狗严重咬伤,经过多次连续注射减毒后的脊髓乳浊液,就完全康复了。他长大后,被安排作了研究所的看门人。先后与研究所有联系的每位学者,都知道这个故事,并怀着远非一般的兴趣去探访迈斯特。我在 1903 年即认识他,那时他大约 30 岁并已成家。1935 年我最后一次到巴黎时,我发现他还在看门,并且身体健壮。

巴斯德原创的治疗狂犬病的方法所取得的极大成功,可以从检视来自巴黎研究院和分散于世界各地用这位杰出科学家的姓名冠名的研究机构的统计数据来评估。自 1886 年至 1935 年,在巴黎至少医治过 52 000 例,其中 151 例死亡,死亡率仅为 0.29%。

时届 1903 年的 8 月,有关从德法两国收集到的明胶样品中破伤风杆菌的出现频度,我已掌握充分的数据,说明呈阳性结果至少占所检验样品的一半。常规治疗胸主动脉和腘动脉瘤所应用的明胶溶液,除非经过充分的灭菌,即不只是经过煮沸,而是要在高压釜中加压灭菌后,才能推荐在临床上使用。否则,预期血凝块在血管瘤囊内沉积的有益结果,将会因为可能发生众所周知的致命疾病破伤风而危及生命。我已调查过,在法国的医院里,医师们不曾用过注射明胶治疗血管瘤,所以感染亦无从考察。

此时我在欧洲大陆的辛苦工作接近尾声,我着手准备向巴斯德研究所的朋友们告别并返回伦敦。我在巴黎时间虽较短,但是已经与法国同行建立起密切的联系,他们都是乐于助人而忠诚无私的人。

结业归来

我回到伦敦不久,就着手完成申请剑桥医学博士的论文。这个工作其实留在巴黎的最后几天已经开始了,论文题目是《明胶中破伤风杆菌芽孢之发生》。用打字机打出文本后,便立刻呈交给奥尔伯特教授(剑桥的钦定物理学教授），请他指定一个与主考人见面的日子。虽然此时正在长假中，教授还是仁慈地为我安排了 8 月中旬某一天让我到场。站在他和他的联合主考人两人面前，我首先被问到的是一些普通医学知识问题，对我的回答，他们似乎还满意。随后便正式宣读我的论文，他们问及我对法德两国大学和实验室中除我之外其他人从事的研究的感想，又将我的论文有关内容搁在一边，问及我回到海峡殖民地后，对进一步研究有何打算。我尽己所知做了回答。我庆幸在剑桥的最后一次考试能在如此亲切友善的气氛中完成。最后是在极其轻松愉快的气氛中进行的两小时口试，两位主考官宣布我已经顺利通过 The Act［答辩］。但是按大学的规定，在取得医学学士学位后至少要过 3 年才能取得医学博士学位，而我在去年才获得前一学位，必须等到 1905 年才能授予我更高的学位。然而到那时我将无法亲自出席定期召开的全校评议会大会。不过，只要我交齐了必需的费用，我仍可被缺席授予医学博士学位。因此我预期将在 24 岁时获得医学博士学位。后来在中国，官场中有人告诉我，他们是用"候补"一词代替"预备"，来表达那些预期将要有一个更高的实职。

为探询进入殖民地医务署工作的前景，我前往殖民部询问，得到的回答是我可以仿照印度马德拉斯医学院的毕业生，只能担任"助理医官"，开始时的月

1905 年伍连德的学籍记录

薪为250元。但不能担任"医官",那个职位只能给纯欧洲血统的英国人,并不问其资历!在那个年代,政府职位根本没有当地土生土长的专家或研究工作者的插足之地。

因此我决定接受依曼纽学院提供的另一年研究奖学金,去吉隆坡新创建的医学研究所从事热带病研究。该所的第一任所长汉密尔顿·赖特博士(Dr. Hamilton Wright)当时已离开,由伦敦热带医学院的丹尼尔斯博士(Dr. C. W. Daniels)接任。

我依然可以从海峡殖民地驻伦敦办事处买一张半岛和东方轮船公司二等舱船票回槟榔屿的家中,但是几乎同时离开伦敦港的日本邮船"佐渡丸"的一等舱大餐间的票价,与其相差不大。我决定多花点钱选择8月最后一周起航的这艘日本邮船。距最后离开英国尚有数日,我便邀请老朋友和同住庄园地的故人弗兰克·尼克松远足湖区,往返火车票和食宿费用都由我支付。如前所述,亲爱的老弗兰克是位理想的旅伴,我们在帕丁顿花园那个寒酸的公寓里亲密相处长达两年有余,彼此相知甚深。我们尽量步行,必要时为求方便不惜花钱,尽兴地游玩了温德米尔(Windermere)、格拉斯米尔(Grassmere)、科尼斯顿(Coniston)以及周围的景点。我们共同度过了8天假期,花费甚少。对于弗兰克来说,也是一次艰苦的磨炼。背负行囊也是我的新体验,我们以烤鳟鱼做早餐,面包夹西洋菜,茶中添加新鲜黄油。

我在伦敦的最后一天终于到来了。前一日晚上,中国学生会在霍尔本饭店为我举行了一个告别晚宴。宴会由皇家学会会员威廉·内皮尔·肖爵士主持,他原是我在剑桥的导师,现在任职伦敦气象局总管。我至今依然保存着一份菜单,上面有当时全体到会者的签名。除了弗兰克·尼克松,还有3位中国朋友送我登船。他们是机械工程师李福祺,后来他将他的名

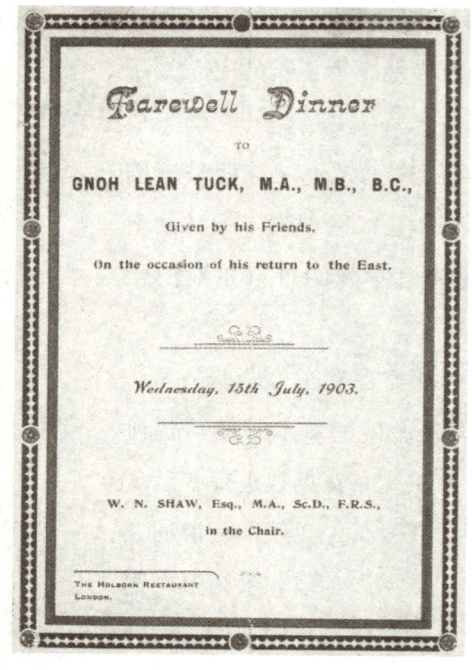

离开伦敦告别晚宴的请柬

字改成了英式的 Lyffky（听起来很像某个超现实主义的苏联人）。第二位是吴德高，上海人，毕业于教会学校圣约翰大学，辛亥革命时他受命管理武昌著名的汉阳铁厂。第三位是谢德庆（Cheah Teik-King 音译），一位讨人喜欢的挥金如土的花花公子。他是谢荣光（Hsieh Yung Kuang）先生的独子。谢荣光是槟榔屿和沙捞越的大地主，也曾当过驻槟榔屿的中国领事。

"佐渡丸"原先是格拉斯哥建造的一艘海船，坚固耐用，日本邮船株式会社收购后将它用于横滨和伦敦之间的客货运输。它的注册吨位不到5 000吨。除了蒸汽动力，它还有三根主桅杆，只要顺风，可以扬帆行驶而使其正常航速增加2~3节。船长和主任工程师全是英国招商局的退休职员，而他们的亲临似乎只在于稳定人心并有助于取得许多欧洲乘客的信任。船长以下的船员全是日本人，他们恪尽职守，制服时髦考究。等到这些英国船长退休后，他们将被擢升更高的职务，负起更大责任。负责经管船上事务的乘务长，是一位有教养的日本人，英语流利且深谙英国人的秉性。照顾旅客的乘务员是日本人，他们只粗通英语，但都经过严格训练而明确自己在船上的责任。整个轮船保养得一尘不染，每天清晨多数旅客尚未起床即已将上层甲板擦洗完毕。餐厅、娱乐室和吸烟室也打扫得很清洁，令旅客十分满意。唯一不敢恭维的是食物，表面看来不错，入口时其味道却远不像是英国厨师所传授的手艺。但是可以按旅客意愿订购某些简单的日本菜肴和足够的大米饭。我长期生活在欧洲，胃口已经习惯了欧洲的烹调方法，但是在这从伦敦到新加坡的33天漫长航程中，偶尔换换口味也很不错。有时还会供应未经烹调、切成薄片的白色鲭鱼和红色鲔鱼，据日本人说，这是他们国家的美食。要享用"萨希米"［刺身］，进食每片鱼肉都要撒上姜末，在一小碟日本酱油中蘸过。我与船上少数欧洲旅客一样，开始也对生鱼片颇感畏惧，但很快我就乐意享用了。厨师首先用一把刀将内脏、鱼鳃和鱼头除去，然后用另一把快刀除去鱼皮并切成薄片，如此便将那令人不快的腥味消除殆尽了。那位总是友好而殷勤的乘务长告诉我，实际上早在横滨萨希米就已备好，保存在船上的冰箱里冷冻，直到装碟上桌时才取出来。水果则是在途经的港口，如意大利的那不勒斯、苏伊士运河上的塞得港、红海上的亚丁和锡兰的科伦坡等地购买的。在红海上航行可能是最令人难受的经历，因为那一年的气候既热又潮湿，而船速很难超过11节。事实上，每天的航行路程总是极为单调而短少，从未达到300节。午间时刻因为没有人玩投注游戏打赌而显得极为沉闷。船上的职员，从乘务长到他的众多下属皆恭敬从命却从未懈怠，那些矮小而面容清秀的乘务员，是从未达从军年龄的学生中招募而来，在那令人备受煎熬的日子，他们依旧礼貌而谦恭如初。途经各类港口，多数旅客都会购物，然而经验丰富的人则宁愿把金币藏在口袋里（在那个年代，随处通用大量的金币）。

旅途接近终点，我严肃地回顾着过去并设想未来。总的说来，我被认为是个幸运的学生。作为一个科学家，已经取得了文学硕士学位和医学博士学位（将于1905年实授）这样的资历。这一切都靠政府的英女皇奖学金和依曼纽学院的研究奖学金。我在欧洲所受全部教育，其实未花父母一分钱；另一方面，我还实存了400英镑，已在伦敦某银行换成了支票。我应该继续作为雪兰莪（Selangor）医学研究院的一个研究工作者，坚定地怀着谦卑的上进愿望努力取得进展呢，还是加入正在发达的私人行医群体，为自己积累一笔财富呢？我还在英国时，已经和尊敬的林文庆博士通过信，他是第三位英女皇奖学金获得者（1887年），后来在爱丁堡杰出地完成学业。他在新加坡定居后，最近荣登立法院委员之位。毫无疑问，到达新加坡后，我应该去征求他的宝贵建议。

有一件令我苦恼的事情。尽管我的双亲都是中国血统，可是我用汉字写自己的名字都很吃力，更不用说阅读中文报纸了。这个缺陷自然是因为我从小所受到的教育是源自英国中学和大学的最优秀传统。为了更多地了解我的古老祖国，我买了几本英国人写的有关中国历史、儒学和名声不佳的义和团运动的书。我常想到某些外国人，比如梅奇尼科夫教授和马莫雷克博士，他们都有相当渊博的有关中国文化和哲学的知识，我便决心寻求对我那血缘所系的国度和这个民族有更好的了解。有一本书是查尔斯·贝雷斯福德勋爵（Lord Charles Beresford）写的《瓜分中国》（出版于1899年），作者在义和团起事的前1年被英国商会联合会派往中国，这位学者几乎预见到了1900年的那场风暴，并且强烈地恳求他的政府和人民反对瓜分这个古老帝国，而当时大多数欧洲政府的政策显然已经有所预谋了。

在这本书中写到①——明朝末代皇帝崇祯于1644年吊死在紫禁城附近煤山一棵树上以后，李自成领导的中国造反者占领了首都数日，将能够到手的一切掳掠殆尽。受命前来救援的吴三桂将军却在城外按兵不动，实际上他已与来自北方的满洲游牧部落达成协议，伺机从那些中国造反者手中接收北京。于是满洲首领努尔哈赤在那些中国抢掠者带着他们的战利品离

---

① 作者用本段文字转述所读《瓜分中国》一书中的内容，有若干史实方面的明显错误，译者于此按原文译出，不予一一更正或说明。——译者注

开北京后，便得以不战而占领了中国。努尔哈赤从未登上中国的皇帝宝座，但是两个早期的满人皇帝康熙至乾隆超过 100 年的期间，他们维持着统治并为他们的继承者树立了一个仁爱和进步政府的好榜样。确实，这两位伟大的满人皇帝留下了他们作为世界上最伟大的统治者的印记，因为他们以强大的军队和深邃的文化使中华帝国声名远扬。遗憾的是，后来的满人君主并无同样的文韬武略，未能继承优良遗产，像日本那样与时俱进，终于将他们的帝国引向覆灭。于是灾祸连绵。首先来临的是中英鸦片战争（1839—1942），其结局是割让香港和吸鸦片之恶习及于全国。然后是延续 15 年的太平天国叛乱，中原数省大片地区遭受践踏，南京一座美丽的琉璃宝塔亦遭毁灭。第三次是英法两国为一方，武器装备落后的中国为一方，在 1865 年进行的实力悬殊的战争，导致北京首次被占领，古老的圆明园遭洗劫并被焚毁为平地。第四次是借口有两个天主教传教士在山东被杀，德皇威廉（Wihelm）二世下令野蛮侵占青岛。于是列强对这个老大帝国的瓜分明目张胆地开始了：俄国人占领了旅顺、大连，并同时渗透进满洲腹地；法国垂涎于广州湾和内地省份云南，企图将这些地方与印度支那连成一片；大英帝国强占了威海卫，还将富庶的长江流域划为其势力范围，又强租与香港隔海相望的九龙 99 年。那时，甚至一个小小的意大利亦威胁要占领浙江省的三门湾，困境中的满人统治者最后鼓足勇气予以拒绝，终于不了了之。一片瓜分领土声中，唯独美利坚合众国作为弱者的朋友置身事外，提出了"门户开放"政策，要求凡是与中国有条约关系的列强同意在入港税收上不再享受优惠，以及征收额外的铁路税，而中国政府可以按照一个通用的固定清单征收一定额度的关税。中国应该为此政策感谢华盛顿的国务卿海约翰先生。1894 年日本向中国宣战，攫取了台湾和大笔赔款，又控制了旅顺、大连两个港口。后因德国、法国和俄国三国联合干涉，这两个港口又归还了中国。必须指出的是，这三个陆地强国并非更亲近中国，更多是出于妒忌。这场悲剧一直上演到1900年义和团事件爆发，一些欧洲传教士和中国教民被愤怒的民众杀害。北京再次被欧洲和日本军队占领，而这些军队的总司令是冯·瓦德西（von Waldersee）伯爵。结果是慈禧太后逃走，1901年的辛丑条约强加于中国，高级廷臣受到惩罚，延迟5年举行传统的科举考试，醇亲王（光绪皇帝的弟弟，宣统皇帝的父亲摄政王载沣）在一些大臣的随同下，前往柏林为德国外交官在义和团事件中被杀而代表国家向德皇道歉。中国政府还应允北京使馆区由外国军队驻守和维持治安。最后是高达四亿五千万两白银（约合6 000万英镑）的巨额战争赔款，年息四厘，共39年还清。毫无疑问，普天之下的帝国民众受到了如此苛刻的条款的沉重打击，他们无法认同因为昏庸的满人统治者在夏天的愚蠢行为而强加给他们的负担。从此以后，每一位具有爱国之心的民众无不决心彻底抛弃满人统治。革命的主张于是传遍世界每个角落，只要有卖炒杂碎的中国饭馆的地方，或是有中国学生的地方，都会有革命的活动。

　　一个明朗的早晨，我在沉湎于令人阴郁的中国当代史阅读中起床，发现我的航途正临近终点。新加坡的岛屿已遥遥在望。几个小时内，"佐渡丸"已经进入了丹戎巴葛（Tanjong Pagar）码头。20多位潮州和泰米尔籍码头工人在喧嚷中终于将船牢牢系在缆桩上。林文庆博士亲自登船相迎。我找到那为数不多的行李，由一位马来搬运工搬上了林博士那辆小型马拉的四轮车。这一天是1903年9月的最后一日。

我被马车载至位于绿堂（Green Hall）的二老居所，在那里我遵照规矩，向他们行了传统的叩拜大礼。我请两位老人坐在正厅当中神龛西边，面对正门；然后我朝他们跪下，向每一位老人献上一杯刚刚沏好的中国茶。两位老人喜极而泣，热泪盈眶。他们感谢上苍，诸事遂顺，我终于平安回家。

第8章 初返马来亚

订婚省亲

林文庆博士的住宅称为"巴厘屋"（Baleave），位于新加坡里欧尼山路，有一个很大的花园环绕着它。如同当年多数热带欧式建筑一样，它的设计既舒适又可抵御持续的高温气候，顶层与底层有露天走廊，起居室和卧室都尽可能避开阳光直射。宅内没有现代的卫生设备，只有两间主卧室附有浴室。生活废水直接流进一条明沟，而各个房间内装在陶罐中的粪便由家中专职男仆集中在一个马口铁桶内，每天清晨倒进城市中的运粪车里。

当时人们都称林文庆为"文庆博士"而少称其姓氏。他身高5英尺4英寸，是位身材矮小却很活跃的男子汉，黑发短髭，祖居福建厦门。他的父母均出生于新加坡，因此全家都讲海峡殖民地通行的马来语。文庆早在孩童时代即有不凡表现。他所就读的莱佛士学院院长赫雷特（R. W. Hullett）先生对他特加关照。因此，1887年他成为第一位荣获英女皇奖学金的华裔男孩，乃在意料之中。他在爱丁堡大学学医，1891 毕业时获得医学学士和外科硕士学位。随后他在剑桥师从罗伊教授从事一年研究，发表过两篇论文。回新加坡后，文庆开业行医，成为新加坡第一位在国外学医，学成回来又很快取得成功的华人。他不仅专业实践经验丰富，且性格温文尔雅。和病人交谈时，能使用福建、广东和潮州等方言以及英语和马来语。几年后，他也学会了中国的官话和日语，并能在公众中发表演说。文庆有幸在 1896 年与福州学者黄乃裳的才华横溢的女儿玛格丽特·黄瑞琼（Margaret Huang）结为伉俪。黄乃裳在民国建立后曾出任福建省的地方官员。文庆当选为立法院委员时，他的妻子曾为当地行政长官的夫人米切尔女士做过许多事情。文庆夫人生了 4 个孩子，都是男孩。长子①像父亲一样也毕业于爱丁堡大学，并在爱德华·谢弗爵士手下任组织学讲师，当 1922 年成立北京协和医学院时，他成为那里的第一位生理学教授，并在这一领域享有国际声誉。文庆夫人不幸于 1905 年因罹患肺结核去世。文庆博士还有某些事业与宋旺相（Song Ong-Siang）先生有密切关系。宋是 1888 年英女皇奖学金的获得者，主修法学，在剑桥获文科学士和法学硕士。他们两人创办了《海峡华人杂志》，后来我在有关该刊物的活动中与他们交往甚密。1936 年，旺相被英王封为爵士，成为海峡殖民地第一位享此殊荣的华人，但不久后他于 1941 年去世。宋旺相是《新加坡华人一百年》（1923 年）这部巨著的作者。

我作为文庆的客人住在新加坡时，有幸邂逅黄家小妹黄淑琼（Ruth Huang）。她是一位非常可爱的美丽姑娘，接受了我的爱慕之情。正式订婚后，黄小姐回到了她的福建原籍城市，直到 1905 年 7 月我们才结婚。

---

① 即林可胜。——译者注

"海峡华人三杰" 1903年伍连德与林文庆、宋旺相合影

我在新加坡逗留时间不长,因为要去吉隆坡医学研究院工作,但是文庆让我对整个马来亚的状况有了一个很全面的了解,并劝导我应拿出一些时间在民众中从事社会服务。他对公共事务的热情和对中国一切事物的热爱与献身精神,特别让我感动,因为当时社区的领袖人物,特别是那些从小生长于此或当地出生的人,头脑中充斥着迷信与偏见,并且只说英语和马来语,他们对伟大的中华帝国的历史和文化几乎一无所知。但是文庆凭借他卓越的口才和不懈的努力,已将年轻一代中的许多人团结在他的周围。这些年轻人支持他成功地创建了学习儒家学说的益智学会,而且和宋旺相一起组建了华人志愿团。和文庆一家3个星期的相聚,对我是一个很大的激励,为确定自己的人生目标做好了准备。

1903年10月7日,我乘德国客轮"Zieten"号离开新加坡,36个小时后渡过马六甲海峡,停靠在槟榔屿。虽然当时已是深夜11点,我的亲戚朋友依然特别乘小艇登船迎接我。我离家已经整整7年,欣喜于重见长辈和老同学,还见到一些晚辈。我被马车载至位于绿堂(Green Hall)的二老居所,在那里我遵照规矩,向他们行了传统的叩拜大礼。我请两位老人坐在正厅当中神龛两边,面对正门;然后我朝他们跪下,向每一位老人献上一杯刚刚沏好的中国茶。两位老人喜极而泣,热泪盈眶。他们感谢上苍,诸事遂顺,我终于平安回家。

以后两周全都用于应邀参加城内或乡下接连不断的茶会或宴会,我还第一次有机会在一些至亲的陪同下,前往厄斯金山我们的家族墓地,祭拜我的祖先。这段时间内,我还必须直接或间接地回答一些问讯,比如是否结婚,是否在英国与英国女孩订婚了。当回答说"没有"后,我便面对着众多的提亲者,特别是一些富裕人家,令我手足无措。我请求他们稍待时日,因为我还要在吉隆坡的研究院里工作一年,然后才能考虑这些问题,此事方得以平息。

吉隆坡医学研究所

吉隆坡是雪兰莪州的首府,也是马来联邦(后为马来亚联合邦)的首都。我发现这座城市无论是居住还是工作都是绝佳之地,它正处于槟榔屿和新加坡之正中。研究所是由马来联邦的高级专员及海峡殖民地总督弗兰克·斯韦特纳姆爵士(Sir Frank Swettenham)创建的,开始时它的经费预算较拮据。研究人员只有所长和3位领薪的欧洲人助手,我便成了第5个高级职员。当时受到关注的两种常见病是疟疾和脚气病。前者的原生动物病原多年前已经了解,但是它与按蚊的关系以及由该种昆虫传染到人的方式才刚刚被罗纳德·罗斯阐明。在马来亚劳苦大众中开展大规模预防这种感染的工作,则还有待于马尔科姆·沃森(Malcolm Watson)后来的坚毅努力。他最终使得大英帝国这一因地产和锡矿而富庶的角落变得健康、幸福和繁荣。脚气病的病因却依然不明,我继续进行研究所两位前任所长汉密尔顿·赖特和丹尼尔斯的工作,寻找病原体(我们当时所设想的)和防治方法。50年前我在这方面作出的些许贡献,载于1952年出版的鸿篇巨著《医学研究所成立50周年(1900—1950)纪念论文集》的第25卷中。

这部文集的编者,正好是该研究所的现任所长菲尔德博士(Dr. J. W. Field)。他在我那篇论文的一个注脚中满怀深情地谈到我是该所第一位从事研究的学生,或许还是今日唯一健在的当年为数不多的老员工。因为有这套论文集,如今才能够留下一篇我早年的工作记录。为此我不揣冒昧将此论文之一部分摘录如下:

1903年我的学院奖学金被延长到翌年,英国政府殖民部推荐我作为志愿研究人员前往吉隆坡新成立的医学研究所。该研究所开办不过几年,新任所长是丹尼尔斯博士,在伦敦的海员医院我曾见过他。首任所长汉密尔顿·赖特博士曾负责新所的设计和装备,此时已经离任。后来在1911年和1913年的两次海牙国际鸦片会议上,我曾有幸与他相逢。

吉隆坡医学研究所

1903年9月我成为该所研究人员时,研究所的大楼建成刚好两年。当时丹尼尔斯博士仅先我数月前来接任所长之职。所内隶属于生物学部的只有一位欧洲人,他就是G. F. 莱斯特博士(G. F. Leicester),那时他正在研究蚊子。

原先的研究所是一组简

易的，多为平房的常见热带建筑，四面围以宽敞的带遮阳的走廊，由 5 英尺高的柱子支撑。主要房间可以相通，用做办公室或实验室。所长办公室在主楼前部的楼上，靠一个嘎嘎作响的木楼梯登上。可以想象，那里仅有少数实验室主要用于生物学，即细菌学和昆虫学研究。当时化学部尚未设立。我们有充裕的时间钻研我们的课题，很少接待访客。非专业职工有一位矮胖而总是笑容可掬的淡米尔办事员、一位打字员、两位助手、两位通讯员、几位照料实验室和一间不大的动物房的杂役，以及两位维护园地的花匠。研究所位于帕航（Pahang）路的一端，距市中心约两英里，当时颇显偏僻，附近鲜有私人住宅为邻。公立医院（当时又称贫民医院）就在附近。那时尚未引入机动交通工具，但交通比较方便，多以自行车、人力车和马车代步。我自己骑自行车上班，车上放着装有午饭的篮子。负责那所医院的高级医官是麦克洛斯基（C. J. McClosky），他是位慈祥和蔼的苏格兰人，毕业于爱丁堡大学。较之一般北部苏格兰人，麦克的身材特别矮小，但他蓄有精心修剪过的浓须，且语音悦耳。像许多资深人士一样，这位医师可讲流利的马来语，当他巡诊中国和印度的男女病人时，能够应用自如，马来病人对他来说根本不存在沟通问题。病床是将木板搭在两条狭长的条凳上，每条长 3 英尺。这里的 3 种常见病是疟疾、脚气病和痢疾。

有许多机会从事当地某些传染病的研究，在太平间里每天至少有 3 至 4 具尸体等待尸检。这里并没有受过专门训练的有资质的病理学家来监督尸检，尸检报告通常由一位医官书写。他来到时，有一位负责尸检部门的医务辅助人员相随协助。所以当我被指定从事脚气病的研究工作后，我发现麦克洛斯基不仅是一位极其热诚的同行，而且有极为丰富的临床经验。他的表现，如同一位热衷于揭示那神秘神经疾病的探索者。遗憾的是，不论是我还是麦克，都未曾受过生物化学训练。尽管在剑桥依曼纽学院三年级时我曾有幸受教于作为我在学院的解剖学导师的高兰·霍普金斯（后来被英王封为准男爵并当选为皇家学会会长），但他当时在维生素学领域还没有突出建树。当时我们大多数人都热衷于从微生物学上着手，企图发现某种新的生物来阐明脚气病的病源，并探寻出这种疾病的发病过程和传播途径。也许这正是早期研究者如汉密尔顿、赖特和丹尼尔斯等在确定脚气病真实病因上失败的原因所在。现在我们已经知道，脚气病是由于精白米中缺欠某种成分造成的，而非任何外部特定传染性因子。这要归功于布拉登（Braddon）、弗雷泽（Fraser）和斯坦顿（Stanton）的不朽贡献。他们以自己确切无疑的研究成果令科学界心悦诚服。麦克和我曾在吉隆坡城内及周围地区因患脚气病而死亡的 3 000 名尸体中解剖了 200 具，但直到那一年工作结束时，也未能得出确切的结论。在政府年度报告中除列举了一些图表和一般说明外，在这方面并无专著。麦克洛斯基博士于 1954 年去世，享年 81 岁。

除了对脚气病的观察，1903 年至 1904 年，我的注意力被吸引到阉牛体内的某些圆虫（蛔虫属，*Ascaridae*）上，它们成群地黏附在主动脉弓里。这些线形寄生虫显然是寄生在年轻小公牛的主血管系统内，而不是在躯体较大的水牛身体里。这种寄生虫似乎会与动物终生相伴，与其他疾病并不相干，而这种牛的肉，其口味与那些无寄生虫的同样鲜美。我这项研究进行了 6 个多月，研究结果发表在研究所的研究丛刊的第 3 卷中。

在研究所工作时，丹尼尔斯博士对我关怀备至，不时给我鼓励，并经常悉心批改我的手稿。这整整一年相处中，我得以了解了他在研究所里的工作。我发现他总是把更多的精力放在研究工作上，并不纠缠于社交活动。他有浓密黝黑的胡须，烟斗从不离手，深邃且颇带愤世嫉俗洞穿世事的双眼，随意穿着一身宽松的热带服装。他那特立独行的怪癖并没有被人将他误解为老于世故，因为他为人总是那样诚挚、勤奋而又平易近人。丹尼尔斯有着柔和响亮的声音，他不仅有丰富的疾病知识，对热带各种事物也有广博的知识，尤其是关于热带地方的各种习俗世情。因此他经常为人决疑解惑，无论是政府高官还是他属下的低级职员或勤杂工朋友，他都乐意相助。

雪兰莪文学社与剪辫子辩论

居住在吉隆坡，我从华人的友情中受惠良多。从到达该地那一刻开始，直到1904年离开，我一直住在陆秋泰先生安帕呢路那栋名为贝克豪勒（Birkhall）的豪宅中，受到他盛情款待。他是我的广东同乡，出生在槟城的一位富裕的锡矿主家庭。他的豪宅借用了一座苏格兰庄园的名称，因为他曾在那里盘桓数月。他那娇小的夫人，也出生在槟城，极为热情好客。她经常为我准备午饭，把米饭和两种小菜盛在搪瓷盘中，让我每天早晨用自行车带到所里。我的卧室在二楼，面对大街，挂着纱帐，白天黑夜都没有苍蝇和蚊子。与他们相处时，他们把我当做贵客，这段珍贵的美好时光令我经常怀念。陆秋泰的哥哥陆秋杰当时也是一位大商人，除主营锡矿和博彩业外，当地政府还特许他经营烟酒和鸦片生意，而著名的陆佑，更是吉隆坡最大的百货商店秋杰公司的主人。1903年的吉隆坡还是一个相当小的城市，只有有限的几条商业街，一些很普通的政府机关建筑和一座不大的清真寺。在邮政总局附近方圆几英里的范围内，星星点点散布着一些平房。然而她成为马来联邦的首都后，便迅速扩大，那里集中了大多数政府机关、国有矿产企业和垄断企业。

陆佑此时年约50岁,他出生在广州,以其罕见的才干在商业上取得了巨大成功。他建造了一座只有在他故乡才有的现代化广东式豪宅。为建造这栋住宅,他采用精心处理过的硬木柱作房架、横梁和其他支柱,而没有采用钢筋混凝土,然后用当地出产的优等砖块砌成。这一宏伟的建筑,今日依旧屹立在吉隆坡一条主要的大街上,只是近来在它前面建造了成排的商店。陆佑早年原在新加坡做厨师,只有基本的汉语知识。定居吉隆坡后,他巧妙地运用早年的积蓄,精明地进行投资,几年内即学会了经营锡矿的全部要诀,在20年内使自己的资产增长了100倍。在他事业的鼎盛时期,他对下属和雇员十分慷慨大方,所以后来数代的锡矿主和地产商人,都能从他们的致富道路上寻出陆佑早年提携之功。他善于与各式各样的英国殖民政府官员巧妙周旋,从联邦部长和地区官员到锡矿督导或警察局局长,他都相处融洽。他聘用了不少欧洲人,请他们充任房地产经理、公共会计师、采矿监督和广告代理人、经纪人等,并曾一度实际上控制了某些地区的英文报纸。在我闲暇时,特别是在星期天,我便乐意去拜访他和他的家庭。他对人总是彬彬有礼而好客,虽然他不懂英语,也没有去过欧洲,但他通过认真阅读中文报纸,和与英国朋友用马来语交谈,对西方思想和风俗人情也并非一无所知。

他的妻子是出生在槟城的娘惹①,极为信任我的临床医术,坚持要由我照料她几个月后的分娩。虽然我从事过严格的实习工作,但我还是必须为此做好一个助产士要做的全部准备工作,应对严酷的考验。幸运的是,分娩日来临时,竟是顺产,一个男婴安然降生到他快乐的双亲怀中。

陆佑先生去世后,他的家庭依然兴旺。他将创建于1862年的恒隆洋

---

① 指15世纪初期定居在今马六甲、印尼、新加坡一带的中国明朝后裔中的女性,多与马来人混血。——译者注

行的业务，特别是房地产业务，扩展到了新加坡。他的幼子是老人最能干的继承人，曾在英国受过充分的教育，后来成为马来亚两个影视业巨头之一，还是豪华的超高层国泰大酒店的兴建者和主人。

在陆佑成为吉隆坡华人社团公认的领袖之前，老一辈中还有一位客家人，名叫叶亚来（Yap Ah-loy，1837—1885），也是靠开采锡矿发家的。与陆佑不同的是，叶亚来凭借敏锐的政治嗅觉，与英国和马来官员们合作，从而加强了政府方面的力量。他作为中国头领（华人社团的头领），被允许保有一支大多数由他的族人组成的军队。他还设有公堂，在他的同胞中执法。他又作为银行家，为形形色色的马来酋长提供服务。这些酋长彼此之间经常发生争斗，需要金钱资助。因为他无暇回中国与故乡的女郎成婚，只得打破传统，娶了一位马六甲出生受过教育的华裔姑娘为妻。她几乎不会说广东话，只能说马来语。于是他在吉隆坡组建了一个快乐又文明的家庭，而吉隆坡从一个乡村发展为州府，后来又成为马来联邦的首都，叶亚来作出过巨大贡献。虽然叶氏只享年48岁，但他在如此短暂的时间中成就的业绩，别人或许在加倍的时间里未必可以完成，他身后受到各阶层的景仰与怀念。他的夫人卒于1922年，比他存世长48年，所有来此豪宅的访客，无不称她为"老太太"。

当我1904年住在吉隆坡时，曾成立过雪兰莪州文学与辩论学会（雪兰莪文学社），每两周在高街（High Street）叶家美丽的花园里聚会一次。除了其他主题外，该会倡议促进与鼓励包括会话和写作在内的英语学习，相机邀请学有专长的人士前来讲演或是授课，进一步增强对东西方文明的了解以及彼此认同。该办事机构由会长伍连德博士、里奇斯先生（H. G. Ridges，华人护民官）、副会长谢文吉（Cheah Boon-Teat）先生、秘书和司库珀西·圣约翰（Percy St. John）牧师以及其他成员陆秋杰

（Loke Chow-Kit）、陈振金（Tan Chin-Kim）、黄合龙（Wee Hap-Lang）、辛亚荣（San Ah-Wing）诸位先生组成。在第一个季度共开会6次，讨论了如下议题，在多年以后看到这些，依旧能令人颇感兴趣：

4月16日，里奇斯作有关"英语口语"的讲演。

4月30日，以"本会是否应该同情当前抗击俄国的日本？"为题进行辩论。辩方为霍布森（S. G. Hobson.），反方为霍利（W. E. Horley）牧师。

5月14日，南新桑（Nam Sin-Sang）以"建立中英文双语学校"为题发表的中文讲演。

5月28日，以"中国改革的第一步在于剪去辫子"为题进行辩论。辩方为陆秋泰，反方为谢文吉。

6月11日，以"现有的中国婚礼仪式已不适合今日之需要"为题进行辩论。辩方为林金源（Lim Chin-Guam），反方为胡华清（Foo Wha-Cheng）。

6月22日，威廉·哈格里夫斯（槟城大英义学校长）以"海峡殖民地华人作为英国公民的义务"为题作特邀讲演。

由高街可达叶宅，其临街面几乎宽达80英尺，正中是大门，两边悬挂着一对巨大的装饰性中国灯笼，每逢初一和十五之夜都会点亮。宅中正厅置有正宗的中国式家具，那里有进口的乌檀木椅子，矩形座面上镶有云南彩色大理石，椅背中央有圆形的大理石，而两侧有用螺钿片拼成的许多花鸟和蝴蝶图案。还有用大理石和螺钿镶嵌装饰的桌子，相邻两把椅子间有一个茶几。大厅中央放着一张精美的大圆桌，带有乌檀木雕和类似的装饰图案，直径约有4英尺，其周围则是6个大理石为凳面的凳子。大厅的两厢是两个较小的会客室，但并未与主厅隔开。墙上的相应部位悬挂着描绘中国名山大川风景的图画，使整个大厅呈现了独特的文化氛围。大厅的后面,则是用于祭祀家族祖先牌位以及其守护神的神龛。

两侧都有一门通向半遮的游廊,由此通向一个主餐厅以及其他供家中女眷休息的较小的起居室。游廊内摆放着成排的盆花,使其景致色彩鲜艳美丽。从这些游廊内可以一睹花园全貌。花园虽然面积不大,但是布局甚佳,管理精细,足以显示中国园林艺术的蕴涵,不由得令人心旷神怡。栽种在雕花陶钵中的是为数众多的盆景,树木因发育受限只有3英尺高,枝干被修剪过,叶片也作了反复和耐心的修饰,因而具有各种奇妙的造型。

有一整套中国神话"八仙"的盆景,完全用矮小的树木制作,在相应的位置上安有瓷质的人头、手和鞋子。此外还有表现龙、狮子以及福禄寿三星的形象,全都按类似的样式制作。用矮小松树制成的千姿百态的造型,确实令人一饱眼福。

感谢叶大祥先生(Yap Tai-Cheong,会讲英语的公子)和戴修腾先生(Teh Seow-Teng,女婿和房地产经理)始终如一的慷慨和热情。我们的文学与辩论学会得以每月的第二和第四个星期六在如此优美的环境中开会,并持续了一年之久,直到城市另一端陆秋杰先生重新进行现代化装修的住宅竣工。

只要这个协会维持着,所有会员都期待着开会的日子,无论是欧洲人、欧亚混血人还是华人,每个会员都可以领来他的密友。唯一不允许参加会议的显然是女士,因为让她们参与男性集会讨论的时代还没有到来。但是妇女解放的日子正在临近,会长提出动议,要求让她们尽快成为会员,并在受教育和参加社交活动方面享有同等权利。

那一年最激动人心的夜晚,是在5月28日。当晚陆秋泰倡议采取一个行动:把辫子剪去作为中国改革的第一步。他介绍了辫子的历史:那条被其他国家人民嘲弄称之为"猪尾巴"的辫子,是满洲人在1644年征服中国后强加于国人的。开始时曾遭到强烈的抗拒，后来终于沉默地屈服，逐渐传播而成为海峡殖民地华人的风尚，以至于将这个累赘作为中华民族的符号！讲演者在结束他那激动人心的演说时，他呼吁在场听众将这个碍事而又丑陋的屈辱标志立刻剪除，让他们和他们的子孙后代在居留国马来亚自由地生活和思考。这个倡议受到谢文吉的强烈反对。谢出生于槟榔屿，在吉隆坡发家致富。在他讲演过程中，他举起辫子，向听众问道：这条梳得整整齐齐的辫子从老祖宗那里传给子孙们已有近300年了，它有何罪过？他还说辫子对他大有帮助，他的妻子喜欢它。这引来听众一片笑声。最后赞成剪辫子的人占了上风，会议主席便问有谁敢于当场丢弃这无用的辫子。身材高大的胡华清立刻跳上来，说道："我来！你愿意前来剪掉我的头发吗？"在场听众无不十分激动。这是一位31岁的男子，出身体面家庭，他准备向大家作出一点奉献，这就是他和他的双亲曾经珍惜的，从孩提时代起一直长在头上的辫子。那些对自己民族历史茫然无知的人竟将它视作民族的真正标志。面临如此强力的挑战，会议主席从他的座位上站起来，取出一把大剪子，举到这位被认为是敢于作出牺牲的人面前，大声喊道："胡华清先生，这是你一生和事业的重要时刻，你对这个决定永不后悔吗？你现在还有时间撤回你的决定。"回答是："永远也不！"此时全场鸦雀无声，众人屏住呼吸。会议主席握住辫子根部，尽可能贴近头皮一刀剪下。不到半分钟，整条辫子即刻除下，全场欢声雷动，响起一片持久的掌声。然后胡先生退入后室，那里有位淡米尔理发师正等在那里，用他更加专业的手艺完成了善后工作。胡先生再度出现在会场上时，他看起来更年轻，更精神，甚至更加风度翩翩。胡先生作出的这一杰出榜样，立刻被雪兰莪社区的其他人所仿效，虽然在有知识的华人社会中早已对这条长在他们头上，象征着被满洲统治者奴役的标志极为憎恶，但他们还是甘愿保留着，以待时日。如今他们一位领导人竟敢于在中外人士面前公然丢弃这个累赘，他们除仿效之外别无选择。此后数年内，思想开明的家庭中让年轻男孩采取西方发式便已蔚然成风，而且时机一到，服饰也都欧化了。其结果是更多的现代发廊应运而生，光顾者大多是改革派的华人。雪兰莪文学社历史中这一创举，被马来语、英语和海外报刊广为报道，使全世界对当地居民有了更多的了解，而不仅限于开采锡矿发展工业。

后来举行过一次听众甚多的集会，内容是辩论当前的结婚仪式是否适合当时的需要。此时秋杰公司能干的经理林金源是辩方，而那位剪辫子的改革先锋胡华清是反方。当时多数人倾向于要改变，但是胡先生力排众议，坚拒这一动议，最后他终于扭转了会场的情绪，并取得了胜利。

6月22日晚上参加文学社集会的人最多，会上由威廉·哈格里夫斯作题为"海峡殖民地华人作为英国公民的义务"的演讲。这位校长在校任职13年，负责培养了10位获得英女皇奖学金的学生。这次会上，至少有200位各民族中有地位的人出席，并且听得十分认真，不放过讲演者的每一句话。哈格里夫斯先生对海峡殖民地的华人既赞誉又批评。他赞美华人的勇敢和勤勉，借此取得了许多成就；他也指出了诸如服务于政府和商业机构的雇员身上所见的某些弱点。其实，个别人表现出的不守时和缺乏诚信的弱点，并不只存在于当地华人中，在他英国同胞身上也能见到，遗憾的是，讲演者并没有补充这几句话。也许哈格里夫斯先生并没有充分意识到与会者是给他捧场的，当然喜欢听好话，而不希望从他嘴里说出那些逆耳之言。他不久便辞别了他作出许多贡献的这所名校，前去一所当时还未竣工的更小的马来学校。抨击哈格里夫斯先生讲演的唯一声音来自槟榔屿一家刚创刊不久的报纸。然而，在发表讲演的当天晚上，拥挤的大厅里唯有盛情，众人对讲演者坦率的见解报以掌声。在该季度后来举行的会长演说中,我曾婉转地谈到这座城市中我们朋友之间的进步精神,呼吁他们给女童建立更多的学校,以便让她们能和男孩子们并肩前进,在未来岁月中,她们将为这个国家发展而成为她们丈夫的得力助手。当地主要报纸,如《海峡回声报》、《槟城杂志》、《马来邮报》、《海峡时报》、《自由通讯》等对雪兰莪文学社的活动都做过充分的报道。不久之后,类似的社团纷纷在海峡殖民地创建,特别是在那些大型教育机构中的资深阶层里涌现,因为在那些人中,习惯于言论公开和提倡写文章,就公众感兴趣的话题发表意见。

在槟城开业成家

我在吉隆坡医学研究所一年的工作于1904年年底即告结束。接受了多位朋友的建议,我开始在槟城的牛干冬街开业行医。我收购了一位因身体欠佳而离开殖民地的英国女医生诊所的所有器材设备,在绿堂我年迈双亲的住宅中暂时住了下来,这里紧邻大海,是一个僻静的居住区。这里的医师大部分是英国人,非英籍医师只有洛克博士(Dr. P. V. Locke,前英女皇奖学金获得者,毕业于爱丁堡大学)、辜立亭(Koh Leap-Teng,也是一位前英女皇奖学金获得者,爱丁堡医学士)和陈观圣(Chan Kun-Shing,从香港获得开业证书)。还有一位出生在加尔各答的美国人,他从爱丁堡领到开业证书。那时还没有汽车,我购买了一辆敞篷轻便马车,用两匹漂亮的爪哇小马拉,出诊时十分有气派。我行医受到公众认可,从清晨忙碌到傍晚。我还努力从事社会服务工作,并试图设法在民间引进一些革新,比如女子教育,剪除辫子,反对赌博和吸鸦片,组织文学社团,在男女少年中间推广有益的体育运动等。定居槟城后，我从事的第一件公益活动，是在我的前任校长哈格里夫斯先生即将离开本地前往瓜拉江萨赴任时，组织大家向他献礼。瓜拉江萨是霹雳苏丹驻地，他将在那里就任新建的马来学院院长。募集到足够的捐款和完成前期准备工作后，我们在槟榔屿市政厅举行了一个公众集会，我荣幸地担任主席。由当地华人女士们制作了一面光彩夺目的锦幛，上面绘有大英义学某些场所和本岛多处的美丽景色，并恰当地描述了哈格里夫斯先生在1891年至1904年的校长任期中的突出贡献。首先由我宣读了锦幛上的文字，然后呈献给这位特邀的贵宾。同时还敬赠了一个带有乌檀木底座的大银杯，杯上镌刻着相配的题款，以及一幅油画。油画是请一位当时正在槟榔屿访问的颇为著名的画家特别创作的。哈格里夫斯夫人本人即是一位有修养的画家，我们赠送给她一套茶具和一对刻有花卉图案的银杯。哈格里夫斯先生在他的答谢词中说，当年他刚到学校任职时，自己还是一个33岁的青年。他是一个运动员，不但参加孩子们的比赛，还同他们一起学习。因他的前任颇为老迈且严肃，学生们毫无疑问会觉得他更易接近和理解。

在午餐会上，我作为主席，提及哈格里夫斯先生的一些逸闻趣事。他疼爱学生，在课堂和操场上都以朋友的身份与他们相处，对那些顽皮的孩子他十分严厉，而对勤奋用功的学生则温勉有加。就我个人而言，在特别班上我常被称做"娃娃"，但我在学校里却一直勉励自己不能辜负哈格里夫斯先生的期望。即使离开学校不再与我们尊敬的师长相处，我们每个人都从他那里获得教益。我相信大多数同学都会同意我这样说的。在向他敬酒祝愿他身体健康、诸事顺利以后，哈格里夫斯先生答道，德博士对他本人早年在校受到的关爱表示了高度赞赏和深忱谢意，但他所秉承的原则是公正对待学生，至于某人在事业上有所建树，更多是取决于他们自己的能力和品行,而并非出自他这个校长所进行的特别培养。

香港上海汇丰银行驻槟榔屿的支行经理斯蒂芬(A. G. Stephen)先生也讲了话。他除对餐会的主宾表示良好祝愿外,还祝愿大英义学新任校长皮霍恩先生诸事顺遂。令人高兴的是,斯蒂芬先生后来在香港总部升任董事会主席,登上了银行最高位置。作为一位居此高位的英国人,他不论早期在槟城,或是后来退休前在上海和香港,在东方人中显示了他值得称赞的友爱精神和社交能力。

我在槟城行医业务极佳,使我有条件在1905年7月乘船前去迎娶黄淑琼,此时离我首次来林文庆家与她相识已近两年,其间我们定期通信,但她因病回到福州,由一位资深牧师伦尼(A. Rennie)照料她。后来黄小姐在美国卫理公会传道会的朱莉娅·博纳菲尔德小姐(Miss Julia Bonafield)陪伴下来到了新加坡。博纳菲尔德小姐是从她童年起一直与她相伴的老师。虽然我不是一个基督教徒,但我们的婚礼还是在新加坡一座美国教堂里按时举行。海峡华人杂志社中我的两位编辑部同仁,即林文庆博士和宋旺相先生参加了我的婚礼。由林博士将新娘交给我,而宋先生充当男傧相——这真是我们三位早期英女皇奖学金获得者一次愉快的合作。

我的新娘和我乘坐当地海峡轮船公司的一艘快船前往槟榔屿。当我们到达北部港口时,许多亲友前来迎接我们,并陪同着来到主教街专为我们准备的一所大房子里,让我们在找到满意的住宅前暂居此处。

与出生于槟榔屿的知名华人结婚的,是一位来自中国的新娘,这是相当少有的新闻,这令当地的女士们很感兴趣。而淑琼兼通中文和英文,又有娴静的性格和柔美的容貌,更增添了几分神秘。当她们亲眼看到新娘并和她交谈后,在此之前对她的种种传闻感受现在都不重要了,因为她们赏识新人的文明品位和优雅风度。她的服装也不同于我们海峡殖民地的华人妇女，那里的人从小已经习惯了当地的马来服装（包括纱笼、围裙和娘惹的服装），因为伍夫人（当时称德夫人）身着一件简单的丝质上衣，缀有用同样的衣料制成的规范的小茉莉花形纽扣，长裙下摆则直抵脚踝。她的黑色长发在前额稍加修饰，梳往头顶挽成一个简单的发髻，用几个黑色发卡固定，并没有常见的那些大型的耀眼金质或钻石头饰。她的双耳佩有两颗小型白色珍珠坠子，双手手腕上带着一对轻便的金手镯，每只手镯上镶有4片卵圆形半透明的绿玉。在她的左手中指上戴着镶有3颗钻石的订婚戒指和素面的结婚戒指，结婚戒指是我在新加坡教堂里给她戴上的。她的腿上穿有中国出产的长筒丝袜，脚上穿着一双家制的粉色缎面鞋。

那些不拘礼节的中国女性亲友们争先恐后拥进新房，这些爱挑剔的人们翻箱倒柜要看看这位海外到来的新娘带来的嫁妆的花色和数量。结果只

伍连德和黄淑琼的婚礼照（1905年7月，新加坡）

找到十来套衣服和两瓶法国香水而已。在梳妆台上，摆着几件福州出产的漆器，里面装着中国制造的搽脸香粉，几张专用做口红的红纸。那时彩妆大王密斯佛陀（Max Factor）还没问世，我们的女士们还没有被诱惑去购买据说能把丑脸变美、粗皮肤变柔嫩的雪花膏、洗面奶、爽身粉、护肤膏等数不胜数的高价化妆品。

当月底，我在槟榔屿的朋友们终于尽欢而散，我们可以过自然而不受打扰的生活了，再不必在身上佩戴着那些为显示我们高贵（宁可说是貌似高贵的）的沉重而耀眼的珠宝了。主教街那座宽大的住宅，最不方便的是那条露天走廊。邻居们能由此随时造访，无论凌晨还是早已过了正常活动时间而应为我们休息的时刻，他们都可能作为不速之客来访，因而很少或简直没有隐私可言。

这时我们的好朋友林阿莹（Lim Ah-Yins 音译）得知我们的境遇，立刻让我们使用他们在情人巷 38 号住宅中的一个安静角落。那所宅第虽然是中国式的，但有现代设施。我们的私人房间正对着一个香气袭人的花园，里面栽种着矮小植物，开放着芳香美丽的花朵。

林家因在霹雳州开矿而发家，和故土广东继续保持着联系。因此我们开始三年的家庭生活是在美满的环境中度过的。我们的第一个孩子，一个男孩就诞生在这栋房子中。这个孩子虽然是早产，出生后的几周内，还被新生儿黄疸折磨，但我们让他活了下来。这主要得归功于洛克医师的医术。他和林文庆一同在 1887 年获得英女皇奖学金，并同一年从爱丁堡大学毕业。当年他在槟城享有最高的行医名声。我这个孩子取汉语名长庚，英文名字则取自我在剑桥的好友达文波特，叫达文（Daven）。我在英国 6 年，达文波特一家人曾经是那样慈祥与热情地关照过我。以后达文的童年大部分是在北京度过的，首先进入清华学校，以后在美国的约翰·霍普金斯大学、耶鲁大学和罗彻斯特大学完成了他的医学教育。在这些大学里，他获得了文学学士、公共卫生学博士和医学博士学位。后来他又在伦敦花了 6 个月的时间，在帕特里克·曼森爵士（Sir Patrick Manson）及其同事创办的热带医学学院获得了公共卫生和热带医学的证书。他在 1933 年回到北京，就职于市政府的卫生部门，并继续他在耶鲁就开始的流行病学研究。在 4 年内他被提升为流行病学部门的主管。不分酷暑严冬，他深入北京及其周边的各种家庭中。不幸的是，在一个寒冷的日子他受到感染，并发展成急性双侧结核性肺炎，尽管他的同事千方百计想尽办法，仍然于 1941 年去世了。死后他和早于他 4 年去世的母亲葬在一起。

"禁止鸦片协会"的会长和主治医师

1906 年 5 月，在亨利·坎贝尔·班纳曼爵士（Sir Henry Campbell Bannerman）内阁中任印度国务大臣的约翰·莫利先生（Mr. John Morley）在回答英国下院质询有关印度和中国鸦片贸易时，发表了以下具有历史意义的意见："如果中国郑重要求而且确实愿意在中国限制鸦片消费，印度政府和英皇陛下的政府就会认同这一决定，尽管这一决定可能给他们造成一些损失。"从 1904 到 1905 年的统计数字估计，仅在印度从此一项来源的税收损失，每年就将超过 500 万英镑。不久，英国下院通过了一项一致同意的决议："本院重申，其确信印度—中国之鸦片贸易有违道义而务须摒弃，请求英皇陛下的政府采取必要的措施使其迅速终止。"一时似乎全世界天良发现，反对罪恶的鸦片贸易的意识开始觉醒，如同对待奴隶贸易（1807—1833）一样，大英帝国迈开了他走向禁烟的第一步。凭借这一权威声明,各种禁止鸦片的社团奋起努力,推进更紧密的合作,希望尽快成功地改变往日状态。我们必须记住,当年鸦片贸易掌控于大英帝国之当权派与多种运作的协调者紧密联合的集团手中,他们在印度土邦种植罂粟,而在帕特那,马尔瓦和贝纳勒斯诸地由政府控制的大工厂中将浓缩的罂粟汁加工成鸦片球,在印度公开买卖。再运销到海峡殖民地、香港和积弱国家,例如被臭名昭著的鸦片条约束缚的中国。在新加坡和槟榔屿,政府为图其利润丰厚而栽种,并联合华人投资者在新加坡制成现成的烟土,以供在已经成瘾的和新的鸦片受害者之中无限制地销售。在这些运作过程中,涉及的许多政府部门各怀私心,图谋最大的利润,而种烟农户则在政府给他们划定的区域里力求扩大销售,同时还有计划地扩大走私,运往临近的

槟榔屿禁止鸦片协会成员1905年合影,最右边为伍连德

荷属东印度群岛、暹罗和其他华人聚集的地区。

那时我只有25岁，为了正义事业，怀抱崇高的理想和无限的激情，全心全意地投入了这场禁止鸦片的运动，全然不顾给我从医事业带来的损失，也没有理会那些富有的朋友的警告。这些人在鸦片种植场占有股份，他们对我说，假如我成功了，他们就会丧失投资，而我个人也将一无所得。这一运动包括我在内的10位领导人，为槟城禁止鸦片协会每人捐出1 000元（120英镑）当做经费。郭德基（Goh Teik-Chee 音译）先生被选为荣誉司库，我被选为会长。在一个月内，我们就募得捐款16 000元，用于购买药品和偿付烟瘾受害者的住院花费。住宿、膳食、医药和护理全部免费。除了担任槟榔屿这个协会的会长和主治医师外，我还负责筹办了1906年3月在怡保召开的海峡殖民地和马来联合邦第一次禁止鸦片会议。3 000名各行各业的男女出席了会议，在会上人们可以自由地直吐胸臆。有些发言者回顾了在华鸦片贸易的历史，谈到吸毒恶习如何荼毒高层和底层人民。又谈到中国政府在战败后，如何赔偿巨款、割让香港及其毗邻的陆地，而且最后被迫同意许可这种可憎的毒品作为普通商品输入这个帝国。还有些人在会上控诉了由于在所有人群中随意销售这种毒品，给他们，不论老少贫富所带来的毁灭性后果。有两位女士讲述了贫苦家庭的苦难，吸鸦片成瘾者必然倾家荡产，最后甚至要卖儿卖女换钱来"吸食那邪恶的毒烟以满足他的烟瘾"。更出色的讲演者竟使听众眼中涌出泪水。会议通过了若干决议，其要点如下：

1. 会议对英国、殖民当局和马来联合邦各级政府在这一禁止鸦片不当使用的运动中所给予的慷慨协助深表感谢。会议还认为，取缔一切鸦片种植场，将它们改作政府仓库，并由政府完全控制的时刻已经到来。

2. 所有鸦片吸食者必须在限定时间内强制登记，逾时不再登记。

3. 谴责滥用鸦片为危害人民幸福之行为，乃是所有华人和华人朋友的爱国义务。

4. 恳求政府采取更严厉的措施限制鸦片贸易，包括增加这种毒品的税收，提高烟土销售特许商店的营业税，不再为这种商店发放新的营业执照。

5. 要求政府在政府内和政府资助的学校中散发系统的宣传指导书，向青年们警示吸食鸦片的种种害处。

在其他地方还召开过多次地区性和国际性的会议，决定应采取的实际措施。迫切需要改革的第一颗种子已经播下，而中国的领导人应该得到充分赞许，他们不但发起了这场运动，还为实现计划而增加了必要的经费。

由于北京采取了强有力的措施，以往清政府曾经表现的失当也得到了某种程度的谅解。1906年9月20日北京明令全面禁止种植罂粟，并要求在10年之内在全中国境内完全禁绝吸食鸦片。这是对约翰·莫雷在同年5月的倡议一个真正响亮的回应。在新加坡，中国总领事孙子亭（Sun Sze-Ting）先生采取的第一个行动，是为那些贫穷的瘾君子建立一个戒毒所，并聘请荫少泉（S. C. Yin）医官负责。这次运动中的其他领导人物，如林文庆，陈武烈以及其他商界人士，为了这项慈善事业捐献了大笔金钱，使原先只能收治60人的戒毒所不久即扩充成可容纳200人的大医院了。当时的新加坡总督也顺水推舟，畅快地批准这项可行的计划。

在槟城，我得到了有力支持，其中有胡珠春（Foo Choo-Choon，霹雳州最大矿主）、有声望的中医林华潜（Lim Hua-Chiam）和他的儿子林成辉（Lim Seng-Hooi，标准出版社和海峡回声报业公司执行社长）、梁乐兴（Leong Lok-Hing，广东同乡会领导人）和郭德基（城区主要商铺店主）。在霹雳州，有许多团体在不同的城市和乡村活动，它们是由这样一些有影响的人物领导：胡珠春和他的律师谢昌霖、林珠文、康诺利博士

（Dr. R. M. Connolly，当地杰出的英国医师，锡矿主和马来亚时报的主人）和何白令（Ho Pak-Leng）。何白令的长女后来嫁给了梁宇皋（Leong Yew-Koh）先生。梁先生是前英女皇奖学金获得者、律师、马来亚华人协会秘书长、马来亚联邦卫生和社会福利部部长，1957年任马六甲省省长。

在雪兰莪州，领导人有陈秀连（Chan Sow-Lin，铸造厂主）、陆秋杰、朱晴溪（Choo Cheng-Kay）、黄合龙、叶隆兴（Yap Loong-Hin）和卫理公会传道团的牧师和英华学校校长霍利牧师。

在我们的运动开展过程中，很令各个阶层兴奋的是，传闻霹雳州附近的群山中，发现了某种绿色植物（类似于攀缘植物常春藤①），已经证实，用它的叶子煮汁可使有鸦片瘾者在数日内戒除。于是花了一大笔经费来供应大量的此种植物，让几个戒毒所广泛试用。这种新药在许多地区特别受到欢迎，某些由草药师执业的医院支持这种说法，而受过西方训练的医师们则只提出非常谨慎的报告。即服用这种汤药后，开始表现有效，但最后又倒退到原来状态。

试用数月以后，查明期望获得的疗效并不能持久，早先报道的减缓和有效病例，并非永久性特性，因为有若干人故态复萌。有些病人在家中服了他们的药而且对这种疗法赞不绝口，但他们坦白说：事实上在他们这种汤药里加进了鸦片的乳状悬液，因而在忍受不住烟瘾发作而感到痛苦和出现其他症状时能够得到缓解。在这段时间里，那数百个用其他毋庸置疑的治疗方法真正戒除了烟瘾的病例，许多是由于有较坚强的意志力，但更多的可能是由于群体的提示或自己的臆想。人们通常知道，每当有重大发现

---

① 这种植物已经过鉴定，为使君子科（Combretaceae）风车子属，学名为 *Combretum sundaicum*, Miq.，为 R. C. 瑞恩编辑的《波特植物药物百科全书》1941 年第 5 版收录。该词条释义为："同义词'鸦片克星'。主要特征：叶长 4～5 英寸，宽 2.5 英寸。有 8～10 条侧向叶脉，叶轴有孔。新生的叶片表面有小鳞状物。味微苦如茶。无气味。"——作者原注

或异常事件的新闻时,便会广为传布,此事屡见不鲜。事实上在欧洲这种举措一直是某些宗教机构的惯技。

在马来亚发生这些不平常事件的同时,我们在英国的朋友也行动起来了。和我们密切联系的,有总部设在伦敦的英国禁止鸦片贸易协会和一些基督教团体,如伦敦传道会和中国内地传教团。在国会里我们也有支持者,比如国会议员、怀特威－莱德劳公司(Whiteaway, Laidlaw Taylor and Company)的主要合伙人罗伯特·莱德劳先生(Mr. Robert Laidlaw)和下院议员西奥多·泰勒先生(Theodore),他们两位都是坚定的自由主义者。

1906年10月,两位贵宾由英国乘坐轮船到来。他们是约瑟夫·亚历山大先生(Joseph G. Alexander,英国禁止鸦片贸易协会秘书长)和罗伯特·莱德劳先生,前者身材矮小,蓄有浓密的胡子,年约60,声音温和;而后者看似典型的商人,年约50,留有短髭,颇显机警。我们在马来亚各主要城市,从槟榔屿到新加坡为他们安排了集会,这样他们便能够与形形色色的领袖们会面,并参观用私人捐款建立的治疗鸦片成瘾者的医院和收容所。第一次集会在槟城市政厅举行,至少有2 000人到会,听到了传自遥远英国鼓舞人心的消息。我是会议主席,赞扬了两位先生在禁止鸦片毒品的事业中作出的有价值的贡献。两位贵宾都是善于言辞的演说家,讲演由特地从霹雳州的巴图－卡加赶来的何白令先生口译成粤语和福建闽南话。会上群情激昂,临近会议结束时,主席提出了一个决议草案,谴责鸦片贸易,要求政府取缔鸦片种植体系。主席的动议获得了德高望重的福建同乡会领导人林华潜先生的支持。

第二天在德克松剧院的大厅里举行了第二次群众大会,该剧院位于红灯区的新街,那里布满了合法妓院和饭店,挥霍无度的人们晚间聚集于此狂吃豪饮，然后再在歌女陪伴下享受鸦片取乐以消磨时光。这次会上，亚历山大和莱德劳先生又作了演讲，这次他们的听众并非有教养和富裕阶层，而是穷职员、劳工和工匠，其中许多人已经染上吸毒恶习，辛苦钱大部分都耗费在其中了。何白令先生再次担任口译，他把自己的鼓动才能发挥得淋漓尽致，以极具说服力的口才通知广大听众，如果他们向禁止鸦片协会提出申请，他们的鸦片烟瘾是可以戒除的，这样他们就能为家庭幸福保有金钱和健康。

我陪同我们的英国朋友由槟榔屿前往太平和怡保，那时这两个城市分别是霹雳州的行政首府和矿业中心。在那两个城市，热情的群众再一次集合起来聆听智者的讲话，从由海外前来帮助他们的两位贵宾那里得到了可行的建议。在怡保，我将客人转托给当地的朋友照应。他们带着贵宾去了联邦首都吉隆坡，然后是马六甲，最后到了新加坡。林文庆博士和荫少泉医官，以及其他的领导人正在那里等待他们。

广泛的宣传鼓动很快受到关注。那些吸鸦片成瘾的穷人曾把大部分收入花费在鸦片上而不是全家的食物，现在从新来的朋友处悟出了道理，并试着努力痛改前非。甚至那些曾经为吸毒恶习挥霍了大量金钱的年轻人，在考虑他们的真正前途时，也开始为在污秽场所手持肮脏的烟枪感到羞耻，其中许多人迷途知返。那些人力车夫也醒悟到，每天辛苦挣来的钱应该用在丰富饮食上，而不是那种毁灭健康和谋生能力的享受。在那些下层家庭里，久病的主妇们厌烦那可恶的鸦片烟枪，为的是能省些钱给孩子吃饭穿衣。亚历山大和莱德劳两位的及时来访显然收到了实效，广大群众已认识到吸鸦片恶习的祸害。贫苦阶层都想尽各种办法来使他们戒除这一恶习。信仰基督教的人道主义者亚历山大先生和胸怀宽大的资产阶级改良派莱德劳先生，为这次访问取得的令人鼓舞的结果而感到十分欣慰，怀着十

分愉快的心情踏上了归途。

遭诬陷与新选择

随之而来的便是反击。罂粟园主们在这个垄断行业投资巨大,禁止鸦片运动的些许成功令他们感到恐慌,因为烟土销售减少,商业收入萎缩。他们的投资遇到空前的威胁,显然,他们要想继续存在,必然要采取对策,保护被他们认为合法的权益。他们争辩说,当他们获得出售鸦片给公众的权利时,投标的出价很高,他们从未预料到,宗主国的自由主义政府竟然出台这项新政策,声称这种鸦片贸易"有违道义而务须摒弃",也没有料到其后果是如今他们的收入损失惨重。他们现在深感失望,恳请政府干预并帮助他们挽回损失。与此同时,罂粟园主的代表秘密地向我打招呼,建议我缓行禁止鸦片运动,说这场运动对商业团体和作为一个从业的医师来说都是不必要的伤害。他们说深知鸦片贸易需要改革,也钦佩我的崇高理想,但是也应该考虑他们的观点,他们已和政府签订合同,被准许在未来3年之内不受限制地自由出售鸦片。为此他们央求我在这段时间内果断地放缓步伐,让他们平静地继续他们的生意,从而得到必需的利润,而这涉及许多共同朋友的切身利益。最后他们还许诺,如果我愿意合作,我就会得到丰厚的回报!我能理解这些罂粟园主恳求的合理性,毕竟其中有许多人是我的知交,而且他们支持我的从医业务,如果我们同意召开一个圆桌会议,平心静气地讨论全部问题,也许我们之间可以达成妥协。但那时我还年轻,血气方刚,性情急躁。他们提出给我个人回报令我十分反感,不由得表现出了暴躁和固执。我们的谈话,以足够冷静开始却以愤怒与指责结束，我开始遇到麻烦了。

1906年平静地过去了，但翌年初某日突然有人来访。他是槟城的高级医官，名为西德·卢西（Sidney Lucy），是英国皇家外科医师学会会员和伦敦的皇家内科医生学院特许开业的医师。同来的还有两个穿制服的马来亚警察，并带有搜查我的诊所中有毒药物的证明。我将我的那个小小的毒品柜的钥匙交给了他，他在柜中搜出了1盎司［1盎司约等于28.35克］鸦片酊剂，这是3年前，我从那位英国女医生处买来的用品中的一部分，在我行医过程中，我从未有机会用过。以这个所谓的"发现"为根据，卢西医官以未经政府的特许非法持有"有害药品"为由，对我发出了传票。我坚持一位有从业资质并已注册的殖民地医师理应享有的权利，但是最近地方政府已经在政府公报中公布了法令，明文规定每一位从业医师都必须申请得到政府的特许，才能"购买、持有和使用某种特定的有害药品"。不持有这种政府颁发的特许证，该医师就应受到惩罚。在这个殖民地的任何商店都可以无限量购买的鸦片，却要求一位注册医师必须申请特许证才能将这种毒药作为医药品开给他的病人。

作为英国医学联合会的会员，我自然去请教时任海峡殖民地分会的荣誉秘书詹姆斯·柯克博士（Dr. James Kirk），请求他过问我这个案子，然而他不但没有维护一个会员同行的利益，反而推卸责任，颇为卑劣地对我说："你该记得人们常说的那句'种豆得豆！种瓜得瓜！'吧？"事后我推敲柯克博士的话，终于明白了自己身临受诬陷的处境。他们事先在阴暗的角落作了周密的策划，其目的是要为了教训我。于是我前去求教城中最有权威的英国律师阿瑟·亚当斯（Arthur R. Adoms）先生，此人后来因为在新加坡的丹戎巴葛港海事仲裁局的杰出服务而被英王封为爵士。亚当斯先生仔细地听取了我的叙述，对我表示极大同情。他说在英国殖民地遇到这种事，真是一种耻辱，并说他过问此事义不容辞。几天后这个案件在第一地方法庭开庭审理，卢西医官是主要原告证人，在阿当姆斯先生的法庭质询中，有过以下对话：

问：你本人认识被告吗？

答：认识。

问：你是英国医学联合会的会员吗？

答：是的。

问：你知道被告是一名会员吗？

答：知道。

问：在你们的同行会议中，你经常遇到被告吗？

答：是的。

问：在平时，你和被告是友好相处的吧？

答：是的。

问：然而，你从来也没有给他，一位医学联合会的会员任何暗示，你们即将对他的诊所进行搜查？

答：没有。

问：你不认为你的这个举动对你来说有违行业道德？

答：不。

问：你对被告是否有任何私怨？

答：没有。

问：在你搜查被告的诊所时，你找到了什么有害药品？

答：一盎司鸦片酊剂。

问：在一位医师的诊所里发现这种药品是否不正常？

答：不是。

问：你是否同意这种说法，即这种药物是一种很重要的镇痛药？

答：是的。

问：那么你为什么要没收这么一种重要的药物呢？

答：因为按照有害药物管理法，被告未持有证件。

问：你能肯定仅靠他是一位注册执业行医的医师还不足以持有这些药物吗？

答：不行。一位执业医师必须另行依法申请单独的许可证，在持有和应用任何目录中所列出的药品之前，必须得到这个许可证。

问：你是否将这件事通知了所有的执业医师？

答：没有，因为这个通知已经在政府公报发表了。

问：是否所有的执业医师都已经申请了这样的许可证？

答：没有。

问：那为什么你要挑出被告提出起诉呢？

答：因为我们想要得到一个案例。

问：于是你们就选定槟榔屿禁止鸦片协会著名的会长作为你们第一个案例？

答：也许是吧。

问：你本人是否也持有许可证呢？

答：没有。

问：为什么没有？

答：因为我是一名政府的医官。

问：所以你可以免除这条法律的约束了？

答：（没有回答）

但是主审的地方法官还是判决我缴纳罚款100元，并命令我立刻申请那必要的许可证。阿当姆斯先生随即向最高法院提起上诉，两个月后由贾斯蒂斯·费舍尔（Justice Fisher）法官审理此案，他维持了地方法院的决定。事后阿当姆斯先生拒绝接受我付给他的任何服务费，还为没有做得更好向我道歉。他后来说"对不起，法律已经订立，无论它多么不好，但你必须服从，即使你对它一无所知"。

在这段时间内，我收到过两封信，一封是来自伦敦，邀请我出席在皇后大厅举行的禁止鸦片会议；另一封是来自北京中国政府的直隶总督袁世凯，邀聘我出任天津陆军军医学堂的帮办［副校长］。

我的事业达到了一个高峰，正处在人生的十字路口，必须作出选择。我是否应该留在我的出生地这个不近人情的海滨呢？在这里无论是政府还是朋友似乎都不需要我。或许我应该接受这个来得正是时候的聘请，用有效的服务报答中国，毕竟在那里我不会被人如此罗织罪名，在那里我可以找到促进科学和卫生事业的一片沃土，而为此，在我毕业前后已付出多年的努力。特别是想到 1885 年，海峡殖民地总督塞西尔·史密斯爵士设立英女皇奖学金时说的话：那一天终将到来，某些英女皇奖学金获得者将会对那片古老的中国大地贡献出有用的知识。我决定在我从伦敦开会回来之前，暂不做出决定。此时我靠行医已经存下 30 000 元（3 600 英镑），可以留下三分之一给我的妻子，供她在我离开时使用，其余部分则用于旅行和应付急需。

于是我暂时将我的诊所转托给柯新吉（Quah Sin-Keat）医师。他也是槟榔屿的一位英女皇奖学金获得者，曾在剑桥的圣约翰学院和伦敦的圣玛丽医院深造，已取得药剂师协会的执业许可，刚刚返回。我买了头等舱船票，登上蓝烟囱（Blue Funnel）公司的轮船"萨尔皮顿（Sarpedon）"号，于 1907 年春天出行。旧地重游，经过科伦坡、亚丁、苏伊士和塞德港，在马赛登岸，在该地稍有耽搁，便乘火车前往巴黎。在那美丽的法国首都逗留了一个星期，专门重访了巴斯德研究所，看望了梅奇尼科夫、莱瓦迪蒂、马莫雷克和其他旧日同事，然后按时到达伦敦，出席在朗安姆广场皇后大厅举行的盛大的禁止鸦片会议。大会主席是极受尊敬的伦敦主教温宁顿·英格拉姆（Winnington Ingram）。我荣幸地坐在主席台上，与下院议员西奥多·泰勒（Theodore Taylor）① 邻座，他在约克郡拥有一家大型毛纺厂，又是下院中禁止鸦片集团的首领。就座在主席台的还有前一年在马来亚访问过我们的下院议员罗伯特·莱德劳先生，以及约瑟夫·亚历山大和另外许多有过书信往来但从未谋面的人。直到开会那天，对于整个英国公众中普遍憎恶英国鸦片贸易的情绪我一无所知。在会上，接二连三的发言者谴责这罪恶的勾当，并要求停止在中国和印度之间，以及在大英帝国疆域内继续进行此类贸易。轮到我讲话时，尽管我已备好讲稿，但感到相当紧张，竟一时不知所措，幸亏主教大人上前亲切地鼓励我，低声提醒我不要耽搁时间。最后在谈到海峡殖民地的情况时，我将讲稿放在一边，开始即兴发言。我向英国人民的良知呼吁，请他们设法另辟财源，不要靠种植鸦片去诱惑群众接受这种麻醉毒品。我的演讲受到了在场来自英国各地500多位听众的热烈而长时间的鼓掌欢迎。

我这次访问伦敦期间，曾多次见到西奥多·泰勒先生，他陪我去国会大厦游览，并将我介绍给外交大臣爱德华·格雷爵士（Sir Edward Gray）和内政副大臣赫伯特·塞缪尔先生（Mr. Herbert Samuel）。这两位对我们的状况深表同情，并许诺帮助我们禁绝罪恶的鸦片。我正准备离开英国时，未能等到由霹雳州的康诺利博士和伦敦的亚历山大先生组成的代表团，当时他们正等待温斯顿·丘吉尔（Winston Churchill）先生的接见。那时的丘吉尔是一名坚定的自由主义者，1907年8月时任殖民地事务副大

---

① 泰勒先生死于1953年（据他的遗孀1954年11月27日来信）。——作者原注

臣。后来他们写信告知我,丘吉尔先生对代表团通报的情况极表同情,表示要认真考虑代表团向他提供的情况。丘吉尔先生还向他们保证,宗主国政府对此并非漠不关心,但他牵涉到巨大的利益,比如仅在印度,每年涉及的税收总数即达500万英镑,在各个殖民地只能一步一步进行工作。当时几乎没有人会预料到,这位可亲的年轻的英国官员,竟会在两个关键时刻荣任英国首相,并因此作为可能是人类历史上最伟大的政治家之一而永留青史。

许多城市邀请我去讲演,但我这次访英时间很短,并已安排前往伦敦皇家军医学院和在内特里的陆军医院。那位在陆军医院工作善于独立思考的细菌学家阿尔姆罗斯·赖特不久即被任命为伦敦的圣玛丽医院的教授。他研制的抗伤寒疫苗很快就在随后到来的战争中挽救了数千士兵的生命。在陆军医务署署长麦克弗森爵士(Sir W. MacPherson)的亲自干预下,陆军部命令让我参观我想看到的一切。我十分感激这种特别礼遇,从中我学习到许多有关军队医务及其组织的知识。

伍夫人黄淑琼与襁褓中的伍长庚

外出欧洲3个月后回到槟城,重拾旧业,行医至来年春天。我离家时,妻子一直很好,我们的第一个孩子也出生数月了。因为她生长在中国，自然期待回归故国，重续与以前亲朋好友的关系。她那纤弱的体质对热带的持续炎热颇不适应，特别是她坚守老家的服装，从不穿当地马来人的娘惹服装、纱笼和拖鞋。不过必须承认，那些富裕人家的妇女在正式场合还是部分地采用了中国的传统服饰，她们情愿佩戴着沉重的金饰品和珠宝，而不佩戴那些轻便、简单而雅致的饰物。

我们终于决定在中国重新开始。我妻子的状况和她的看法当然在一定程度上使我作出这个决定，但不久前那次令我留下痛苦记忆的官司，比其他任何原因更强烈地促使我走出这一步。

病人们接二连三前来我的诊室，众人恳求我留下而不要前往中国。然而我作出决定是经过再三斟酌，颇为郑重的，必须坚持。行文至此，我将我每天行医的过程作一简要介绍。每天，包括星期天在内的早上 8 点钟，我乘坐一辆矮种马拉小车去病人家中巡诊，这样快捷灵便，而且比双马马车省钱。10 点钟我便在诊所接诊各式病人，有的人也许已经在此等候 1 小时了。在这个诊所里，有一位药剂师和他的助手（都是华人），还有一位淡米尔杂役。那些在家里等着我出诊的病人大多希望在每个月底将医药费账单送去，因此我专门雇用一人收款。只有 80％ 的病人能如期结清欠账，其余 20％ 不守信用的人则难免经常拖欠账款，让这位专门收费的马来雇员不胜其烦，最后我也只好放弃。这些不良的欠债人往往聚集在那些新来的医师周围，在他们中逐个玩弄同样的骗人把戏。我真不知道把这些新来的医师一个个都骗过以后，他们怎么办！

来诊所看病的人通常都付现金，如果很快病愈，他们经常会在中国的三大节日中，带上一只鸡或一些时令水果来向医师表示谢意。20 世纪初医师之间的竞争并不像近年这样激烈，因为那时有合格资质的医师较少。但是 1954 年时普通医师的收入并不比 50 年前少，虽然收费大致相同，但当地人口已经是原来的3倍了。不过，由于西方教育和现代思想在一般百姓中的普及，大多数群众已经懂得医学科学带来的实在好处，更加相信那些受过现代科学训练的医师，而不再相信从前那些庸医、草药郎中和巫师了。受过培训的助产士和护士已使华人、马来人和印度人中母亲和婴儿的死亡率大幅下降。

医案特例四则

当我回顾早年在槟榔屿行医的岁月时，让我感到惊奇的是在1904年到1907年这三年中竟出现过种种极不常见的病例。在本章的结尾，我额外举出4个实例，并稍加评述。

1. 出诊伤寒病例

某位年轻的医师由于成功地治愈了一个小儿，通常便能获得最初的声誉，溢美之词通过母亲或姑姨们的口口相传而使医师的业务大为增加。但是，如果他是三位或四位被请来看病的医师中的第一位，而患者又是一个连续发热的病人，即使他用了奎宁合剂或退烧药却未见效，他就将受到诟病。大多数病人家属都期望药到病除，几天内就退烧，如果没有，便马上去请第二位医师。如果热度依然不退，可能又去请第三位甚至第四位医师。到3个星期以后，幸运的医师找来了，此时发热的症状——或许是伤寒杆菌（*Bacillus typhosus*）引起的——自行消退了。于是这位医师就会被人们称赞为真正的退热专家。这种幸事也可能被那些无知而没有任何资质的庸医遇到，他被请来时正值退烧时期，于是东方疗法和庸医的妙术便有更多的人迷信了。当然，从1950年发现氯霉素可治疗伤寒病和类伤寒后，情况已经改变，主治医师和焦虑的亲属都会指望这种新药产生奇迹，这在50年前是绝不可能的。

2. 横产位

1906年底某个凌晨，有人请我去何腾巷（Hutton Lane）一间小屋接生。午夜时分已有一只小手伸出产道，我担心这是胎儿横产位，于是我取出产钳和钝钩检查产妇。羊水无疑早已破泄，但胎儿一直未能娩出，胎儿显然已死，我强烈要求家属马上将产妇送到设备齐全的公立大医院去，因为她的分娩过程已延续整夜了。但是病人坚决拒绝，说要是让一些生手来处置则必死无疑，她的全部家属也支持她不去医院。屋内无床，这是此地大多数家庭的习惯，即使富裕家庭亦如此。我催促他们再找个医生来，他们回答说他们无钱再请。这样我只得义不容辞独自来进行胎儿断头术。我几乎全程跪在光地上，将那只伸出的手臂尽量压低，然后将钝钩轻轻插进去并钩住胎儿的颈部，然后一边旋转钩子一边向外牵引，使胎儿的颈椎与脊柱分离，再用剪刀切断松弛的皮肤，这样躯体和下肢便容易取出了。最后我用手指抠住胎儿口腔，将已分离的头颅取出。在那个阴暗的小屋中那一个小时的劳动，是我一生中最艰难的经历。我由衷地感谢那些未经训练的人们出手相助。病人后来持续康复，并能在我最后一次探视时对我笑脸相迎，这令我感到欣慰。10天的护理，连同那次手术，我只得到65元酬金。我知道他们家中已经倾其所有，我很高兴地接受了。

3. 巨痈手术

另一次我被请去医治一位55岁的病人。他是鸦片和烟酒企业的持股人，因而赚了很多钱，他住在一所巨大的私人住宅里。3周以前，在他的背部生出一令他疼痛的"疖子"。为了治疗这个大脓包，一位中医曾用了大量碾成粉末的树叶和树根来治疗，但疖子并未消退，反而肿块越来越大,皮肤变成赤红,疼痛难忍,并且在背上有好几个小孔中流出了黏稠的脓液。中国病人通常是反对在身上动刀的,他的两位夫人和数位女儿反对手术,但是患者本人和他的大儿子(曾在吉隆坡与我熟悉)力排众议,同意做手术。我做了必要的准备工作,将一切无用的家具尽可能都从病人的卧室内搬走,请女眷和仆人全部退出室外。我在这个大肿块周围做了局部麻醉,在肿块上划开了一个4英寸长的十字形大切口,迅速用一把锐利的医用刮匙将其中的坏死组织取出,挤出了大约一磅重的黏稠物。尽管在门后和窗外窥视的妇女们发出哭喊,手术仍然在不到半小时内完成并用外科敷料裹敷妥当。我每天两次被请来寓所洗涤伤口,切去坏死的组织,再重新裹敷。病人的情况稳步好转,女眷们十分满意,欢笑代替了抱怨,只经过1个月,病人背部创口已长满新组织和光洁的皮肤。我开出了2 000元账单,然而这家人对治疗效果极为满意,又外添了1 000元。从此以后我作为他们的正式家庭医生,成了这个住宅的常客。尽管我在外面进行禁止鸦片的活动,这家人对我的感情却未改变。

4. 寺庙里的自宫

在槟榔屿这个殖民地岛屿最著名的景点中,很少有游客会错过极乐寺。这座寺庙坐落在山顶,离市中心约5英里。在槟榔屿建城以后,当地华人在此建造了两座佛寺供奉慈悲女神观音,一座在市区里的皮特街。足足有一个世纪,这里是岛上香火最旺盛的地方。另一座在5英里外,位于山区一个称为亚依淡的地方。前一座寺庙一开始就很兴旺,源源不断的捐款被用于寺庙的重修和扩建;而后一座的兴旺,则是在华南古城福州一位虔诚的高僧妙莲(Beow Lean)到来以后。妙莲在19世纪末来到此地,他的佛学修养和艺术造诣,使他及时抓住了一个可能的机会,在这景色秀美的地方，仿照他出家之地福建鼓山的寺庙形制，建造一座宏大的寺院。槟榔屿有许多闲适而富裕的妇女，她们从早年的移民祖先那里继承了丰厚的遗产，那时既无所得税，又无须交遗产税。另外她们将积蓄大量投入鸦片种植和酿酒，得到丰厚回报，又通过与富裕家庭联姻，成了真正的富豪。这些人在垂暮之年，越来越笃信宗教，特别相信华人和暹罗僧人的讲经说法。在这些慈悲为怀的妇女中，妙莲法师宣讲了他在亚依淡建造一座宏伟寺庙取代已经破败的观音庵的计划。大师请求善男信女们支持他成立一个委员会来筹集捐款。开始他的目标是 50 万元，这在当时该是一笔巨款，但捐款源源不断而来。当捐款已募集到计划之半时，妙莲法师认为已到动工时候。在 5 年时间内，一层层画栋雕梁的中国式建筑，便将那苍翠葱茏、蜿蜒起伏的山坡装点起来了，不由得令那些川流不息饶有兴致的游客赞美惊叹，然后便立刻会以较低廉的价格去享用斋饭。正当此时，便有流言蜚语开始传播，说是那里有纵欲和为进行堕落勾当而设的地下暗道，这显然是那些香火不盛的寺庙经营者出于嫉妒而制造的谣言。1905 年这座雄伟的寺庙竣工之际，正是这些邪恶的毁谤甚嚣尘上之时。那位忠诚而思想敏锐的大师在对那些谣言容忍了两年之后，他理所当然地升任为住持了。

直到 1907 年年初的一个深夜，我接到极乐寺一位年轻新僧人的紧急电话，告知我他所尊敬的住持正流血不止，要求我前去医治。那时还没有汽车，从我家到山上的寺庙 5 英里的路程，昏昏欲睡的车夫赶着小马车走了 1 小时。然后登上数百级台阶，到达住持居住的方丈。我和大师早已建立了诚挚的友谊。他来自我妻子出生的城市，他们之间能用方言交谈。我很快即发现出血的原因了。匿名的诽谤和辱骂连续数年，特别是在他奉献全部生命将这无与伦比的极乐寺建成后更为激烈，这将他置于了绝望的境地。他认为除了作出这种最大牺牲之外，无法解脱他的痛苦。按照中国的宗教传统，这比自尽更值得尊敬。在我做学生的时期，我曾听说过汉代司马迁的故事，这位著名的历史学家和将军，在战败后，皇帝命令对他处以腐刑①。在中国和土耳其还有一代又一代的太监，这些年轻的正常男子也被阉割，以便这些无性功能的男人在后宫与那些迷人的女性朝夕相处并供她们驱使。但是，任何男子必须具有非凡的勇气和意志，才能忍受住这种超越任何所知的现实或想象中的痛苦。我可以设想当时的情景：寺院深处幽静的禅房中，大师独自一人打坐，于夜深人静之时，朦胧烛光之下，右手举起一把又大又重的菜刀，左手紧握他那主要性器官，可能口中还在喃喃念经，果断地挥下一刀，便将它从身体上割下。这确实是一个非凡的举动，应载入史册。

无须长老解释，我亦不必慰问，因为我们相知已久。当务之急是为他止血，镇痛和防止尿潴留。

当我离开庙宇中那神圣场所时，天已破晓，我实感疲累。此后我每天前去照护我那尊敬的病人，包扎因滴尿而溃烂的伤口和处理化脓，不过创口还是及时愈合并长出了肉芽组织，到月底疼痛消失并长出了新皮，我也不必再来了。这一个月的劳动我分文未取。后来听说这位住持完全复原了，并将他热爱的寺庙奠定在一个稳固的经营基础上。他去世后即在寺庙院墙内火化，他的善行将被所有的人怀念。

在极乐寺接待大厅中，今天依旧悬挂着一张褪色颇甚的妙莲法师水彩画像。

---

① 此处所述有误，司马迁官职为太史令，而非武将。其获罪原因是进言皇帝为战败的将军李陵辩护。——译者注

　　事不凑巧，我正打算乘火车去北京时，突然传来了光绪皇帝驾崩的消息，随后不到24小时内，又传来慈禧太后去世的消息，紫禁城内相继发生了这两件大事。这宗祸不单行的变故无疑意味着军机大臣袁世凯将被解除一切官职，我也必须在政府高层寻求新的保护人。

20 世纪中国科学口述史
The Oral History of Science in 20th Century China Series

第9章

北上纪略

香港两日

我结婚已近3年，儿子刚满两岁。1908年5月初，我们携带两只大皮箱和几个手提包，搭乘北德罗伊德轮船公司的艾丽丝公主号（Prinzessin Alice）的二等舱前往上海。那时有许多客运轮船往来。1898年德国人占领青岛以后，投入了巨资开发这个海港，还修筑了从海边直达山东省城济南府的胶济铁路。当时在德国不莱梅港和青岛之间有定期客运班船，还有汉堡美洲航运公司在汉堡和中国沿海各主要港口之间的货运专线。东西方贸易正蓬勃发展，中国有许多原料运往欧洲，如大豆、茶、丝、瓷器、花生油、桐油、猪鬃、钨、钨锰铁矿、皮毛等等，另一方面，中国从欧洲进口的则主要是工业制品和机械，还有从印度输入的装在长方形厚重大木箱中的加工成球形的鸦片烟土。

我们觉得新造的德国轮船极为舒适。我们的舱位在船尾，颇为宽敞且服务周到，饭食精美。乘客主要是英国人、德国人、日本人和华人，彼此相处友好。较之半岛和东方轮船公司，一等舱和二等舱的差别并不分明，航程中乘客们相互走访。我们的小男孩每天喝许多用奶粉冲配的牛奶，而欧洲旅客可以像在家一样随意用相当公道的价格买到德国啤酒。我们的儿子很适应海上航行，然而他母亲却是个勉强支撑着的船客，大部分时间留在船舱里。

我们在香港停留了两天，那时香港有居民不到50万人，不算太拥挤。但是大量证据表明，这个城市在飞速发展，特别是新近又攫取了九龙半岛，有了向外扩展的土地。比起新加坡或槟榔屿来，香港的街道确是太狭窄了，好在当时汽车还甚少见，人力车既快又舒适，而两人抬着用9英尺长竹竿穿着一把椅子的简易轿子，又成为一种山坡上颇为便利的交通工具。甚至在香港，我也能见到那些穷苦工人因吸食鸦片而造成的恶果。香港在某种程度上让我们初次领略了真实的中国，虽然居民多是广东人，这里华人与其他种族的混血儿比马来亚更多。这是因为乘坐轮船或帆船从世界各地远航的人被不断招聘来此做工。比如我们在街上遇见过白皙面孔、红色头发，却穿着中式衣服的男男女女，男子还拖着标明其本色的辫子。那些早在白人到来之前便来到此地的有着雅利安血缘的印度人、阿拉伯人和波斯人的高鼻深色皮肤的后裔，还有黑色卷发的人，应是随白种美国主人乘快船前来从事茶叶瓷器贸易的非洲奴隶的后代。

香港这些欧亚混血儿的后代与亚洲和非洲其他港口所见之此类人群不同，他们在商业和接受新事物方面具有相当强的进取心，不愿屈居人下。因为他们中许多人从未见过他们到处漂泊的父亲，他们从母亲那里继承了中国姓氏和习俗。因此他们长大后没有那佶屈聱牙的外国姓名，也没有冒牌欧洲人的作风，在社会生活的各种场合与土生土长的当地人竞争时，无论是作为专家、商人、校长，还是政府官员和承包商，都能常居不败之地。事实上，在这个殖民地中，具有这种优势的欧亚混血人群在律师和医师等职业中占有70％，他们占有50％以上的不动产。至今还有一位最富有且最有权势的寿高90的欧亚混血儿健在，他身着中式长袍，但那高鼻碧眼，精明机敏的商业手腕，却分明显示了他的苏格兰血统。[1] 1842年以后，行政管理经验丰富的英国当局已经逐步把香港开发为一个自由港，并且一直是世界上最繁忙的5个贸易中心之一。

我们充分利用了逗留香港岛的短暂时间，在遍布于每条大街上不计其数的餐馆中，饱尝了绝佳的广东美食。广东人不但是勇敢的移民，还是技艺超群的厨师。在大小殖民地，无论是美洲、加拿大、澳大利亚、菲律宾、南非或任何游客罕至的殖民地，只要那里的人民喜爱价廉物美的食品，就能发现广东人的踪迹。在利物浦、伦敦和澳大利亚的一些城市里，都能找到中国小吃店，这些小店从某个主人传给另一个主人已历两三代之久，他们的女主人多为英国人或一半英国血统的混血儿。

在上海见到了狗与华人"不得入园"的告示

从香港经海路去上海，乘坐邮船不到3天，即可到达浩瀚的长江口吴淞港，海船在此落锚，以便小渡船沿黄浦江上溯12英里将旅客和他们的行李运到上海外滩。长江长年累月流经中国中部，挟带着不计其数的冲刷土和泥沙流向大海，因而与其相连的黄浦江某些河段不足以让吃水线20

---

[1] 指何东爵士（Sir Robert Hotung），他卒于1956年4月26日。——作者原注

英尺以上的大船通过那称做"浅滩"的航道。后来，中国海关出资聘请国际工程专家组成一个黄浦江疏浚理事会，定期疏通航道，吃水最深的轮船便得以从海上进入上海港。在我们来到上海时，这个国际大都会已有350万人口，近年已达500万。

所谓"上海"，通常包括以下几个区域：1. 上海老城，初建于公元11世纪；2. 公共租界，自1863年起，是由英美两国租界合并后组成的，占地6 000英亩；3. 法租界，占地2 500英亩；4. 闸北，北郊；5. 浦东，东郊，隔河与外国租界相望；6. 沪南（Nantao），南郊，有些小工厂，居住于此的多为最贫穷者。此外还将建设"大上海"，即向北一直扩展到吴淞港。当局还雄心勃勃地计划要将其建成模范的中国城市郊区，在那里除建有现代化的政府办公大楼，还应有私人住宅区、一个体育场、一座国家图书馆以及一个完全现代化的市中心，然而建筑风格则是中国特有的大屋顶。兴建大上海的发起者是上海市的第一任市长吴铁城（1888—1953），

清末民初的上海外滩（法租界）

他出生在广东香山［今中山县］，曾在美国受过教育，后来身居国民党秘书长的高位。

乘坐小渡轮 1 小时后，即在外滩登岸，被引导进入海关临时搭建的棚屋里，由外国人，包括日本人对我们进行检查。他们比较礼貌，当听说我们来自新加坡（槟榔屿当时事实上还少为人知），并未仔细检查我们的行李。这里没有卫生检疫，也并不查验护照。但在此我应该重述一遍我的护照里写明的内容：

本护照持有者伍连德博士除非在最近之英国领事馆将其姓名进行注册登记，否则在中国并不提供对其之保护，而提供的保护仅限于注册登记之后发生的事件；当该伍连德博士身处任何一个境外国家时，亦不得违反大英帝国与该国签订的条约之规定，或免受任何领事馆命令或规章制度中涉及注册和护照有关条款的约束。

总督阁下亲自于 1908 年 8 月 31 日授予……

阿瑟·扬格，殖民地政府秘书

按照中国法律，一位中国人永远都是中国人，而不管他在何地出生，从他踏上这个国家的土地那一刻起，他就必须遵守中国的法律。

当时并不容易找到旅馆，临时在古老的浦江饭店（Astor House）安身，那里有训练有素的中国上海茶房为旅客提供可口的英式饭菜。英、美、俄和日本四个国家的总领事馆与其邻近，此处可以俯瞰繁忙的黄浦江。苏州河和黄浦江交汇处，就是著名的外滩（又称扬子路），沿着景色秀丽的江岸向南是法租界，那里有一座小塔楼，顶上飘着三色旗。在某些方面，外滩可以和印度西部繁荣的海港孟买的超现代化滨海广场相媲美，同样有宽阔延展的场地，其宽度至少达 500 英尺，并被精心培植的草地覆盖。外滩没有成排的摩天大楼和富人的公寓，在近一英里长的地面上建满了形式各异的普通欧式楼房。这些建筑绝大多数造型厚重，被银行、航运公司和各种商贸公司所拥有。他们忙碌地从事鸦片、茶叶，以及通常的进出口贸易，比如怡和洋行和太古洋行等等。外滩紧邻一家日本银行处，有家最著名的英国别发印书馆（Kelly & Walsh），是一座单层平房。还有一个上海俱乐部①，那是个名声甚恶的狭邪之地，它占据着河边大片地皮，为那些出差来此者提供豪华房间，还有举世无双的最长酒吧。外滩靠近法租界处有海关总部，其建筑延伸至后部，占据了整整一个街区。向西与外滩形成直角的是几条街道，它们以中国的城市命名，南京路是处于中心位置的主要街道，依次向南是九江路、汉口路、福州路和广州路，向北则是天津路、宁波路和北平路。与外滩平行，从东向西的街道都以中国省份命名，例如四川路、江西路、河南路、山东路、山西路、福建路、浙江路、广西路、云南路和贵州路。跨过苏州河的街道则都在街道名称上加了一个"北"字，比如四川北路，河南北路等等。

公共租界的中心内，有两个引人注意的地方，一个是占地10英亩的公共花园，里面有室外音乐台，江边有茶室。另一个是跑马场，它有巨大的椭圆形跑道，边上立有标志，并划分了若干个区域，以供打板球、运动和其他消闲娱乐。我第一次到上海时，这个公园是洋人独享的禁区，公然立着两块布告牌，一块在入口处，一块在花坛上。上面用白漆写着：

1. 本公园每天从几点到几点开放；
2. 游客不得随便乱扔垃圾纸片；
3. 游客不得摘花、损坏园内植物；
4. 狗不得入园；

---

① 疑指前上海外白渡桥东的"海员俱乐部"。——译者注

5. 华人不得入园。

制订出上述如此粗鄙且荒谬的告示者，一定不是来自有教养的阶层，他们显然是在非洲主持过行政事务，或是来自独立前被奴役的印度和远东。如今需要化解的大多数难题都由此产生。

尽管不断受到抗议，英文报纸和当地报纸也发表过读者来信，那些没有偏见的作者写的旅行指南也经常特别提及这个臭名昭著的告示，但我记得同样内容的告示牌在那里树立了多年，直到1911年中国发生革命那年才挪走。我本人倒没有受到公园门口那粗壮的山东警察的刁难，或许是因为我身穿西装，又没有辫子吧。

公共租界里有着最整洁的街道、最高大的建筑、极豪华的商店和非常现代化的酒店，因此外国游客都把它称之为"模范城"，和那拥挤和陈旧的"老城"形成了鲜明的对照。但是老城也有其特色，那里有许多寺庙、玉器或珠宝商店，还有各式小作坊，制作出享誉已久的成百种漂亮且工艺精湛的器具。有数百年历史的城南，一家著名茶馆设于一个小湖的中心，通过一个曲折的桥进入，那里还出售极美味的面条和肉包子，这个地方是中外游客常爱去的地方。

公共租界里最有效率的机构就是巡捕房。那里有英国官员任职，还配备了相貌端正的强壮的山东人，这些人以前在威海卫英国军团中服务。这些北方人全都讲北方官话，不会说当地的上海话和宁波方言，他们执法严格而且廉洁。事实上，在香港也驻有这样一支队伍，他们与印度北部锡克人并肩维持当地治安秩序，而且还比他们的印度同事更称职。在法租界内，巡警多是雇佣来自印度支那当地的人，但他们的廉正名声并非无可指责。

我在上海逗留的短暂日子里，曾去拜访过李登辉先生。他毕业于美国耶鲁大学，虽然出生在爪哇，却选择在中国定居，推进中国高等教育的发展。为了达到这个目的,他奋斗多年,力图在上海建立一所不属于任何宗教派别的大学。在当地政府、中国实业家,以及爪哇、海峡殖民地等处华侨的帮助下,终于创建了一所大型的教育中心,名为复旦大学①。在这所大学中,不但传授当代技艺,还特别注意中国和英国的语言和文化并重。他来上海后,赢得了当地出生的一位很有教养的美丽才女的心,她是美国卫理公会的基督教徒,受她的影响,李登辉也改变了信仰。那时他们住在四川北路的一栋三层楼房里,他们邀请我在此小住,以便交换看法。我和妻子愉快地接受了他们的邀请,在那里住了一周。李夫人亲自下厨,清晨为我们煮粥,晚上烹制中式菜肴。那时候雇用仆人所费甚少,他们雇用了两个女仆洗衣服和料理家务。他们告诉我那所大学正慢慢地发展,虽然那时校舍还是临时性房产。中国的男孩子(那时尚未招收女生,辛亥革命后才改变)都是聪明的学生,虽然英语并不是他们的母语,不论多难发音的单词也能正确读出,还能轻松地背诵莎士比亚和弥尔顿的整篇短文。他们颇爱好学习数学和历史,喜欢听《罗马帝国衰亡史》,并将中国发生的许多事件与欧洲中世纪的历史加以比照。这些学生喜欢寻根究底而不想回避问题。他们都是自费入校的。

通过李氏夫妇,我们结识了曹福庚(Tsao Fu-Keng)夫妇,他们是美国基督教会非常虔诚的信徒。曹先生姓名的英文缩写 SK,他的名字在当时和以后很长一段时间与基督教青年会(YMCA)紧密相连。为了发展该会在中国的会务,两位伟大的先行者骆维廉(Lockwood William Wirt)和费吴生(George Fitch)从美国普林斯顿以个人身份被派到了上海,另有一位罗伯特·盖利(Robert Gailey)则被派往北京。曹先生是一位略胖、口

---

① 应为复旦公学,由马相伯等创办。李登辉曾任英文部主任与教务长,辛亥革命后该校改名复旦大学,李登辉任校长多年。——译者注

才极佳的演说家和翻译家,通过他持续不断的努力,从中国银行家和实业家那里募集了一大笔钱,在四川路和南京路之间的大桥附近建起了一座大型红砖楼。这座 4 层大楼内,设有报告厅、健身房、宽敞的游泳池、阅览室和写作室,并设有 40 间卧室用来招待当地学生和外来的会员。此处还附设有另开大门的公共餐厅,向会员和公众供应中餐和西餐。在基督教青年会成立以前,学者和商界人士彼此之间很少、甚至没有社交往来。他们各自专注于自身的事务,从未想到要在体魄和道德方面共同进步。因为忽视这些,往往造成了平胸,并易受疾病感染,体衰甚至早夭。基督教青年会主要致力于树立新的人生观,有美国来的体育教练并建立了基地,以便成批地连续训练健壮的青年,然后让这些年轻人又到中国的边远地区去培训其他青年。在以后的年代里,该会和后来成立的基督教女青年会一起,在辽阔的中国大地男女青年中,广为传布 Mens sana in corpore sano(拉丁语:"健康的心智寓于健康的体魄之中。")的基本信条。

我也在此时认识了颜惠庆。他毕业于美国弗吉尼亚大学,专攻艺术与法律。颜君当时在生意兴隆的商务印书馆任编辑,正忙于编撰厚达 3 000 页的《标准英汉大辞典》。这位才华横溢的学者和政治家,后随伍廷芳博士前往华盛顿任中国公使馆的二等秘书 3 年,辛亥革命后,历任外交部次长、驻德大使,外交部总长和总理。垂暮之年就任中国红十字会会长,在共产党执政后他没有活很久,1950 年死于上海。他的夫人是前出使德国大臣并曾任山东巡抚的孙宝琦之长女。

虽然我出生在英国的属地,又在英国受的教育,但在上海逗留时期却无缘与那极少数握有实权的英国人,如驻沪领事、租界工部局首脑、银行老板或其他商界大亨等相见。公共租界的最高行政职位多为英人占据,尽管许多房地产是由那些靠贩卖鸦片起家的犹太人享有。负责全市卫生部门的，是伦敦的医学博士阿瑟·斯坦利。他曾是圣玛丽医院的学生，像伦纳德·罗杰斯爵士（Sir Leonard Rogers）在热带病学方面一样闻名于世，又和我本人一样，获得过当时可能获得的大部分奖项。斯坦利是一位杰出的细菌学家，将他的实验室运转得十分有效。他们在河南路新建的房屋尚未完工，但他已经生产出了足够数量的牛痘苗和抗葡萄球菌疫苗，供租界和其他各通商口岸使用。我发现斯坦利为人很是亲切友好，虽然有些腼腆和拘谨，他刚过40岁，但已现一半秃顶，然而上髭却很浓密。他和我一样，爱好古代中国工艺品，在他那位于工部局大楼顶层的起居室里，装饰着许多锦缎、精品瓷器和精选的中国画。在我们彼此熟识以后，特别是在1911年满洲鼠疫流行之后，斯坦利夫妇经常陪伴我光顾上海或北京的古董商店。他较我年长十余岁。

英国人似乎更愿意独处，受过教育的华人觉得美国人更易交往，于是便去寻找他们的公司探询有关商务企业的建议，或探听去美国的学院或大学受教育的可能性。在这方面，19世纪中叶前后由于容闳的努力而率先铺设了道路。他带领了一批经政府选拔的中国男童，先在香港英文学校接受启蒙教育，然后在15岁左右派往美国东部各州几所高中学习文学艺术、人文科学和技术科学。尽管某些极端保守的官员出于猜忌，使这批男童未完成大学和技术学习即被提前召回，但这些归国的年轻学子，在中国的现代化进程中都作出了他们的贡献。这些早期的先行者理应受到赞扬，在本书的下一章中将更详细地述及这批人中那些杰出的先生和女士，因为不管他们当时在官场中地位多么显赫，我还是可以随时去接近他们。

在上海停留十余日后，我将妻儿留沪托亲戚照料，独自乘半官方控制的中国招商局轮船公司海轮前往天津。当时船上有两种头等舱，一种供洋人（收银60元），一种供中国人的（收银30元）。前者提供普通西餐，后者则是美味的宁波菜。

在天津遭遇政治迷局

航程中平淡无奇，中途亦未登岸，轮船直抵海河的入海口大沽口。因为河流蜿蜒狭窄，须等候领港员带领登岸。我们在京奉铁路的大型转运站塘沽等候1小时，便途经一片又一片连绵低洼的平原。那里的居民住在窄小的茅草土坯房中，妇女们因缠足而无法正常行走，只能蹒跚前行。然而男人较之南方华人身材更高大，肌肉结实，这是由于他们的饭食中有并不适口的高粱和生葱，而只偶尔吃肉。4日海上航行，加上24小时枯燥的溯河而上的旅程后，终于开始影影绰绰见到远处那座大城市。在到达有多个外国租界的地区前，沿途几乎没有楼房。在租界区，河岸的一边开始是德国租界，然后是英国的、法国的和日本租界。另一边是比利时、意大利和俄国的租界，但没有美国租界。这些被割据的领土，大多数是1860年从积弱的北京政府手中强夺而去的，1858—1859年英法联军再次击败中国并洗劫和焚毁了古老的圆明园。英、日、法、德诸国引进了许多现代化的改造，意大利也有所作为，而其他国家对租界建设则乏善可陈。

在天津分属英、法、日本和中国招商局的4家主要的轮船公司，都有自己的专用码头，那时的清朝海关派驻官员在此检查乘客的行李和船装货物。在此处，同样几乎所有的检查员和海关监视员都是外国人，几乎没有中国人。

在三个主要租界之中，法租界似乎人口最为稠密。那里到处是旅馆、客栈和餐馆。我找到招牌为"广隆泰"的由广东人开办的旅馆留宿，并尽快先拜会了屈永秋医师（Dr. W. T. Watt）。他是北洋医学堂的总办〔校长]。该学堂是在总督李鸿章①的支持下,于 1893 年建立的。李是早期访问过欧洲并与英国首相格莱斯顿(W. E. Gladstone)、德国宰相俾斯麦(Bismarck)和美国作家马克·吐温(Mark Twain)有过亲身交往的中国人,后在 1895 年与日本签订《马关条约》。屈医师本人曾受到过伦敦传道会的马根济博士的培养,他的主要助手有广东人关祝平(Kuan Chuk-Ping)、江苏的江医师和北京的全绍清。全医师出身满族贵族,最先教我满清官吏所讲的官话的正确发音,为我学习汉语打下了基础。以后我们在北京和天津成了好朋友,在 1910—1911 年我奉派担任哈尔滨防疫组织的总医官时,他是我的得力助手,我从这些同事中得到许多有益的教诲。医学堂位于法租界,根据签订的协议,有义务雇用法国教授用英语讲授医学课程。众所周知,法国人除了使用他们自己的母语,并不擅长其他外语,所以他们用英语讲授医学课程时,对那些已在香港和天津学过初级英语的学生而言,其效果可想而知。三位资深的法国教授〔梅聂,沙巴内和赫班(Robin)〕在同事间都能相处融洽,但他们在课堂上,却非常敏感而暴躁。3 年后梅聂教授志愿前去哈尔滨防控鼠疫,因为没有采用口罩防护而成为第一个死于肺鼠疫的医师。我还被介绍给几个班的同学,觉得他们中大多数都很机敏、乐观和主动。其中有两位同学〔陆存煊与邓松年(T. N. Tang)〕后来成为东三省防疫事务总处我属下的医官。邓当时还是

---

① 生于 1823 年,卒于 1901 年。政治家和外交家。1853 年曾帮助父亲组织民团抵抗太平军叛乱。1856 年获第一个官职,主管一省的司法审判与监察(按察使)。年仅 39 岁即署理江苏巡抚。在他的一生宦途生涯中,他是现代中国一位杰出的建设者,为实现国家工业化不遗余力。70 多岁升任内阁大学士,1879 年以后授太傅荣誉衔。1871 年曾与日本谈判。他主持了中国第一条铁路和第一条电报线的建设,为创建中国海军竭尽全力。在以后的年代里,他为恢复中国对朝鲜的控制权而作出过巨大的努力。1895 年,他被迫与日本签订了丧权辱国的《马关条约》。翌年又代表清朝皇帝前往莫斯科参加沙皇的加冕礼,随后即作了一次著名的全球之旅,在旅途中,曾受到英国女王维多利亚的接见,这是中国的大政治家前所未遇的礼遇。——作者原注

个小伙子,是他首先教我正确辨识北方官场中穿着的绸缎官服的色泽和制式,在以后的岁月里,每当我们厌倦那些寒暄套话时,就会谈及这些陈年往事。

在天津我认识的另一位医师,是海外学成归来的第一位女医师,名叫金雅妹〔金韵梅〕。她1864年出生于宁波,后沦为孤儿,被一对传教士麦卡蒂博士(Dr. D. B. McCartee)夫妇收养。她长大后被麦卡蒂带往纽约,在纽约女子医学院学医,并以全班第一名毕业。1887年,她在纽约《医学杂志》上发表了由她署名的论文《组织学学科的显微摄影术》。她回到中国后,接受了新创建的妇女医院和护理学堂主管的任命。这个机构位于天津东城,那是在1900年义和团事件后,老城墙已被拆毁。她获得了较为丰厚的30 000元拨款作为新机构的启动经费。那时她只会英语而不懂中文,但她在业余时间努力学习母语,不到一年即能与同事们和病人交谈了。金医师身材娇小纤弱,但是精力充沛,因而在她手下工作的中国服务人员总能按部就班,十分尽心,尽管她们裹着小脚。该校招收学生,优先考虑的是那些天足女孩(通常是基督徒或满人姑娘),或是那些敢于"放脚"的女孩。在4英里长的天津老城墙被拆毁后,天津的中国城面貌焕然一新,那里修起了宽阔的碎石路街道,现代化的四轮马车可以往来通行。从英租界的维多利亚道,沿着法租界的法国路和贯穿日租界中心的旭街,即可到达100英尺宽的东顺城街。为满足人口急剧增长而产生的紧迫需求,许多造型和建筑风格平庸的现代样式的房屋开始涌现。过去中国城市中常见的那些百年小胡同被大马路所取代,很受公众的欢迎。由袁世凯设计的总督府和衙门首先建在主要大街上,然后是在那些与大马路成直角的较小街道上兴建起较小的居民住宅和商铺。那些有经济实力的商人和卸任官员在那里建造了私人豪宅。现对其中两所住宅加以专门叙述。首先是严修的宅邸。严修原是直隶省盐业督办。这群建筑沿着东马路,建起了约四分之一英里长高达

20英尺的围墙，内部有多个庭院。每个庭院中又建有多栋平房，供他许多儿子及其后代居住。访问严府，就会令人想起这是据著名小说《红楼梦》的描述修造的一所家长制大家族的府邸。第二座豪宅为孙仲英先生所有。他于1863年出生在江苏省，在北方定居后，靠承包盐业和经营建筑材料致富，后来成为华俄道胜银行的买办。孙先生别出心裁地建造了他的私人宫殿，里面有个占地数英亩按巴黎风格设计的迷人花园。他在那里奢华地接待中外朋友。在天津停留的3年中，我对严、孙两家与闻颇多。严家有个男孩在日本帝国大学学医，他是极少数顺利通过帝大严格的博士学位考试的非日本人之一。孙府众小姐中有一位是京剧票友，在取材《三国演义》的折子戏《空城计》中扮演著名的军师孔明。在剧中，戴上胡须的男主人公在一时无兵可调时，便命令敞开城门，只用两个聋哑人［原文如此］看守。攻城的将军看到足智多谋的孔明安坐城楼，若无其事地一边抚琴一边吟唱诗歌，大有开门迎客之势，深恐有诈，便决定退兵。在剧中，孙小姐戴上假胡子，模仿着对女性而言可算是高难度的老生唱腔，演唱了一刻钟。

事不凑巧，我正打算乘火车去北京时，突然传来了光绪皇帝驾崩的消息，随后不到24小时内，又传来慈禧太后去世的消息，紫禁城内相继发生了这两件大事。这宗祸不单行的变故无疑意味着军机大臣袁世凯①将被解除一切官职，我也必须在政府高层寻求新的保护人。

为理解这些突发事件的全部含义，有必要将近几年的中国历史详加

---

① 生于1852年，卒于1916年，1911年建立共和政体后的一段时间内，他是中国最重要的军阀之一。他对建立中国现代化军队曾起过突出的作用。1911年11月他成为共和政府［原文如此］的总理，并策划了末代皇帝的退位。在1913年南京的国民议会上，他当选为中华民国临时大总统。1915年他解散了内阁，12月公然宣布他自己为中国皇帝。袁世凯是中国历史上最后一位在北京先农坛举行古老的亲耕仪式并在天坛祭天的统治者。但致力于革命的国民党继续为共和奋斗，直到1916年6月袁世凯逝世。——作者原注

回溯。

1898 年春天，意大利政府租借浙江省三门湾要求被中国政府拒绝以后，时年 27 岁的光绪皇帝决心开始进行根本性改革以挽救大清王朝。他得到了来自广东的翰林［实为举人］康有为①的辅佐。他采纳康的建议，颁布了一系列的旨谕，以求达到以下目的：

1. 彻底改组政府，建立适应现代需要的新办事机构以代替旧的无能衙门。

2. 按西方惯例兴建大学和技术学堂，增进科学知识。

3. 改革科举考试制度，候选官员应兼具古代和现代历史知识，尤须了解"五大洲"的各国政府及其机构的组织形式。

4. 准许全体臣民享有直接向皇帝上书言事的权利，而不论其身份和官阶。

为了获得有力的支持，皇帝派密使前往离京 80 英里的天津，与驻节该地的直隶总督［应为专管练兵的按察使］袁世凯联络，要求他调动军队支持皇帝，并在必要时囚禁慈禧太后。袁总督曾表示愿意合作，但在关键时刻却向慈禧的心腹、满人荣禄透露了这个计划。慈禧得知真相后，立即采取了严厉措施，软禁了皇帝并剥夺了他的一切权力，还亲自下令逮捕康有为及其同党。幸亏康及时得到消息已逃往天津。在那里他找到一艘英国海轮，在一艘英国军舰护航下前往香港。梁启超和其他几位康有为的同党也得到救助，在英国殖民地获准政治避难。

心地善良但经验不足的光绪皇帝所推行的百日维新运动，于 1898 年 9

---

① 生于 1856 年，卒于 1928 年，现代中国伟大缔造者之一。学者和改革家。对经典著作深有研究，进士出身。促成光绪皇帝在 1898 年开始发布王朝改革的决定，但却未能使之实施并逃亡国外。他与孙中山的根本区别在于他主张君主立宪制度而不是共和。晚年作为思想家和作家而造成了很大影响。——作者原注

月在屈辱中很快便告终结。从此以后，皇帝再无机会统治帝国，然而他那手握大权心狠手辣的姨母慈禧太后仍以他的名义不时签署敕令。1900年发生了义和团事件，主要是由于她的阴谋诡计及其周围那些满洲亲贵的拙劣主张。他们企图把一切外国人赶出中国，于是导致北京被八国联军占领，中华民族蒙受了长期的耻辱。

北京拜门

现在回来谈我自己。1908年9月末①那命中注定的日子，我来到了北京，变黄的秋叶已开始飘落。这座古老而壮丽的京城，曾被马可·波罗和后来许多作家详细描绘过。如今北京城以其光荣的往昔面貌呈现在我面前，然而由于近来各种事变而大为失色。高耸的雄伟城楼下的几个城门通向城内，那长达18英里的厚重城墙，因为它象征着力量、权势、尊严与美丽而令任何向往者流连忘返。大街既宽且直，而街道两旁是多数称做"胡同"的窄小而曲折的小巷，布满着由各自的界墙和院落分隔的平房，每座院落还可视需要再分成若干更小的院子供家庭成员使用。宅院的正房用于接待客人和由家长居住，门窗尽可能朝南，除必须外极少朝北，以便尽可能获得更多的阳光和阻隔冬天和早春寒冷而肮脏的风沙。大路宽阔且井然有序，但是路面并没有铺以碎石。在这个美丽的大城市中，当时的交通工具只有骡车和人力车。乘坐没有装备弹簧的骡车从东城到西城，约五六英里的路程或许要花费两小时，尤其是在夏季雨天。冬天路面结冰，车

---

① 慈禧去世于农历十月二十二日，作者到北京时应在慈禧死后，故应为11月末。——译者注

行更快捷，但那些经验不足的驭手则会让你受尽颠簸之苦。第一次乘坐这种骡车的人，首先应抓住左边的车辕，将背转向车身，跳上车去并钻入车内，在里面应盘腿而坐，靠着车后背。如果不止一位乘客，最合适的座位就是车身和车辕相连接的窄小空间，在那里最不感到颠簸。在那时，还没有电车和四轮马车，而众所周知，骡子在长途跋涉中耐力最强，且不饮水，较之小矮马或乘用马更好。

1909年的北京城

我首先找到了广东同乡、海军将领程璧光（Ching Pi-Kuang）和谭学衡（Tan Hsueh-Heng）。我在英国读书时，他们作为我舅舅林国祥的下属在英当差。

谭将军还兼任贵胄学堂的副校长，该校位于煤渣胡同，接纳清朝贵胄子弟施以文学艺术方面的高等教育。就在这所学校里，我遇到了袁世凯的股肱冯国璋将军，他后来是民国时期的许多任期短命之总统中的一位。这两位朋友都在海军部任职，虽然他们自己对当前时局的变化也捉摸不定，但他们答应为我的前程去征询其他朋友。然后我去拜访丁士源（W. Y. S. Tinge）先生，他曾在伦敦的林肯律师学院学习过法律，不久前还将我介绍给英国陆军部的军医当局。此刻丁先生在陆军部任军法司长，他亲自将我引荐给新任陆军部尚书、满大臣铁良阁下。一旦他同意接受我，立刻便会对我进行面试。在等候召见的时候，程璧光管带陪伴我前去绸缎店选择衣料缝制官服。当时已是秋天，必须穿着那个季节的官服，包括一件天蓝色的单马褂（款式特殊的绸缎长上衣，马蹄袖，对襟处缀有一排黄铜纽扣）；外面罩上海军蓝的袖宽一英尺的轻罗袍，正中也同样缝有五枚黄铜纽扣。围绕颈部是一个浅蓝色硬活领，下着黑色缎面平底毡靴。我已经没有辫子，必须准备一条用妇女长发（多是为此专门收集来的）精心编制的现成辫子，在边檐上翘的朝官帽顶上还饰有一颗闪亮的黄铜顶子，这表示我是最低一级官员。安装假辫子后，我必须将我的头发剪短到只覆盖头顶和脑后，以显得更为整洁。理发匠在维新派和西方归来的留学生中的生意很是兴隆。他们发明了一种较短的辫子，可以安在丝质瓜皮帽后，作为非正式场合的装束。后来冬天来到，我又要去买一套冬季官服，样式与秋季的类似，不过是用白色羊皮镶了边。高级官员则通常会用其他形形色色的方式装饰自己的官服，例如在初冬，用薄猪皮或是松鼠皮镶边；仲冬时节则用棕色狐腿皮，还有用长毛的褐狐腹皮筒子，甚至仿效西方贵妇人采用极其昂贵的俄国进口紫貂皮。那些年轻的官员，则常有人劝诫他们慎勿张扬，如果有余钱，最好到皮货市场挑些最时髦的贵重皮货孝敬上司讨其欢心。某日清晨，程管带领我去到北京外城一个著名皮货市场，那里陈列着琳琅满目的毛皮，从鲜亮的俄国黑羔羊皮、白羊皮到灰鼠皮，以至于产自土耳其斯坦的罕见的犹如长丝线编织的金色狒狒皮，一应俱全。这些皮货看起来美丽诱人，但人们还是奉劝我前往正规的高级商场里购买，因为在那里购得的所有物品都有可靠的质量保证。

每个新来京城的客人在这里都会发现许多自己感兴趣的事物，尽管这座城市是蒙古人在13世纪建成的，建城之初即规划周到，矩形城郭的四角都建有雄伟的角楼，位于主要街道的尽头。明代永乐皇帝和清代的康熙及乾隆皇帝曾经进行过大规模扩建和改造。可以说北京是由周长18英里的城墙围成的内城和更广阔和人口稠密的外城构成。内城呈方形，偏北，其内有紫禁城，那是至高无上的皇帝住地。南边地域更大，居民更稠密，是汉人居住的外城，那里建有北京最大的商店和工厂。主要景点大多位于内城，北部除了雄伟的皇家宫殿，还有孔庙和雍和宫。供奉着卧佛的隆福寺位于内城中部，观象台则偏于东部，在东城外还有城隍庙和太医院。在太医院中，有与实际大小相仿的青铜马和也用铜铸的人体模型。在其上有数百个穴位标记，为教授针灸术而在上面写有名称，几个世纪以来都用它来练习。西北城门外是一条宽阔的大路，道路两侧用一英尺厚的方形花岗石铺就，沿此路向前10英里是著名的清帝夏宫［圆明园］。原先的那座由清代第二位皇帝康熙建造，经他的孙子乾隆扩建而成，但在1860年被英法联军夷为平地。新的一座（颐和园）是慈禧太后用重建海军的经费建造的。

可认为整个北京城就是一座巨大的博物馆，展示着长达千年的文物，蕴涵着中国悠久的历史和文化中的一切，包括精华和糟粕。罗伯特·赫德爵士（Sir Robert Hart）在中国海关总税务司任职多年后由裴式楷爵士继任，他的颇有才气的女儿裴丽珠小姐（Miss Juliet Bredon）在她编撰的北京导游书里，曾对这座壮观的城市作过公正的评价。

如同大多数中国学者一样，程管带又是一位颇有修养的艺术鉴赏家。

为了节省在北京观光的时间,他友好地邀请我住在城东北他家前院客房里,我欣然从命。尽管北京缺乏卫生设施,弥漫着死气沉沉的氛围,许多偏僻的小胡同里无人维护。不过北京依然是一座很令人向往的城市,只要不计较那些偶然遇到的不便,就能尽情享受乐趣。满族妇女那尊贵的天足,穿着缎面的高底平根旗鞋、华丽的旗袍和蝴蝶形头饰,显得十分洒脱。但因为这里没有强制接种牛痘苗,所以大约有十分之一的居民留下了那种自古以来被称做"天花"的传染病造成的感染印记。我的一位新加坡朋友孔天正(Kung Tien-Cheng),老辈海峡殖民地华人肯定会记得他,这名学贯中西的学者,当年正好来到北京,因为忘记强化接种牛痘苗,不幸感染了属于烈性出血型天花而死亡。

在北京有许多完全由男性表演的戏园,男女观众趋之若鹜。男观众坐在楼下,而女观众挤在楼座上。在北京,即使坐在前排,也应该说他们是来"听戏"而不是来"看戏",因此座位都摆放在两边,这样,观众的耳朵便朝向戏台,每当著名的男旦一登场,观众就会转过头去。剧情通常较短,表现的是采自历史或通俗小说中的战争或爱情故事。剧中演唱和动作都很多,而武打戏则有喧闹的乐队伴奏。令人惊奇的是,经常能在观众中看到埃德蒙·白克豪斯(Edmund Black house),他曾与濮兰德(J. O. P. Bland)合著了一本题为《皇太后统治下的中国》的书。在戏园还常能见到庄士敦(Reginald Johnston)。他毕业于牛津,后来成为清朝末代皇帝宣统的老师。当时有一大群日本学者正访问北京,他们也前来戏园。在前门(正南门)外有个两周一次的夜市,新的和旧的物品都摆在南大街的人行道上廉价出售。白天从这条大街向南,可达广阔的天坛和先农坛,皇帝每年都会带领臣僚来此,向上天祈求幸福和他的天下太平繁荣。

在耐心等着陆军部大臣铁良召见而无所事事的那几个星期,我的大部分时间都用在游逛市场和戏园上。召见之日终于到来，我便按以下顺序穿戴好新做的官服：缎制官靴、马蹄袖口外翻的半长官袍，外罩夹马褂，假辫子垂在背后，最后戴上饰有黄铜顶子的立檐缎帽。有人还提醒我，在晋见这位大臣时，先要摘掉眼镜，然后向他行"请安"礼（右膝跪下，同时将右臂下垂），眼镜要一直拿在手里，只有离开时出了正门后才能再戴上。这是我第一次谒见满洲大臣，况且我还不太会用北方话与人交谈，颇觉紧张。丁先生陪伴着并将我做了介绍，在这位也身着官服，胡须浓密，身材高大，仪态端庄而显得十分威严与尊贵的大臣面前，我很快镇定下来。事前我已做过反复预演，早已准备好如何回答问题。只是在大臣阁下问起我"年齿几何"时，我为不知应该如何回答自己有多少颗"牙齿"而感到困惑，竟一时语塞。丁先生便低声在我耳边提醒，说大人是想要知道我的年龄，于是我赶忙正确地回答了。这位大人物在我这个海外归来的新手面前似乎也乐于开玩笑。他显然对我的资历早有与闻，便正式地询问我是否愿意接受天津陆军军医学堂副校长的职位，这所学堂是为中国陆军培养军医而新近创办的。我的回答则尽可能简洁，对他的绝大多数指示，均以"是，是，"答复。谈话结束后，这位将军从座位上站起来走进另一个房间去，而我和丁先生便从正门退出。于是我便这样接受了在中国的第一个官职——它和袁世凯提议的完全一样，而此时他正在原籍中原河南府悠闲地将养他的双腿风湿病。

在等待职务任命的日子里，我对两位在京高官进行了礼节性拜访。一位是亲切和善的肃亲王，时任内政部大臣，统管全国各地的公立医院。肃亲王曾送他的儿子去新加坡向林文庆学英语，我带来林文庆致亲王的一封介绍信。另一位是在京广东同乡会的会长戴鸿慈阁下，时任刑部大臣，年薪400两银子（600元）。但戴大人的实际收入远高于此，因为全国各地广东同乡来京谋职或上任时会向他孝敬或送礼。1905年时我曾被介绍给这位广东人的领袖，当时他和满人端方①一起为求中国现代化而到全世界考察先进国家的宪政，曾途经槟榔屿。也正是在那一次，我第一次见到了施肇基，后来在满洲扑灭肺鼠疫时，我们过从甚密。

戴大人②身材矮小，年约60，是旧式学制的翰林。他身患慢性肾炎且心脏不好。他说需要我为他看病，我乐于从命。我回天津后，便和中英学堂的机械学家扬格（Young）合作，为这位尚书大人设计了一台自制的电热柜，这样就可以帮助他充分发汗以降低血压，从而延长他的生命。我在北京时，几乎每天都去西城看望这位病人。乘坐缓慢的骡车来回一次至少需费4个小时。但是这些劳累值得付出，因为老人对我十分感激，而且我在他家中遇到了杰出的广东人陈昭常先生，他不久即被任命为满洲吉林巡抚，我在北方那些抗击鼠疫的日子里，他给了我最宝贵的帮助。

铁良将军接见后一周，我收到了装在一个密封大信封中的正式公文，确认了对我担任天津陆军军医学堂帮办的任命，月薪为300两银子或大洋450圆，这在当时足够我自己和家庭的全部用度。这样的薪金对任何初入仕途的人都是相当高的。我当时的直接上司，北洋医学堂毕业的总办徐华清，已在政府中任职15年后也只有350两。我十分高兴，立刻致函妻子，请她选择尽可能最舒适的轮船北上，不必计较是怡和的、太古的还是招商

---

① 生于1861年，卒于1911年。一位高官，但非纯正满人。曾任多种官职，如财务大臣和总督等，但尤为突出的是他丰富的古董收藏。他本人确实是位著名的考古学家，他的丰富藏品已经被世界各大博物馆入藏。端方献身于他的祖国现代化，同时又竭力维护传统文化。他创立了许多学校和教育机构，然而许多他资助出国受教育的人后来都成了革命党。1905年，他被选定为前往西方国家考察政府体制的五大臣之一。1906年他们到达美国，从欧洲回国后，他们起草了一个报告，力主在中国建立宪政政府的必要性。——作者原注

② 戴鸿慈（1853—1910），端方为首的出国五大臣向朝廷呈交的报告撰写人之一。——作者原注

局的。

与此同时,我在新天津的北郊找到了一处寓所,它离学堂和火车站都可徒步往返。在这段时间里,曾经遇到一些讲英语的广东籍官员或候补官员,他们曾在容闳的带领下被成批地派往美国东部各种高级中学学习,而容闳本人早年即毕业于耶鲁大学。我在1908年初次认识他们时,他们都已进入中年,但他们朝气蓬勃的年轻时代大多曾在香港的英国学校受过良好的教育,在那个殖民地打下了良好的中文和英文基础,他们依旧说着英语,并且不带美国西部各州的口音。这些前途无量的年轻人只在美国停留过三四年,还没有来得及完成他们的专业或技术学习就提前被命令回国,这对中国真是一个巨大的损失,其原因主要是因为满清朝廷中那些高官的颟顸保守。

这些早年的由美归国留学生中,有唐绍仪①(外国人亲切地称呼他为Ajax),他身材高大,是袁世凯的得力助手和谋士,1912年建立中华民国后出任第一任总理。还有梁敦彦(优秀的中国学者,多次出任外交部长)、梁文廷(被称为MT,暴躁但口才极好的英语演说家)、吴鹰基(外号"鹳",因为他的腿奇长并有鹰钩鼻)、蔡廷干(昵称"野人",因为他相貌粗陋,但能用中英文写诗并能相互对译,后升任中国海关总管)、梁镇东(英国女皇维多利亚登基50周年之际被授以爵位,曾任驻德公使和1913年海牙鸦片会议中国代表团团长)、蔡少祺(外号"胖子",年轻时已显体内油脂大量积累,当时正任一个赚钱的职位——天津海关道的总管)、周寿臣(极健谈,一度任牛庄海关主管,1926年受英王乔治授以爵

---

① 生于1862年,卒于1938年,外交家和政府官员。1873年由清政府派送美国留学。在哥伦比亚和其他大学学习7年。1904年以清政府全权议约大臣身份,与英国办理交涉,签订《续订藏印条约》,后任全国铁路总公司督办。1912年任中华民国首任总理。1916年公开反对袁世凯称帝。以后曾任外交部长和财政部长。——作者原注

位，在香港家中安度退休生活20年，1956年仍健在，寿高95岁）、曹家祥（借用美国石油大王洛克菲勒的姓氏而被称为"洛基"，早在大学时代即打算做百万富翁，他是天津一个大产业项目的发起人）、唐元湛（在众多同类中他最英俊，被称为"美男子"，结交甚广，但最高职位仅是京师电报局局长）等人。还有一位詹天佑①（昵称吉米），他是一位杰出的铁路工程师，在没有外国同行的帮助下，用最低造价完成了修筑京张铁路的艰巨任务。这条铁路从北京西直门出发，穿过古老的长城，到达内蒙境内的张家口。在这个精英圈子内，习惯的语言是广东话和英语，有时也讲官话。我也可以将从小学会的广东土话加以改造与他们交谈，并且愉快地聆听他们谈到那些早年在美国和回国后的种种业绩。

令我永难忘怀的另一位朋友是伍廷芳。他是我海峡殖民地的同乡，1842年出生于马六甲。他本名伍叙（Ng Choy，又名伍才），和我同姓。但他父母是由与新宁相邻的新会县移民而来的。他4岁时被送往香港，后来进圣保罗书院就读，1872年30岁时入伦敦的林肯法律学院专攻法律，回国后开业当律师，并在香港担任过一年地方法官。中国吸收伍叙（此时已改称伍廷芳）回国服务后，他步步高升，1905年位登荷兰海牙任国际法庭的大法官。以后出任中国驻华盛顿公使，在任上他常以即兴的机智笑话而博得极佳的口碑。我第一次到北京时，正遇到他回国而有幸见到他，并深深感受到他的友情。他让我想起原来他也是来自海峡殖民地的"Peranakan"（马来语：当地出生的华人）。我不揣冒昧以"伍"姓攀亲，要求他将我认做侄儿，他竟乐意接受了。以后多年中我们一直坦诚地交换想法和意见。在革命终于取得成功时，1911年的年底，唐绍仪代表北方，

---

① 生于1861年，卒于1919年，中国本国第一位杰出的铁路工程师，现在被公认为是中国工业化和现代化的伟大先驱之一。——作者原注

伍廷芳代表南方相会于上海一次重要的政治会议上，这次会议是为议决成立中央政府而召开的。最后决定成立中华民国，并通知掌控清室命运的袁世凯被推选为首脑。唐绍仪成了中华民国第一任总理，而伍廷芳博士则出任外交总长。但是这届内阁并未稳固，不久就解散了。于是各路军阀纷纷登台表演，主政广东的陈炯明在隆冬季节的一个晚上胁迫卧病在床的伍博士离开卧榻，结果老人染上肺炎并于数日后去世。老人一生是一位坚定的素食主义者，不过他主张进食牛奶和鸡蛋，他经常说他能活到120岁。呜呼！由于遭遇意外竟仅享年80岁。他的儿子伍朝枢也曾在伦敦学习法律，并获得过多项重要奖励，后来他在南方政府中任外交秘书，但却英年早逝。

学堂"帮办"与官场"历练"

现在回到我的工作。这个陆军军医学堂是袁世凯的宠儿，是他在直隶任上创建的学堂①，而北京也在直隶地界内。当时他是清朝统治的台柱，财政和防务全依仗他。1898年政变时他全力维护慈禧太后而不是维新派，1900年义和团事件中他又以拒不执行她屠杀外国人的盲动命令而维护了她的地位，因而他受到清朝统治者（被囚禁的皇帝除外）的充分信任。他被授以多方面的权力，创建了一支由德国人、挪威人和日本人训练的现代化军队。李鸿章在1881年建立了北洋医学堂，主要是为海军培养军医。袁世凯决定再办一所医学堂，为新建和扩充的军队培养医官。袁世凯时任

---

① 1902年创建时名为北洋军医学堂，1906年更名为陆军军医学堂。——译者注

直隶总督兼北洋大臣，他的总部设在天津，所以决定将这个新学堂建在离他的衙门不远的新天津。当袁世凯被醇亲王（被慈禧临终前挑选登上皇帝宝座的 7 岁小皇帝宣统的父亲）解除全部职务时，他以前的一位秘书名为杨世骧的被任命为直隶总督，我便尽早对杨氏进行了礼节性拜访。我还拜访了提供维持医学堂运转经费的直隶省财务总管。

陆军军医学堂占据了两个街区，一座巨大的方形楼则据有其地面之半，底层是行政办公室、课室和实验室，楼上是学生宿舍，每间卧室住 4 人。校区的另一半是个大操场，可踢足球或开展娱乐活动。这里有从全国各种高中毕业的学生 200 余人，年龄在 17 岁到 22 岁之间。英语并非必修，而着重基础知识。教学时使用日文和中文，资深的日本教授是位上校，他曾于 1900 年参加八国联军在京津一带作战。其他日本教师讲授生物学、化学、药物学、解剖学、生理学、内科学和外科学。中国老师则专职组织中国文学和日本语教学。学堂内未设解剖室，但是在市医院里可有尸体供观察和解剖，医院中每天诊治的病人可供内外科的实习教学。医院内只有少数病床可供病例观察，而且绝大部分都属于外科病例，也是由那位资深的日本教授负责。行政部门尽可能不干涉日本人的教学方法，然而其水平并非上乘，学习 4 年后毕业的学生并没有达到西方国家所要求的标准。

我当年不会说日语，请了一位白天与我相伴的中国教师，以便让我在最短的时间里能用中国官话进行日常的工作交流，至少能让我足以应付小医院中门诊和病房中的教学。

我尽力与日本教授搞好关系，但恐怕除了那位化学讲师外，我发觉他们都十分傲慢，金口难开，并且按照他们要使中国永远依赖强大的日本帝国的既定国策，决定最多只让他们的学生成为高级护理人员。也就是说，尽管是中国政府花钱请来这些日本教师培训中国学医的青年,他们也摆脱不了那种帝国主义思维,要将中国变成他的巨大的附庸国,在日本称霸世界图谋中,永远归顺于日本。

我发现我们的学生有进取心,学习主动而且纯朴,不过基础颇肤浅,他们不知道怎样才能学得更好些,只满足于接受教给他们的知识而从不提出问题。他们来自这个帝国的不同地区,体格和生活习惯差异甚大。例如来自广东和福建等省的学生,比起那些从北方来的身材魁梧粗犷的同学来,便显得身材矮小却头脑灵活。一般来说,大体上长江以南(包括浙江和云南)的学生以大米为主食,也进食比北方年轻人更多的猪肉或其他肉食,而北方人更习惯小麦、小米和生吃大葱。不过在需要身体耐力的体育运动和竞技时,北方人通常要胜过南方人,而在考试和绝大多数室内比赛中,南方人则要略胜一筹。我本人来自南方,却对北方人颇有好感,因为他们彬彬有礼,不固执己见。然而,1910年满洲突然发生可怕的肺鼠疫时,我要求学生中有人能作为志愿者协助我前往,自告奋勇来到我面前的是两位四年级学生,他们都是我的广东老乡:一位姓林,高大瘦削且沉稳;另一位姓曾,粗壮结实,有点木讷。我挑选了前一位随我前往,而让后者在以后几个月内准备好作为替补。我受中央政府差遣后的许多年中,不管到哪里,无论何种境遇,这两位学生都追随着我。

在学校外面学习语言和在医院出诊时,我曾见到许多患有肺结核和关节结核的病人,还有处于不同病程阶段的性病患者。有时我也抽时间在下午前去拜访朋友们,我的妻子也尽可能陪我同行。但是她容易疲劳,所以她的社交活动主要是前往东门金雅妹医师的医院和护理学校中拜访。在以后的3年里,她生了两个孩子,都是男孩,分别叫托米和威利。前者取自我在三一学院的朋友托马斯·伦顿·埃利奥特博士;后者取自我在伦敦圣玛丽医院的同学，后来在伦敦大学取得了医学博士学位的威廉·莫里什博士。不幸的是，最小男孩在1910年夏天因在家中喂食奶粉而染上细菌性痢疾，在金医师的医院里全力救治无效，6个月时便夭折在这所医院里。第二个男孩也只活到了16岁，1925年时他在天津南开中学寄宿，在一次激烈的足球赛后，受到急性肺炎侵袭，尽管我们把他送到北京协和医院请专家诊治，但细菌学系还未来得及确定病人感染的病菌属于何类肺炎球菌时，便已去世。协和医学院是由洛克菲勒基金会出资创建的，刚建成不久。那时磺胺药物和青霉素尚未问世。又一次丧子，我们只剩下长子达文波特·长庚了。他享年35岁，也因为肺炎死于北京。

1909年前后，我见到了在总督衙门任英文秘书的温平忠（Wen Ping-Chung）先生，他是那些早期留美回国者中最风趣的一位。早年他曾陪同端方和戴鸿慈两位大臣做环球旅行考察先进国家宪政，我在槟榔屿认识了他。他是美国卫理公会基督徒，他的妻子也是个信基督教的中国妇女，她的姐姐就是宋氏三姊妹的父亲宋牧师的妻子。这三姊妹后来分别嫁给了孔祥熙（蒋介石政府中的财政部长）、孙中山（中华民国的创建者）和蒋介石（最后的总统）。在我的朋友温先生家里，我第一次见到活泼可爱的少女宋庆龄。她刚从美国的学院求学回来，不久便找到担任孙逸仙博士私人秘书的职位，多年后又成了这位伟大人物的妻子。孙博士1925年去世后，这位女士便变得十分沉默寡言并加入了共产党［原文如此］，她现在是全国人民代表大会常务委员会的副委员长。

住在天津的3年里，我经常见到曹家祥先生。在位于碎石路面铺就的车站大街有他的两层楼住宅，而大门经常敞开着。他的亲近的朋友们在新年、五月端午节、七月中元节和八月中秋节（中华民国建立前没有采用公历）等节日常来此聚会。曹先生谈锋甚健，博览群书且议论广涉，谈论的范围非常宽泛。他特别热衷谈论的是关于在中国辽阔的耕地通过引进近代科学耕作方法,使中国富强起来。新年是各阶层人民尽情欢庆的日子。我们作为上层人士的一员,便会集在曹宅,按传统方式抱拳相贺,然后在堂屋的神龛前跪拜。几案上供奉着煮熟的鸡、蒸熟的鸭、切成片的猪肉和各种菜肴作为供品,祈求神灵保佑来年诸事顺遂。有一次庆祝曹先生的母亲 70 大寿,每位应邀来宾都穿上官服,在大门口首先受到主人的迎接,然后被带领到堂屋中央老夫人座前,于是主人和客人在她面前行跪拜礼,表示问候和祝贺,祝愿她长寿。无论高官显宦还是最贫穷的家庭,绝无任何人认为跪拜礼会有辱个人尊严。时至今日,绝大多数中国人已放弃了这种传自孔老夫子时代的古老问候形式,然而日本人依然坚守着这个传统。在日本的公共餐厅或私人宅第中,任何社交场合或在家中接待客人时,都能见到他们在朋友相会彼此行跪拜礼。

1909 年到 1910 年那段时间,唐绍仪先生任奉天巡抚一年后回到了他在天津的家中,我们得以经常会面。1862 年,他出生在香山〔今属珠海市〕一个小村庄里,退休后把这个村庄改名为唐家湾。在早期留美学生中,唐先生身材最高大,也表现得最出色。回国后第一个职务是 1884 年被派往朝鲜办理税务,当时中国是朝鲜的宗主国,袁世凯代表清帝国驻扎朝鲜。

唐先生曾以非常神秘的口吻告知我许多早年在朝鲜发生的逸闻。其中之一是这样一段故事:野心勃勃的日本统治者屡屡策划阴谋,企图将这个闭关自守的王国置于它的统属之下。为了达到此目的,他们派遣了诡计多端、深沉老练、身高只有 5 英尺的外交家伊藤伯爵,前往汉城对付只有 26 岁但颇有魅力的袁世凯。当时这个首都的中心地区经常有社交集会,某些聚会上,无助的朝鲜官员尽最大的努力试图争取到支持,在这样的交际中，呈献能歌善舞的朝鲜美女起到至关重要的作用。我们知道，绝大多数朝鲜姑娘有着柔嫩古铜色的皮肤，稍宽的面庞，迷人的黑眼睛和乌黑平滑的秀发，风情万种，是全世界最美丽的女性。伊藤和袁世凯两人同时迷恋上了同一个美女，双方都极力要赢得她的芳心。袁世凯最终携得美人归。怒不可遏的伊藤当晚即致电东京，建议向北京发出最后通牒，进行战争威胁，除非中国同意让日本分享对朝鲜更多的宗主权。结果清廷只好在1884年表示同意。因此这两个东方帝国之间可能发生的战争被推迟了10年，直到1894年才爆发。袁世凯赢得了他的尤物，但国家为此损失惨重！

唐先生本人也从朝鲜带回了一个漂亮妻子，我第一次前去他在天津新建的宽敞住宅访问时，就受到过一位身着当时流行的中国正式服装的女士迎接。唐先生的原配夫人来自广州附近他的原籍，1900年义和团起事时，她在所居住的英租界的中英矿业工程公司（后来的开滦公司）被炮弹炸死。当时唐先生在山东省城济南府，袁世凯在那里任巡抚，负责矿业公司的是美国工程师赫伯特·胡佛先生，此人后来曾荣任美国总统（1929—1933）。在1953年胡佛出版了两卷本的回忆录，其中述及他在中国那个多事之秋的生活，并谈及义和团起事时他曾试图保护唐氏全家的生命。那时候广东人也和外国人一样受到义和团团民的攻击，广东人都被蔑称为"二毛子"，而白人则被称为"红毛子"。

临危受命

由以上简略的叙述中不难得知，我在天津的生活并不尽如人意，不过，在那里生活的经验已经证明对我未来的事业还是有所裨益。我的朋友们宽慰我说，人人都要经过早期历练，我必须耐心等待。1910年的12月，机会来了，我意外地收到由右丞施肇基签发的北京外务部的电报，指令我立即赴京，有要事相商。我便收拾了几件必需的衣物，乘早班火车赶往京城，于11时前后到达。施家的一辆私人骡车正在前门车站等我，同时还有张英文便笺，要我前往城东北他的家中。到达施府已近正午，施大人和他的年轻貌美的妻子出来相迎，她恰巧是唐绍仪先生的侄女。施先生先谈到我们以前曾在槟榔屿相逢，那时他随同端方和戴鸿慈等大臣为中国宪政改革出洋考察，对我热情关注自己国家的表现印象深刻。他说3年前已听说我到来，但当时他在北满哈尔滨任道台（地区长官），直到现在任职外务部后才得以有机会与我相会。然后他便告知召见我的缘由，原来，帝国政府鉴于烈性传染病在哈尔滨暴发，并且当地中国和俄国居民已有人罹难，需要派遣一位细菌学专家前去疫区调查病源，并尽可能将其扑灭。他说已经推荐我担此重任。他问我是否愿意前往，并接着说明，政府将承担一切开销并全力支持。该地区疫情可能已经肆虐一个月，而且已造成了外交事件。因为在当时日本和俄国当局已经威胁我国，除非中国政府采取严厉措施控制疫情，否则他们将派遣他们自己的医务官员前来接替，处置将继续流行的疾病。显然，事态的发展将对中国大为不利。我还从施大人那里得知，曾经要求一位美国丹佛大学毕业，在海军处任医官的谢天保博士前去哈尔滨，但他拒绝了。此人提出除非事先为他和他的家属提供足够的赔偿金，以备任何灾难或死亡的发生。

我本性更富冒险精神，期望有难得的机会去研究那些世界上某个未知领域，因此毫不犹豫地接受了这项任务，前往还没有科学家到过的地方从事研究工作。接受了这个建议后，即被立刻领去晋见正好就在外务部里的军机大臣和外务部尚书那桐阁下。这位满洲官员按当时的官员品秩仅次于庆亲王。他身材中等，颇胖，年约55岁，蓄有浓密的胡须，待人和蔼可亲。他预祝我在任务中诸事遂顺。晋见以后，施大人用他的骡车将我送回他城东北的家中，而他则要为我即将到来的旅行办理诸多手续，例如关防、经费、介绍信等，还要发送电报知照当地等等。他执意要我留宿他那舒适的家中，这座住宅原先是按本地样式建造的，但已装备了近代化的卫生设备和取自私宅深井的自来水。他是十足的由美国大学教育造就的珍贵人才，处事果决，而且精确守时。他出生在江苏省一个富有的书香门第，在康奈尔大学获得硕士学位。他身材并不高大，只有5英尺6英寸，胸部狭窄且平坦。他出生于1877年，比我大两岁，32岁即已位居外务部右丞。他与众多的中国官员不同，遇事不推卸责任，这对我来说实在太幸运了。因为他指示要在紧要关头直接用英语发电报给他进行沟通，然后由他将我的报告全部译成中文呈交给他的上级。当时北京有一份英文日报，由名为朱淇的广东人创办，我提供的任何新闻或消息都会在第一时间发表在这份报纸上并传遍全世界。施先生在美国所接受的大学正规训练，使他获益匪浅。

我能在北京逗留的时间并不很多，因此在施府只住了一晚便回到天津家中，我许诺自东北回来后一定再来接受他的殷切款待。我又前去陆军军医学堂向校长辞行，在陆军部颁布新的任命之前，学校为我保留着职位。我挑选了高年级学生林家瑞做我的助手，因为他兼通中英文，两种文字可以迅速互译，他又是一位相处愉快的旅伴。

我将新的任务和"调查使命"告知了妻子，当时并未预料到那是去彻底扑灭一场可怕的大陆性肺鼠疫的大流行。这场瘟疫已祸及满洲的西北部，并通过京城本地蔓延到直隶和山东省，最后向南直至南京和上海。

妻子得知一切时，看来很为此担心，但她对我的学识和医术抱有充分的信心，认为这是真正为伟大祖国效力。的确，我为了这样的服务，已经历过长期的跋涉。我与瘟疫作斗争的经历就这样开始了。那些惊心动魄的时刻，在本书前4章已详加叙述，现在我可以在随后的章节中讲述以后发生的事情了。

图书在版编目(CIP)数据

鼠疫斗士:伍连德自述(上)/伍连德著;程光胜,马学博译;王丽凤校. —长沙:湖南教育出版社,2011.3(2020.3重印)
(20世纪中国科学口述史/樊洪业主编)
ISBN 978-7-5355-7692-7

Ⅰ.①鼠… Ⅱ.①伍… ②程… ③马… ④王… Ⅲ.①伍连德(1879—1960)—自传 Ⅳ.①K826.2

中国版本图书馆CIP数据核字(2011)第037787号

书　名	20世纪中国科学口述史
	鼠疫斗士——伍连德自述(上)
	Shuyi Doushi(Shang)
作　者	伍连德著　程光胜　马学博译　王丽凤校
责任编辑	朱　微
责任校对	周　晔
出版发行	湖南教育出版社(长沙市韶山北路443号)
网　址	www.bakclass.com
电子邮箱	hnjycbs@sina.com
客　服	电话0731-85486979
经　销	湖南省新华书店
印　刷	长沙超峰印刷有限公司
开　本	710×1000　16开
印　张	23.75
字　数	300 000
版　次	2011年3月第1版　2020年3月第3次印刷
书　号	ISBN 978-7-5355-7692-7
定　价	65.00元